数字经济时代智能财务人才的培养与实践研究

胡晓锋 ◎ 著

吉林出版集团股份有限公司
全国百佳图书出版单位

图书在版编目（CIP）数据

数字经济时代智能财务人才的培养与实践研究 / 胡晓锋著. -- 长春 : 吉林出版集团股份有限公司，2022.8
ISBN 978-7-5731-1729-8

Ⅰ. ①数… Ⅱ. ①胡… Ⅲ. ①财务管理系统－人才培养－研究－中国 Ⅳ. ①F232

中国版本图书馆CIP数据核字(2022)第115237号

SHUZI JINGJI SHIDAI ZHINENG CAIWU RENCAI DE PEIYANG YU SHIJIAN YANJIU

数字经济时代智能财务人才的培养与实践研究

著　　者　胡晓锋
责任编辑　张婷婷
装帧设计　朱秋丽
出　　版　吉林出版集团股份有限公司
发　　行　吉林出版集团青少年书刊发行有限公司
地　　址　吉林省长春市福祉大路 5788 号（130118）
电　　话　0431-81629808
印　　刷　北京昌联印刷有限公司
版　　次　2022 年 8 月第 1 版
印　　次　2022 年 8 月第 1 次印刷
开　　本　787 mm × 1092 mm　1/16
印　　张　11.5
字　　数　250 千字
书　　号　ISBN 978-7-5731-1729-8
定　　价　65.00元

前 言

数字经济是互联网、云计算、大数据、人工智能等信息技术与经济社会各个方面深度融合后产生的结果，是全球经济增长的重要引擎之一。近年来，中国数字经济快速发展，各项指标位居世界前列，数字技术与传统经济持续融合。中国已成为名副其实的数字经济大国。

面对数字经济飞速发展的新形势、新任务和新挑战，企业创新管理必然要发生重要变革，才能适应数字经济发展的需要。

本书有助于读者全面认识和进一步把握数字经济给企业创新管理带来的新变化，从而更好地进行企业创新、管理各项工作，促进我国企业不断创新，适应数字经济飞速发展的需要。

写作本书是一次新的探索，由于时间紧、任务重，本书的缺点和错误在所难免，敬请广大读者批评指正！本书引用的国内有关教材、书籍和论文的相关资料，对其作者深表感谢！

目　录

第一章　数字经济概述

第一节　数字经济产生的背景与意义

一、数字经济产生的背景

（一）世界各国积极搭乘数字经济发展快车

联合国贸易和发展会议（UNCTAD）在《2017年世界投资报告——投资和数字经济》中指出，数字经济是全球投资增长和发展的主要动力，它可以提升所有行业的竞争力，为商业和创业活动提供新机会、帮助企业进入国外市场和参与全球电子价值链，也为解决可持续发展问题提供了新的工具。麦肯锡全球研究院（MGI）发布的《中国的数字经济：全球领先力量》认为，中国是世界上几个最活跃的数字投资和创业生态系统之一，并认为中国数字市场的上行潜力比许多观察者预期的要大得多。数字经济正在成为全球经济发展的新动能。

（二）数字经济首次列入二十国集团（G20）峰会议题

2016年，中国作为二十国集团主席国，首次将“数字经济”列为二十国集团创新增长蓝图中的一项重要议题。2016年9月4日至5日举行的二十国集团杭州峰会上，通过了《二十国集团数字经济发展与合作倡议》（以下简称《倡议》），这是全球首个由多国领导人共同签署的数字经济政策文件。《倡议》敏锐地把握了数字化带来的历史性机遇，为世界经济摆脱低迷、重焕生机指明了新方向，提供了新方案，带来了新希望。《倡议》阐述了数字经济的概念、意义和指导原则，提出了创新、伙伴关系、协同、灵活、包容、开放和有利的商业环境、注重信任和安全的信息流动等七大原则，明确了宽带接入、信息通信技术（ICT）投资、创业和数字化转型、电子商务合作、数字包容性、中小微企业发展等数字经济发展与合作的六大关键优先领域，在知识产权、尊重自主发展道路、数字经济政策制定、国际标准的开发使用、增强信心和信任、无线电频谱管理等六大领域鼓励成员国加强政策制定和监管领域的交流，营造开放和安全的环境。面向未来，二十国集团鼓励成员开展多层次的交流，交流政策制定、立法经验和最佳实践，在培训和研究领域积极开展合作，与国际组织及其他团体积极互动，共同推动数字经济快速、健康发展。

（三）数字经济写入我国政府工作报告

2017 年 3 月 5 日召开的第十二届全国人大五次会议上，国务院总理李克强在做政府工作报告时表示，将促进数字经济加快成长，让企业广泛受益、群众普遍受惠。这是“数字经济”首次被写入政府工作报告，既是对近年来以互联网为核心的新兴商业模式的肯定，又是对中国经济未来发展模式的一种新的探索。全国人大代表、腾讯公司董事会主席兼首席执行官马化腾说：“互联网是手段，数字经济是结果，网络强国是目的，一脉相承，我们应顺应这一历史潮流，充分发挥我国作为世界互联网最大单一市场的优势，做大做强数字经济，推动网络强国战略落地。”苏宁控股集团名誉董事长张近东认为，应建立政府主导、市场化运作的数据全生命周期管理顶层设计，引导全社会实现数据开放共享，并完善管理环节，实现数据价值挖掘与信息保护的健全机制，在大数据时代的国际竞逐中占领制高点。

（四）我国出台《促进大数据发展行动纲要》

2015 年 8 月 31 日国务院印发《促进大数据发展行动纲要》，提出我国互联网、移动互联网用户规模居全球第一，拥有丰富的数据资源和应用市场优势，大数据部分关键技术研发取得突破，涌现出一批互联网创新企业和创新应用，一些地方政府已启动大数据相关工作。坚持创新驱动发展，加快大数据部署，深化大数据应用，已成为稳增长、促改革、调结构、惠民生和推动政府治理能力现代化的内在需要和必然选择。在全球范围内，运用大数据推动经济发展、完善社会治理、提升政府服务和监管能力正成为趋势。有关发达国家相继制定实施大数据的战略性文件，大力推动大数据的发展和应用。

二、中国发展数字经济的战略意义

2008 年全球金融危机之后，世界经济进入了深度调整、创新阶段。一方面是传统经济持续低迷、发展疲软；另一方面则是以互联网为基础的数字经济快速崛起，展现出十分强劲的生命力。这种新旧经济交替的壮阔图景在我国表现得更加清晰、明显。随着全球信息化步入全面渗透、跨界融合、加速创新、引领发展的新阶段，我国也借势深度布局，大力推动数字经济的发展，从而使其逐渐成为整体经济创新发展的强大引擎，并为全球经济复苏和优化发展提供借鉴和启发。数字经济是在计算机技术、互联网技术、通信技术等新一轮信息革命的基础上发展起来的，因此也被称为信息经济。对于正处在整体经济转型升级关键期的中国经济而言，发展数字经济显然具有十分重要的特殊意义，有利于推动新常态下我国经济发展和创新战略的落地。

（一）经济新常态需要发展新引擎

经过四十多年的高速增长，我国经济逐渐步入增速放缓、结构升级、动力转化的新常态阶段，整体发展环境、条件和诉求都发生了深刻改变。因此，如何认识、适应和引领新常态，打造经济发展新动能，成为我国实现经济跨越式发展的根本议题。特别是要化解经济新常态下“中等收入陷阱”这一最大风险，必然离不开发展引擎的转变。

（二）信息革命推动社会生产生活方式的变革

当前愈演愈烈的信息革命为我国打造新动能、跨越曾经普遍困扰各国经济发展的“中等收入陷阱”提供了历史性机遇。从人类社会的发展历史来看，每一次产业革命都将实现社会生产力的巨大提升：农业革命推动人类从采集、捕猎转为种植、畜养，大大增强了人们的生存能力，使社会从野蛮、蒙昧时代进入文明时代；工业革命推动家庭作坊式的手工生产形态走向规模化的机器大生产，极大地提升了人类社会的生产能力，改变了以往物质匮乏的状况。同样，以计算机、互联网、通信等先进技术为代表的信息革命推动了社会生产生活方式的数字化、网络化、信息化、智能化。数字化工具、数字化生产、数字化产品等数字经济形态快速崛起，为新常态下我国经济发展提供了新动能。

（三）数字经济拥有广阔的发展前景

基于互联网信息革命发展起来的数字经济不仅深度释放了原有的社会生产力，也创造出了更具价值的全新的生产力。数字经济的快速崛起和发展，大大提高了现代经济效益，推动了经济结构的转型升级，成为全球经济走向复苏与繁荣的重要驱动力量。2008年以后，数字经济在全球经济整体发展疲软的大背景下逆势而上，呈现出巨大的发展活力：大数据、云计算、物联网、移动互联网、智能机器人、3D打印、无人驾驶、VR（虚拟现实）/AR（增强现实）等各种信息技术创新与应用不断涌现，在颠覆、重塑诸多传统产业的同时，也不断创造出新的产业、业态和模式。更令人期待的是，数字经济的发展才刚刚开始，当前所处的发展阶段只相当于工业革命中的蒸汽机时代；互联网文化的著名观察者凯文·凯利（Kevin Kelly）认为：“今天才是第一天。”真正让人震撼的伟大产品还没有出现。

（四）发展数字经济成为国家战略选择

当前，欧美等发达国家都将发展数字经济提升到国家战略高度，如美国的工业互联网、德国的“工业4.0”、日本的机器人新战略、欧盟地区的数字经济战略等。面对新一轮的互联网信息化革命浪潮，我国政府根据基本国情和整体需要，提出“网络强国”的发展战略，积极推进“数字中国”建设，使得数字经济上升到国家战略层面，成为新常态下经济结构转型升级和跃迁式发展的新动能。

三、中国发展数字经济的优势

目前，中国发展数字经济有着独特的优势和有利条件，起步很快，势头良好，在多数领域开始形成与先行国家同台竞争的局面，未来在更多的领域具有领先发展的巨大潜力。

（一）信息基础设施基本形成

（1）建成了全球最大规模的宽带通信网络。

（2）网络能力得到持续提升。

（3）互联网用户优势酿造了中国数字经济的巨大潜能。

（二）数字经济全面渗透生产和生活的各个领域

（1）数字经济正在引领传统产业转型升级。以制造业为例，工业机器人、3D 打印机等新装备、新技术在以长三角、珠三角等为主的中国制造业核心区域的应用明显加快，大数据、云计算、物联网等新的配套技术和生产方式开始得到大规模应用。

（2）数字经济开始融入城乡居民生活。根据相关报告，网络环境的逐步完善和手机上网的迅速普及，使得移动互联网应用的需求不断被激发。2017 年，基础应用、商务交易、网络金融、网络娱乐、公共服务等个人应用发展日益丰富，其中线上支付增长尤为迅速，线上支付的线下场景不断丰富。各类互联网公共服务类应用均实现了用户规模增长。此外，数字经济正在变革治理体系，倒逼传统的监管制度和产业政策加快创新步伐。

（三）数字经济推动新业态和新模式不断涌现

（1）中国在多个领域已加入全球数字经济的领跑者行列。近年来，中国在电子商务、电子信息产品制造等诸多领域取得“单项冠军”的突出成就，一批信息技术企业和互联网企业进入世界前列。

（2）中国分享经济正在成为全球数字经济发展的排头兵。有报告显示，2015 年，中国分享经济市场规模约为 19 560 亿元，主要集中在交通出行、房屋短租、金融、生活服务、知识技能、生产能力等六大领域。分享经济领域参与提供服务者约 5000 万人，占劳动人口总数约 5.5%。

（3）中国电子商务继续保持快速发展的良好势头。2015 年，中国电子商务继续保持快速发展的势头，交易额达到 20.8 万亿元，同比增长约 27%；网络零售额达 3.88 万亿元，同比增长 33.3%。

第二节　数字经济的内涵、基本特征与发展趋势

当今世界正发生着人类有史以来最为迅速、广泛、深刻的变化。以信息技术为代表的高新技术突飞猛进，以信息化和信息产业发展水平为主要特征的综合国力竞争日趋激烈。数字经济给经济发展和社会进步带来的深刻影响，引起了世界各国的普遍关注。发达国家和发展中国家都十分重视数字经济的发展，把加快推进信息化作为经济和社会发展的战略任务。

一、数字经济的概念与内涵

数字经济是继农业经济、工业经济之后一种全新的经济社会发展形态，不同时期、不同学者或机构对数字经济的定义并不相同，目前还没有统一的定论。从字面意思上来理解，

数字经济就是在数字技术的基础上形成的经济，是数据信息在网络中流行而产生的一种经济活动。大多数专家认为，数字经济是指一个经济系统。在这个系统中，数字技术被广泛使用并由此带来了整个经济环境和经济活动的根本变化。数字经济也是一个信息和商务活动都数字化的全新的社会政治和经济系统。企业、消费者和政府之间通过网络进行的交易迅速增长。

（一）数字经济概念的起源与发展

数字经济（Digital Economy）的概念可以追溯到加拿大学者泰普斯科特（Tapscott）于 1995 年出版的《数据时代的经济学——对网络智能时代机遇和风险的再思考》和美国学者尼葛洛庞帝（Negroponte）于 1996 年出版的《数字化生存》。两位学者都深入研究了互联网的出现对经济社会的冲击与影响。泰普斯科特首次提到数字经济时代，并前瞻性地提出了各行业、各企业数字化转型的路线图，包括数字化创意开发、数字化流程实施、数字化产品设计、数字化制造和营销、数字支持型产品销售等方法。尼葛洛庞帝提出了“数字化生存是以信息技术为基础的新的生存方式”。在数字化环境中，生产力要素的数字化渗透、生产关系的数字化重构、经济活动的全面数字化等呈现一种全新的社会生活方式。今天，我们仍然能够感受到两位学者对数字经济相关研究的前瞻性和洞察力。

但是，数字经济发展真正进入黄金时代的标志是智能手机和移动互联网的出现和快速渗透，伴随着移动接入端的快速膨胀，全球范围内的网络连接产生了巨大的数据量，催生了云计算、大数据等海量数据分析技术及处理平台。对经济社会发展中产生的海量数据进行分析和提炼，形成有价值的知识再在经济社会发展中使用，产生了大量的新业态、新模式，可以统称为“数字经济”。

数字经济通过人、过程和技术发生复杂关系而创造社会经济效益。在数字经济中，数字网络和通信基础设施提供一种全球化的平台促进个人和组织的相互交往、通信、合作和信息分享。英国政府为了实现本国数字经济的健康发展在2010年4月8日颁布并实施了《数字经济法》，将音乐、游戏、电视与广播、移动通信、电子出版物等列入数字经济的范畴。

澳大利亚政府将数字经济视为促进生产、提高国际竞争地位、改善社会福利的必然选择。《澳大利亚的数字经济：未来的方向》一书认为，数字经济是通过互联网、移动电话和传感器网络等信息和通信技术实现经济和社会的全球性网络化。澳大利亚政府在《数字产业指南》中将内容制作、数字咨询或专业服务、数字广告公司、多媒体、流媒体服务、搜索技术、社交媒体等 24 个产业列入数字经济范畴。

2016 年 9 月二十国集团杭州峰会公布《二十国集团数字经济发展与合作倡议》，对数字经济的定义是“以使用数字化的知识和信息作为关键生产要素，以现代信息网络作为重要载体，以信息通信技术的有效使用作为效率提升和经济结构优化的重要推动力的一系列经济活动”。

综合国际社会关于数字经济概念的研究成果，以及信息通信技术融合创新发展的实践，可以发现，数字经济是全社会信息活动的经济总和。理解数字经济有三个关键词：①信息是一切比特化的事物，是与物质、能量相并列的人类赖以利用的基本生产要素之一。②信息活动是为了服务于人类经济社会发展而进行的信息生成、采集、编码、存储、传输、搜索、处理、使用等一切行为以及支持这些行为的信息通信技术的制造、服务与集成。③信息活动具有社会属性、媒体属性和经济属性，数字经济关注的信息活动的经济属性是信息活动的经济总和。

（二）数字经济的内涵

数字经济是互联网发展到成熟阶段后产生的经济形态，数字经济已经超越了信息产业范围和互联网技术范畴，具有更加丰富的内涵。

1. 数字经济是一种经济社会形态

马化腾认为，数字经济是继农业经济、工业经济之后的一种新的经济社会发展形态，要站在人类经济社会形态演进的历史长河中看待数字经济的深刻长远影响。

2. 数字经济是一种基础设施

数字经济不仅存在于技术层面和工具层面，而且是一种网络化的基础设施，像工业时代建立在电力、交通等物理基础设施之上一样，未来经济社会发展会建立在数字基础设施之上。传统基础设施在物联网技术支撑下也会全面实现数字化，进入“万物互联时代”。

3. 数字经济是一种技术经济范式

从科学技术发展史来看，数字技术是与蒸汽机、电力同等重要的“通用目的技术”（GPT），必然重塑整个经济和社会。数据成为最重要的生产要素，数字技术将重构各行各业的商业模式和营利方式。未来所有产业都是数字化产业，所有企业都是数字化企业。

二、数字经济的基本特征

数字经济受到三大定律的支配。第一个定律是梅特卡夫法则（Metcalfe’s Law）：网络的价值等于其节点数的平方。所以，网络上联网的计算机越多，每台计算机的价值就越大。第二个定律是摩尔定律（Moore’s Law）：计算机硅芯片的处理能力每18个月就翻一番。第三个定律是达维多定律（Davidow’s Law）：进入市场的第一代产品能够自动获得50%的市场份额，所以，任何企业在本产业中必须第一个淘汰自己的产品。实际上，达维多定律体现的是网络经济中的“马太效应”。这三大定律决定了数字经济具有以下5个基本特征：

（一）数字化

数字化是指以二进制的形式表示和处理信息，将包括文字、图片、视频、声音等在内的诸多信息转化为计算机能够读取、处理和传输的二进制代码。20世纪中叶，计算机的发明标志着数字化的起步。这一时期主要的商业模式是芯片生产和制造、计算机生产和制造、操作系统开发、相关软件开发等，代表公司为国际商业机器公司（IBM）、微软、英特尔。虽然大部分信息都能以数字化的形式表示，但数字化的进程远未结束，还有大量信息和设备游离在数字系统之外。

在共享经济时代，为促进数字经济发展，必须通过延伸共享经济领域推动传统产业向数字化转型，从而利用数字技术推动共享经济与数字经济的深度融合和创新；鼓励共享经济深度发展，拓宽应用领域，为其与数字经济融合提供条件。伴随着信息技术尤其是“互联网 +”的发展，共享经济模式成为创业的首要选择。从餐饮住宿、金融借贷、交通出行、医疗保健到房屋租赁、科研实验、创意设计等，在更多领域与数字经济开展融合，从而促进共享经济和数字经济的双向发展。

（二）网络化

网络化是指通过信息通信技术实现人与人、人与物、物与物之间的实时连接。20 世纪 60 年代末，互联网的诞生是网络化的萌芽。20 世纪 90 年代以后，互联网的全球普及为数字经济发展构筑了至关重要的基础设施。除了互联网以外，物联网也在高速成长。

全球网络空间治理体系要想实现深度变革，就离不开数字经济。换句话说，准确地定位和聚焦于数字经济，回答了推进全球网络空间治理体系变革是为了什么的问题。即以数字经济为驱动力，推动网络空间开放、合作、交流、共享，让互联网更好地助力经济发展、社会进步、生活改善，做到发展共同推进、安全共同维护、治理共同参与、成果共同分享。

（三）智能化

自 2015 年以来，人工智能研究在多个领域实现突破，数字经济进入以智能化为核心的发展阶段。目前，其商业模式主要集中在单一的弱人工智能应用上，包括语音识别、自动驾驶、机器人写稿、图像识别、医疗辅助等诸多领域，代表性公司有谷歌、百度、科大讯飞、阿里巴巴、苹果、英伟达（NVIDIA）等。未来，智能化技术发展将对数字经济发展产生质变效应，推动人类生产和生活方式的新变革。

利用共享时代的优势，加快传统企业的数字化转型，将是未来所有企业的核心战略。在共享时代，应利用个人、企业、政府甚至社会的闲置资源，依靠互联网、大数据、云计算等数字技术，推动传统企业向数字化转型发展。传统企业依靠“互联网 + 企业”的模式，应用数据化思维，建立连接内外资源、协作共享的机制，通过建立数字化的协同平台以及资源、财务、法务共享平台，实现互联互通，做到精细化管理，最终实现传统企业的智能化发展。

（四）商业化

数字经济将会对众多产业造成颠覆性影响，传统商业模式已不能满足经济发展需要，因此，未来必须重新构建商业模式。在共享时代，数字资源的“共享价值”超过了“交换价值”，社会资本将会与金融资本处在同等重要的位置，合作共赢将会超越竞争，商品使用权将会超越所有权，可持续性替代消费主义，一系列的变化推动着新的商业模式的出现。数字经济将会以大数据、云计算、互联网和人工智能为线索，在传统商业模式的基础上进行重新设计，构筑依靠数字产品横向延伸价值链和依靠数字技术纵向衍生产业链的基本商业模式，以及依靠数字技术驱动的跨行业、跨区域商业模式。

（五）共享化

首先，共享时代要求数字资源的共享性。数字经济的一大发展方向应不断拓展数字信息资源，发展关于数字技术的集成、存储、分析和交易业务，在共享时代下释放数字技术资源的新价值。其次，共享时代需要数字技术与产业融合发展，以便创造出更多的商业发展模式。数字技术与产业融合成为数字经济的重要发展方向，通过产业融合实现产业数字化、智能化，产业的边界逐渐模糊，最终形成产业开放化发展以及产业向价值网络的转型升级。最后，共享时代要求数字经济发展具有强大的服务功能，由此才能带动对共享商业模式的更多需求。融合服务业与数字技术发展的服务型数字产业是共享时代数字经济发展的重要方向，也体现出数字经济在共享时代的应用性。以数字技术为基础的数字金融、智能支付、智慧物流、智慧健康、电子商务、数字信息服务等服务型产业将在共享时代迅猛发展。

三、数字经济的类型

数字经济以数字化信息为关键资源，以信息网络为依托，通过信息通信技术与其他领域紧密融合，形成了以下 5 个类型：

（一）基础型数字经济

传统的信息产业构成了基础型数字经济，它是数字经济的内核。

（二）融合型数字经济

信息采集、传输、存储、处理等信息设备不断融入传统产业的生产、销售、流通、服务等各个环节，形成了新的生产组织方式。传统产业中的信息资本存量带来的产出增长份额构成了融合型数字经济。

（三）效率型数字经济

信息通信技术在传统产业得到普及，促进全要素生产率提高而带来的产出增长份额，构成了效率型数字经济。

（四）新生型数字经济

信息通信技术的发展不断催生新技术、新产品、新业态，称为新生型数字经济。

（五）福利型数字经济

信息通信技术普及所带来的消费者剩余和社会福利等正向外部效应，构成了福利型数字经济。

四、数字经济未来的发展趋势

数字经济与共享经济的融合推动了共享时代的发展。同时，共享时代也对数字经济发展提出了新的要求，使之有别于传统的发展模式，呈现出新的发展趋势。

（一）数字经济的内涵外延将持续快速扩展

当前全球对数字资源重要性的认识、全球数字技术的创新发展等已非昔日可比，诞生了云计算、物联网、大数据、人工智能、虚拟现实等新技术、新应用，以及平台经济、共享经济等新模式、新业态。可以说，今天所说的数字经济，实际上是一种“新数字经济”。未来，随着技术的发展、模式的创新和认识的提升，数字经济的内涵将进一步扩展。

（二）需求增长将鼓足数字经济发展动力

从消费层面看，我国正处于消费升级期，数字消费成为消费的重点。从产业层面看，我国正处于产业升级期，大数据成为与土地、劳动等同等重要的生产要素，智能制造正在引发新一轮的制造业变革，数字化、虚拟化、智能化技术将贯穿产品的整个生命周期，云计算、大数据、物联网技术等将加快向传统行业的渗透和切入，产业升级需求将孕育更加广阔的市场空间。从创新层面看，数字经济将成为创新创业的重要领域，具有一定规模的智力资源、资金资源将涌入数字经济领域，为其发展注入持续动力。

（三）政策创新将优化数字经济发展环境

在后金融危机时代，各个国家都在数字经济领域发力，试图加快经济转型，实现可持续发展。我国也持续推出了多个规划、指导意见，以加快推动大数据、互联网等数字经济领域的发展。国家对数字经济的重视将推动相关产业政策的创新，从而进一步优化数字经济的发展环境。

（四）数字经济发展将加速完善保障支撑

推动数字经济发展，需注重配套保障建设。在基础保障方面，将进一步推进宽带网络升级、提高互联网普及率、发展新型应用基础设施。在创新保障方面，将加快信息技术创新步伐，推动数字技术与各领域的协同创新，打造公共创新服务载体，优化创业创新孵化空间。在安全保障方面，将加快建设关键信息基础设施安全保障体系，增强网络空间安全防御能力，加强数据资源和用户信息安全防护。在统计保障方面，将探索建设适应数字经济特点的统计体系，使数字经济发展成果可见、可观，为数字经济的进一步发展鼓足干劲儿。

（五）数字红利共享机制建设将加速推进

要实现共享发展就要让数字经济发展的红利实现普惠性释放，为此需要推进打造相关机制，如数字就业促进机制、数字技能提升机制、数字精准扶贫机制、数字政府强效机制等。

（六）数字经济与资本的关系将更加密切

信息技术、互联网、云计算、大数据等已成为资本市场瞩目的焦点。未来，随着数字经济的发展，数字经济与资本的关系将更加密切。一方面，资本市场的大力支持将推动数字经济的发展；另一方面，数字经济的发展将提升效率，对资本市场的长远发展产生积极影响。

（七）数字经济将成为推动经济全球化的新平台

数字经济本身就是全球经济，能够扩大贸易空间，提高资本利用效率，在促进市场竞争的同时催生创新。随着数字经济的发展，数字经济将给世界各国带来新的全球化平台，各国有望通过数字市场的不断开放，加速国内市场与国际市场相互融合，实现互利共赢。

第三节　数字技术及其应用发展迅猛

数字经济要在中国落地，需要动员各界的力量，运用数字技术来解决问题。“互联网 +”是一个技术手段，数字经济是结果。作为数字经济发展的依托，信息通信技术产业是一个相对宽泛的概念，目前正以互联网、大数据、云计算、人工智能、区块链等技术为发展热点，为数字经济发展提供了技术条件和产业基础。

一、互联网发展基本面向好

（一）全球互联网用户渗透率将近过半

据互联网数据统计机构世界互联网统计中心（Internet World Stats）的数据，冰岛、丹麦、荷兰、挪威、塞浦路斯等国家的互联网普及率已超过 95%，“国民即网民”的局面加快来临。

（二）互联网终端进入后移动时代

自 2007 年 1 月苹果公司推出新一代 iPhone 手机以来，移动互联网已有 10 多年的发展历程。10 多年来，移动互联网高歌猛进，极大地颠覆了传统互联网的商业模式，催生了共享经济、O2O（离线商务模式）等诸多新业态。移动互联网成为互联网产业发展的主要基础设施。

二、云计算迎来市场收获期

2006 年 8 月，谷歌在业界首次提出“云计算”的概念；同年，亚马逊相继推出在线存储服务（S3）和弹性计算云（EC2）等云服务。谷歌和亚马逊共同开启了云计算快速发展的大幕。各种类型的企业纷纷拥抱云计算。云计算几乎改变了整个信息技术产业格局，迎来了市场收获期。

（一）亚马逊、微软等巨头主导全球云计算发展

亚马逊、微软、IBM 和谷歌四大厂商主导了全球云计算市场。根据信息技术研究和分析公司高德纳公司（Gartner）的数据显示，以上四家公司占据全球云计算基础服务市场一半以上的份额。

AWS 是亚马逊“无心插柳柳成荫”的云计算业务，如今已成为全球最大的云计算厂商，是当之无愧的云计算霸主。根据协同研究集团（Synergy Research Group）的数据，2016 年第三季度 AWS 在全球 IaaS（基础设施即服务）公开市场的份额为 45%，是微软、谷歌和 IBM 三大厂商总和的两倍多；在全球 PaaS（平台即服务）公开市场，AWS 的市场份额几乎超过 Salesforce、微软和 IBM 三大厂商之和。

微软是由传统信息技术厂商成功转型云服务的典范。2014 年，微软确立了“移动优先、云计算优先”的新战略。凭借 Office365 和 Azure 双引擎，微软奠定了行业第二的地位基础。

另一传统信息技术巨头 IBM 的转型则相对艰难。IBM 先是转型做软件和咨询服务，后来转向云计算。尽管 IBM 已成为私有云的领导者，但尚不能扭转公司业绩不断下滑的趋势。

为加快追赶亚马逊和微软的步伐，谷歌加大了对云计算的布局调整。2015 年 11 月，谷歌花费 3.8 亿美元重金挖来了 VMWare（威睿）联合创始人戴安·格林（Diane Greene）负责新成立的云计算应用和基础设施部门。2016 年 10 月，谷歌将企业沟通服务 Google for Work、云办公处理软件、Cloud Platform，甚至是企业级的安卓手机、平板和 Chromebook 等软硬件，都归于格林管理。这是谷歌当年最大的一次架构调整。

（二）第二梯队企业加大投资并购力度

亚马逊、微软、IBM 和谷歌四大厂商的主导地位已经确立，在短期内难以改变。但云计算的涉及范围广、市场空间大，在诸多细分领域仍有数量众多的成功企业，尤其是那些实力雄厚且位于第二梯队的云服务商。

全球第二大软件公司甲骨文（Oracle）是著名的收购大户。根据创业公司数据库 Crunchbase 的数据，甲骨文的收购总数量达到了 115 家。历史上不乏著名的案例，如甲骨文以 103 亿美元收购仁科，对 BEA Systems、SUN、Siebel Systems、Micros Systems 等四家公司的收购金额均在 50 亿美元以上。

（三）中国市场中阿里和腾讯处于领先位置

中国的云计算市场规模相对较小，但发展迅速。其中，阿里云和腾讯云处于领先位置。云计算是阿里巴巴当前的发展亮点。

（四）科技企业纷纷拥抱云计算

云计算的快速发展，颠覆了传统的信息技术基础架构，对信息技术厂商产生了巨大冲击。信息技术巨头积极调整业务布局，如赛门铁克（Symantec）和惠普（HP）都一拆为二、

IBM 卖掉了 X 系列服务器、戴尔收购了 EMC（易安信）等。最为重要的是，微软、IBM、甲骨文、SAP（思爱普）、思科、联想、英特尔等老牌厂商已逐渐把战略中心转向云计算。

三、人工智能进入发展的黄金阶段

1956 年，麦卡锡（McCarthy）、香农（Shannon）等 10 位年轻学者在达特茅斯夏季人工智能研究会议上首次提出了人工智能（Artificial Intelligence，AI）的概念。60 多年来，人工智能的发展起起伏伏。10 位科学家中的最后一位——明斯基（Minsky）也在 2016 年初离开人世。

2016 年是一个旧时代的结束，也是新时代的开端。2016 年 3 月，谷歌 AlphaGo（阿尔法围棋）战胜韩国围棋九段李世石，震惊世界，迅速引发了人们对人工智能的关注。受到广泛关注背后的深层次原因是，新一轮的技术创新把人工智能发展带上了快车道。由于随处可见的互联网、大数据和传感器，基于云平台的大规模计算能力，以及算法的重大突破，计算机已经可以凭借深度学习独立完成更为复杂的任务，人工智能已经无处不在。

（一）世界各国纷纷出台人工智能战略

美国是信息技术的起源地，引领着人工智能的发展。自 2013 年开始，美国发布了多项人工智能计划，2016 年更是加紧了对人工智能的布局。美国国防部高度重视人工智能技术，认为人机协作是第三次抵消战略中的“高科技圣杯”，并于 2015 年在硅谷新成立 DIUx 外设办公室，以加强与新兴创新企业的合作。作为互联网的发明者，美国国防高级研究计划局（DARPA）正在加快研究人工智能技术，在 2016 年 8 月发布了“可解释的人工智能”（XAI）项目广泛机构公告。除国防领域外，美国白宫在 2016 年 10 月发布《为未来人工智能做好准备》和《国家人工智能研究与发展策略规划》两份重要文件，12 月跟进发布《人工智能、自动化与经济》报告，从而将人工智能上升到了国家战略层面，为美国人工智能的发展制订了宏伟计划和发展蓝图。

除美国外，2016 年多国政府也发布了相关发展战略与计划。例如，英国政府发布《人工智能：未来决策制定的机遇与影响》的报告；日本文部科学省确定了“人工智能 / 大数据 / 物联网 / 网络安全综合项目”（AIP 项目）2016 年度战略目标，《日本再兴战略 2016》将人工智能发展列为十大复兴战略之首；中国发布《机器人产业发展规划（2016—2020 年）》和《“互联网 +”人工智能三年行动实施方案》。在 2016 年之前，欧盟也发布了《欧盟人脑计划》。

（二）人工智能成为科技巨头的战略支点

当前，移动互联网发展红利逐步消失，后移动时代已经来临。科技巨头纷纷把人工智能作为后移动时代的战略支点，努力在云端建立人工智能服务的生态系统。

2016 年，脸书（Facebook）、亚马逊、谷歌、百度等公司不约而同地宣布人工智能是它们未来的业务核心。扎克伯格（Mark Zuckerberg）在 2016 年 4 月 F8 开发者大会上发布了脸书未来十年规划，人工智能成为其远景布局中的三大支柱之一。亚马逊创始人贝佐斯（Jeff Bezos）在 2016 年 6 月表示，Alexa 语音助手有望成为继电商、Prime（亚马逊高级会员服务）和 AWS 之后的公司第四大业务支柱。谷歌在 2016 年 10 月宣布其发展战略从“移动先行”（Mobile First）转向“人工智能先行”（AI First）。

面对人工智能的机遇和挑战，2016 年 9 月 Alphabet、IBM、脸书、亚马逊和微软五家美国科技巨头宣布组成人工智能伙伴关系（Partnership on AI）；4 个月后，苹果公司也加了进来。人工智能伙伴关系致力于推进公众对人工智能技术的理解，同时也将设立人工智能领域研究者需要遵守的行为准则，并针对当前该领域的挑战和机遇提供有益、有效的实践。

在国内，百度布局人工智能的时间较早，2013 年就成立了深度学习研究院和硅谷人工智能实验室。2016 年 9 月，百度发布百度大脑，在发布会上李彦宏强调：人工智能将是百度核心中的核心。腾讯公司也成立了人工智能实验室，聚焦自然语言处理、语音识别、机器学习、计算机视觉等四大发展方向。

（三）顶尖人才争夺战激烈上演

人工智能的发展离不开顶尖的科学家。而全球顶尖人工智能人才十分稀少，仅有寥寥几十人，且主要分布在以卡耐基·梅隆大学、斯坦福大学为代表的高校院所。科技公司对人工智能人才的争夺日益激烈。它们不惜重金，开出的薪资待遇堪比美国国家橄榄球联盟（NFL）球星的签约费。

其中，谷歌对人工智能人才的争夺最为抢眼。2013 年 3 月，谷歌挖到多伦多大学计算机系教授、深度学习鼻祖杰弗里·辛顿（Geoffrey Hinton）。2016 年 11 月，谷歌吸引到了两位计算机视觉领域的佼佼者——斯坦福大学计算机系终身教授、人工智能实验室与视觉实验室主任李飞飞，以及色拉布（Snapchat）公司研究部门负责人李佳，两人将管理和领导谷歌全新的机器学习部门。

除了谷歌外，其他竞争对手也大力招募人工智能顶尖人才。脸书早在 2013 年就聘请纽约大学计算机学家、人工智能领域的著名教授雅恩·乐昆（Yann LeCun）来担任新成立的人工智能实验室的主管。优步（Uber）在 2015 年聘请了卡耐基·梅隆大学国家机器人工程中心 140 位工作人员中的 40 位，并专门拨出一个团队研究自动驾驶汽车。苹果公司在 2016 年 10 月找到卡耐基·梅隆大学机器学习教授鲁斯兰·萨拉赫丁诺夫（Rulan Salakhutdinov）作为该公司人工智能研究的负责人。微软在人工智能领域的人才储备最为丰富，2016 年成立了新的人工智能和微软研究事业部，在 2017 年初通过收购加拿大深度学习创业公司 Maluuba，聘请了 Maluuba 顾问、深度学习领域中的杰出人物约书亚·本吉奥（Yoshua Bengio）来担任微软的特聘顾问。

百度于 2014 年聘请吴恩达担任首席科学家，负责百度研究院的领导工作。2017 年初，微软全球执行副总裁、人工智能领域的技术权威陆奇加盟百度。机器人创业公司优必选（UBTECH）在 2016 年底挖到了电气和电子工程师协会（IEEE）前主席霍华德·米歇尔（Howard Michel）。

（四）创业创新投资快速增长

自 2012 年开始，人工智能初创企业投资开始快速增长，2016 年更是如此。据 CB Insights 网站统计，2016 年人工智能领域投资交易达到 658 宗，融资额 50 亿美元，比 2015 年增长 64%。

国内的形势也同样乐观。《乌镇指数：全球人工智能发展报告 2016》显示，中国人工智能投资在 2016 年上半年达到了约 6 亿美元的规模，在第二季度更是达到了创纪录的 4.7 亿美元，显示出中国在人工智能领域的投资明显加快，紧跟在美国、西欧各国等发达国家之后。

2016 年，人工智能领域还诞生了 3 家新的“独角兽”公司，即无人驾驶汽车创业公司 Zoox、中国的健康医疗人工智能初创企业碳云智能和美国的人工智能网络安全初创企业 Cylance。

科技公司也加强了专利竞争。根据 CB Insights 的数据，在美国五大科技巨头中，微软和谷歌的人工智能专利申请数量居领先位置。自 2009 年以来，微软已经申请了超过 200 项与人工智能相关的专利，谷歌超过 150 项。2013 年，谷歌申请的人工智能技术专利数量远超微软，而苹果公司的专利数量相对落后。

四、区块链创造信任促进价值全球流动

区块链技术起源于化名为“中本聪”（Satoshi Nakamoto）的学者在 2008 年发表的奠基性论文《比特币：一种点对点的电子现金系统》。区块链给传统的分布式系统赋予了一种崭新的、更加广泛的协作模式，解决了点对点对等网络下的数据一致性问题。与基于单一信用背书实体的传统信任机制不同，区块链技术创建了一种基于公认算法的新型信任机制。由于算法具有客观性，即使网络中存在恶意节点，也能保证达成共识，实现业务的正确处理。这便是区块链技术带来的显著价值，可使多个行业领域受益。

（一）世界各国十分重视区块链发展

作为比特币的基础技术，区块链的发展道路充满了曲折和艰辛。最初，各国监管机构对比特币的监管和效率问题评价不一，经过一段时间之后才普遍认识到区块链技术在未来公共服务提供、经济体制变革、社会生活机制优化完善上存在巨大的潜在应用价值。随着各国政府对于区块链认知的不断提高，各国政府相关部门纷纷从国家战略层面对区块链的发展予以关注和推动，力求在未来区块链的技术发展中占据领先地位。

从国际组织来看，联合国社会发展研究所（UNRISD）在 2016 年初发布了《加密货币以及区块链技术在建立稳定金融体系中的作用》报告，提出了关于利用区块链技术构建一个更加稳固的金融体系的想法，并认为区块链技术在改善国际汇兑、国际结算、国际经

济合作等领域有着很大的应用发展空间；国际货币基金组织（IMF）也针对各国关注的数字货币问题发布了《关于加密货币的探讨》的报告，对基于区块链技术的加密货币的未来发展进行了具体的分析和阐述。

在美洲，多个监管机构从各自的监管领域表明了对区块链技术发展的支持态度。例如，2015 年 11 月 10 日，美国司法部举行了数字货币峰会，呼吁政府与行业之间加强沟通；美国证券交易所批准在区块链上进行公司股票交易。美国商品期货交易委员会在关注区块链技术发展的同时，进一步强化监管。该交易委员会将比特币作为大宗商品来进行监管。美国国土安全部也开始身体力行地研究区块链在国土安全分析和身份管理中的应用。

在欧洲，英国政府在 2016 年初发布了一份关于分布式账本技术的研究报告，第一次从国家层面对区块链技术的未来发展和应用进行了全面分析并给出了研究建议。该报告也是迄今为止最为全面透彻、立足层面最高的研究报告，为其他国家在区块链领域的政策制定与研究提供了有益的借鉴和参考。俄罗斯互联网发展研究所于 2015 年底向总统普京提交了一份包含区块链技术发展路线图的报告，对该技术发展的未来法律框架进行了规划。2015 年 12 月底，突尼斯宣布已开始研究通过加密技术发行本国货币，以提升本国的金融服务能力。立陶宛于 2016 年 4 月举办了波罗的海地区最大的区块链会议，会议重点讨论了数字货币解决方案和分布式账本协议，力争将立陶宛建设成为全球性的金融科技（Fintech）中心。欧洲中央银行近期也在探索如何将区块链技术应用于该地区的证券和支付结算系统。

在亚太地区，澳大利亚中央银行表态支持银行对分布式账本技术进行积极探索，提议全面发行数字货币澳元，充分利用区块链技术的优势来革新传统金融服务。2015 年 10 月 16 日，日本经济产业省召开金融科技会议，专门研究并讨论了区块链技术的未来发展与影响。2015 年 11 月 13 日，新加坡总理呼吁新加坡的银行和监管机构密切关注区块链等最新科技的发展，不断改进自身技术，创新商业模式，提高服务水平。2016 年 2 月 3 日，韩国央行发布了题为《分布式账本技术和数字货币的现状及启示》的研究报告，对数字货币和分布式账本技术进行积极的研究和探讨。在我国，中国人民银行和工信部等部门也在积极探讨推动区块链技术和应用发展，以促进其价值发挥，提早防范风险。

（二）区块链存在的安全隐患

有人将安全、可靠视为区块链最突出的优点。比特币是基于区块链的、公认的最成功的全球应用案例，但是比特币的安全事件时有发生。不论是 2011 年 6 月全球最大的比特币交易所 Mt.Gox 被盗事件，还是 2016 年 8 月发生的 Bitfinex 交易所遭黑客攻击事件，都揭示了比特币虽然比较安全可靠，但也并不是想象中的那么安全。

除此之外，2016 年 7 月，基于以太坊（ETH）的全球最大的众筹项目“The DAO”被黑客攻击，导致价值 6000 万美元的以太币被盗，最后只能通过硬分叉的方式来解决。2017 年 2 月 25 日，SHA-1 安全加密演算法遭破，谷歌发布了攻破 SHA-1 加密算法的实际案例。使用 SHA-2 加密算法的区块链，离“不安全”的距离究竟还有多远？

第四节 数字经济时代会计教育转型与职业发展规划

当今世界科技创新和产业变革日新月异，数字技术正以新理念、新业态、新模式全面融入人类经济、政治、文化、社会、生态文明建设的各领域和全过程，使得万物皆数据变成现实。数字技术打破了信息技术和经济发展的边界，实现了与实体经济的深度融合。以“大智移云物区”为核心驱动的现代信息技术蓬勃发展，并将其触角延伸至生产、生活的各领域，也带动了会计行业的发展和变革，赋予其在数字经济时代背景下新的内涵和模式。从会计电算化发展而来，全面推进的会计信息化工作正向着会计自动化、智能化方向发展。新一代企业资源计划系统（ERP）、机器人流程自动化（RPA）正逐渐代替大量标准化的基础性会计核算工作，电子发票与电子档案实现财务无纸化办公，大数据技术、数据中台将会计职能从侧重基础核算扩展至预算、分析、决策等。受新一轮信息技术革命以及经济转型升级和创新发展中新的商业模式的影响，会计工作在职能职责、组织方式、处理流程、工具手段等方面发生着重大且深刻的变化。为了适应新一轮科技变革和我国经济社会发展的客观需要，财政部《会计改革与发展“十四五”规划纲要》明确提出要积极推动会计工作数字化转型，以数字化为支撑实现会计职能的深化拓展，推动会计工作的高质量发展。在此背景下，厘清新时代数字经济发展产生的新业态、新模式，以及新兴信息技术发展对传统会计行业、会计从业人员、高校会计教育与人才培养的影响，重新定位应用型高校会计专业人才的培养目标和培养方案，并为新时代高质量发展中会计从业人员的职业规划提出有针对性的建议，有助于培养适应时代发展需要、契合财会领域转型升级要求的专业复合型人才。

一、数字经济发展对会计行业产生深远影响

（一）数字经济发展重塑会计工作场景

在数字经济发展的渗透下，产业数字化与数字产业化深度融合，推动产业变革和商业模式转型升级，催生出新的财务工作环境。对此，宝洁公司总裁罗伯特·麦克唐纳（Robert A. McDonald）最先提出“乌卡时代”（VUCA）来描述新的商业世界格局。VUCA 即易变不稳定（volatile）、不确定（uncertain）、复杂（complex）和模糊（ambiguous），形容企业经营管理环境面临的高度不确定性和不稳定性。复杂多变的经营环境打破了企业原本稳定的“金字塔”式结构组织，使得内部各部门之间互联互通，逐渐向分层扁平化的管理模式演变。相应地，企业战略协作层面也提出了“数智化”“精准化”“实时化”的要求，成为提升“业务—财务—决策”各管理模块适配性的重要保障。而传统的财务体系侧重事

后的财务管理，存在信息滞后、决策滞后、行动滞后等突出矛盾，与新兴业务发展不适配，亟待向以管理会计为核心的战略财务、业务财务和数字化财务转型。通过将更强调会计从业人员主体作用的管理会计与数智技术相结合，为实现业财融合乃至技财融合、人财融合构建联系。大数据、人工智能等数智技术与会计的有力融合，不仅促进了核算与分析的耦合，同时智能平台还可以集成税务、财政、金融系统，实现会计核算、会计管理与经济业务的实时、深度链接，对于推动企业高质量发展、创造企业价值具有重要意义。

实施国家大数据战略、建设数字中国的国家层面战略要求为信息技术与会计发展的深度融合提供坚实的保障。人工智能、区块链等新兴信息技术在会计信息系统中的应用不仅促进了会计核算职能的标准化、流程化、集中化，而且将会计职能在战略管理、营运管理和风险管理中的更大价值发挥了出来，实现了企业财务部门的核心价值由核算财务向业务财务、战略财务转型。电子档案、电子发票技术的大力推进使得无纸化办公逐步落地，实现了信息采集、传递与管理全流程自动化，在降低经营成本、提高审签效率的同时压缩舞弊造假空间，使会计档案向精细化管理方向发展。大数据技术在会计行业的应用使财务数据与业务数据精准对接，全面反映数据价值；数据实时传递成为可能，弥补了传统财务报告依赖事后反映的局限，数据内容由结构化的财务数据拓展为趋于全面的半结构化和非结构化数据。区块链技术改变审计数据的存储方式，将推动审计工作从抽样审计变为总体分析审计，减少由审计样本推断整体的不确定性，更系统、更全面地反映被审计单位的总体情况。

信息技术的深化应用重塑了会计工作场景，使会计从业人员的工作内容和方式产生重大变化。

（二）信息技术进步推动会计从业人员转型

数智技术驱动下会计信息化工作蓬勃发展，会计从业人员的工作重点由注重基础核算转向财务共享、智能财务、会计数据处理以及满足企业国际化发展要求，传统会计核算岗位的社会需求正在锐减。在信息化时代，业务与财务的边界逐渐模糊，传统结构化数据以外的半结构化数据、非结构化数据的价值逐渐浮现并受到重视，重要性日益凸显。企业财务数据与业务数据互联互通，数据分析、判断、处理支撑财务分析、决策正逐渐成为财务人员的基础工作，财务人员从数字的记录者、核算者转型成为数字的组织者、挖掘者，向管理型、数智化人才转型成为必然趋势。

然而，当前我国会计从业人员的有效供给不足，存在结构性矛盾。在整体数量上，会计从业人员供给大于市场需求；在供给结构上，从事基础记账、核算的人员居多，中高端人才供给不足；在供给素质上，财务会计供给过剩，管理会计、信息化能力和职业素养供给不足，存在难以适应法规更新与实务变化、人才培养方案变化慢、企业人才需求与高校人才供给脱节等问题。在数字经济环境下，会计从业人员的工作重点和工作价值发生深刻变化，亟须向数字化、复合型方向转型。首先，会计工作重点由基础核算转向公司战略、风险管理、财务分析等。基础性会计核算工作的自动化、智能化处理已通过信息技术的深化应用基本实现。会计工作重点从事中记账算账、事后报账延伸至预算、控制与监督、分析、决策的全价值流程管理模式。其次，会计从业人员通过财务分析与决策使会计信息发挥更大价值。会计从业人员的工作价值不再仅仅是记录与核算会计信息，更多的是通过财务分析参与企业综合管理并提供专业决策，为会计信息增值并创造更高的效能。智能财务系统将全面覆盖企业会计流程，代替大量标准化、规范化、重复性强的基础核算工作；同时，掌握深度自主学习功能，将积累的工作经验转化成机器思维逻辑，逐步实现人机协同。最后，数字技能成为必备技能。在数字经济深化、发展的未来，数字技能的熟练运用与掌握扎实的财会专业技能同样重要。要将数字技能与专业技能贯通融合，广泛运用在财务数据的采集、处理、传递、分析和决策等环节中，形成更加便捷、高效，能够实时开展，具有持续性、动态化的一系列财务活动，为最终的信息决策目标提供更加科学、更加系统的支撑。

（三）会计行业变革为会计教育提供了新思路

会计行业环境发生的深刻变化要求会计人才具备综合性的能力素质、复合性的知识结构，为数字经济时代会计人才培养明确了思路和方向。传统财务工作的重点主要集中于劳动密集型财务、单维价值信息反映与滞后分析，会计从业人员往往仅了解会计、税务、法律等垂直领域的知识，对企业整体经营活动缺乏全面的把握，极少掌握处理企业海量数据的数字挖掘、加工和分析能力。这类会计从业人员在数字经济时代，难以利用会计手段将财务管理与信息科技、数字资源有效融合进而拓展与实现会计职能及战略价值。因此，为发挥会计的决策功能，会计从业人员必须提升综合素质，以满足未来智能化财务管理岗位的需求。跨界融合、以人为本、创新驱动是数智时代的重要特征。洞察数据、为企业创造价值是未来会计技能型复合人才培养的核心。会计从业人员不仅要懂业务、数据、分析、工具，还要掌握管理学、统计学、运筹学、金融学等延伸领域的知识。专业知识的融合性和职业技能的多元性，对创新与变革管理会计人才培养模式提出了挑战，对现行会计人才培养寻求学科交叉、跨界融合等方面的突破提出了更高的要求。

二、数字经济时代的会计教育转型与人才培养路径

数字经济在各行业的渗透应用对会计理论与实务形成了冲击，也为会计人才创造了新的机遇与挑战。会计从业人员的定位由核算型向业务型、管理型、战略型的价值创造者转变，由重视专业教育转为注重财务信息资源的运用、财务战略思维的培养，其具备的技能也相应地由单一专业技能向多元化综合能力转变。为满足大数据技术高速发展背景下经济社会发展对会计数据分析和会计管理决策的需求，会计教育与人才培养应秉持“高素质、厚基础、宽口径、强能力、重实践”的培养原则，重视会计学科知识与信息技术能力、分析决策能力与创新能力的交叉融合，实现培养应用复合型人才的会计教育改革和创新。

（一）重教育——加强课程教学和教师团队建设

为培养能够适应社会发展需求的会计人才，高校应结合我国教育改革的战略与总体思路，以信息技术带来的颠覆性智能革命为契机，制定切实可行且动态调适的会计专业人才培养方略，科学把握数字经济时代中会计学科的定位，全面统筹会计专业的人才培养目标、培养标准、课程体系、教学内容、培养方式和质量考评体系，基于市场供需两端构建“以专业知识做基础，以现实需求为导向，信息技术与专业能力并重”的人才培养模式。

1. 设置学科融合的课程体系

为适应数字经济时代对会计从业人员的新要求，高校会计专业课程体系需要相应地从重视会计学理论和基本实务操作技能转向培养具备会计职业判断、财务分析和管理决策等能力的复合型会计人才；以企业需求为导向，以学科交叉与跨界融合为基本理念，构建涵盖会计、计算机技术、大数据科学及应用等跨专业管理会计课程体系。

（1）开设学科交叉融合的专业基础课程。高校应在厘定数字经济时代会计人才培养定位的基础上，仔细研判市场需求，细分培养对象并建立定制化、组合式的课程培养模式。以公共学科与专业学科基础理论作为统一学习背景，系统学习专业理论与实践技能，在筑牢专业学习的基础上根据细分行业人才培养需求提供个性化、组合式细分课程，满足具体会计岗位需求。具体而言，课程内容包括财务会计实务、管理会计基础理论、数智技术理论基础三个层面，具体涉及财务会计账务处理与报表编制，管理会计的基础理论与主要工具方法的运用，以及大数据挖掘、处理与可视化分析等理论知识的学习。专业核心课程的开设围绕管理会计“预测、决策、规划、控制、考核”五大职能展开，具体涉及：数智驱动下管理会计的预测、决策，内部控制与风险管控，财务共享流程的分析与优化，责任会计与平衡计分卡绩效管理等。课程类型则增加实训课程、专家实务课堂等可以模拟企业财务真实运营场景、强化实践能力的课程占比。实训课程以培养业财融合、流程把控、决策分析与跨界融合等能力为导向，可以开设全景企业运营、企业仿真项目、大数据财务分析、企业财务共享沙盘模拟、跨专业综合实训等课程。专家实务课堂可以聘请在管理会计领域或在大数据专业领域具有丰富工作经验的校外专家开展不定期的实务案例讲座，加深学生对所学知识的理解与认识，增长见识，提升学习兴趣。需要注意的是，校内课堂尤其是实训课程作为高校会计专业学生提升实务技能的重要载体，需要与时俱进地更新各类硬件、软件以满足数智时代管理会计人才培养的需要，具体涉及用友、金蝶、财务机器人以及 Python、Hadoop 等大数据智能处理软件的配备，ERP 沙盘模拟与虚拟商业社会环境 VBSE 系统等。

（2）强化管理型会计课程培养。一直以来，高校以培养会计核算人才、提升会计业务能力作为会计人才培养的核心任务，传统会计课程设置大多侧重财务会计体系，培养具备综合素质的应用型高层次管理会计人才的课程体系仍较为模糊。建议高校将战略风险管理、企业组织管理、数字经济与治理等管理核心课程纳入会计课程体系并增加其学分占比，探讨管理会计工具创新发展和实践应用；将会计专业课程重点转向业务管理和数据分析并重，使学生建立以公司治理为导向的思维框架和能力体系，在实时动态的业务管理分析中准确、及时地做出趋势预测并同步提供相应的后续解决方案，逐步树立在资源和时间约束下做出最优决策的财务判断力；在教学中，注重财会审专业学科知识与大数据分析相结合、机器学习与互联网云平台信息技术相融合的数字经济基础技能，使学生掌握基于企业整体和长远发展的战略思维和国际视野。

2. 构建会计实践教学体系

探索能力型人才培养模式是现阶段会计教育的重要议题，专业实践能力是评价会计职业胜任能力培养效果的重要因素。高校应该在人才培养模式中强调实践作用、添加实操环节、强化实际成果考核，打造立体化数字经济实践教学体系，形成以“模拟+实践”双核心为主导的多维实践能力培养方案，开设实践能力训练平台，多维度、一体化培养会计专业实践技能。

（1）案例教学。案例教学将真实的商业企业案例应用于会计教育中，可以使学生从学习的接受者转为参与者，帮助其在具体应用中拓展思路，深刻理解并熟练掌握知识，激发创新意识。因此，在培养管理型会计人才时，教学课程中应合理设计并引入真实的会计实务案例。案例的选取以“契合时代背景、紧贴课程内容、生动有参与性”为原则，案例背景要结合“大智移云物区”等新技术的应用；案例内容要贴合会计课程设置，使学生能够通过案例学习、熟悉专业知识将其转化为处理实际财务问题的具体经验，培养学生自主分析、发现并解决实际财务问题的能力。同时，高校也可以通过组织以数字经济时代为背景的案例分析大赛，调动学生自主学习智能财务知识的积极性，促使学生积极思考、扩展前沿视野。

（2）平台建设。会计专业人才培养的实践教学普遍存在的问题包括：过分注重会计核算类技能训练、对企业业务流程认知不够、企业决策分析类实践教学不足、数据分析技能缺乏等，无法满足数智时代对管理型会计人才的需要，管理会计实践教学体系亟待建立。在实践平台搭建层面，应以企业真实场景为教学情境，引进展现企业整体业务流程，覆盖管理会计规划、预算、预测、决策和考核等职能的管理会计实践教学平台，并搭载先进的数智技术，以企业流程、业务经营案例为教学内容，促进教学过程与生产过程对接、课程内容与职业标准对接。在实践方式层面，鼓励企业更多地参与会计专业建设和人才培养，实现全要素、全过程的产教融合、校企合作，探索建立企业和院校双育人模式，搭建集教学实训、生产实践、产业与社会服务于一体的实践平台，构建相互衔接、补充和完善的产教深度融合体系。即学生完成管理会计的现实一体教学实训后，借助平台面向企业实境的任务式培养项目，进入脱敏性真实项目模拟实践，建立系统完整的知识和技能结构，积累企业真实工作业务与流程的素材和资源。高校应进一步按照标准化流程和体系拆分教学实训所需的典型管理会计工作业务与案例，形成开放式的管理会计案例库，实现教学资源自我生成和持续优化、补充，挖掘适于教学实践的优秀典型案例，提升会计人才的培养质量。

（3）联合培养。高校通过与领先的职业组织、企业和科研机构进行产学研协同合作，开展会计人才联合培养。三方通过对教学环境和教学资源的重组联合和协同创新，发挥高校理论知识传授作用，将科研机构的科技创新成果与企业提供的实践机会有机结合，将实践与理论优势互补、共同发展，培养出符合时代背景的复合型会计人才。

3. 加强师资队伍建设

高校中掌握大数据技术、云计算、数据中台等新兴信息技术和应用经验的复合型会计专业教师比例较低，师资储备有待加强。高校急需适应人才培养路径转变需求，系统地加强师资队伍建设，提升教师专业素养。

（1）推动教学改革。通过增加信息技术教学课程比例、开设智能财务管理等课程、将教师考核评价体系向掌握复合技能倾斜等措施，促使教师充分意识到数字经济发展带来的影响与变革，自觉接受并主动学习信息技术知识，将其融入日常教学。高校可以尝试打造精品在线课程，促使教师重新梳理教学内容、改革教学方法和手段，构建“学、用、意”一体化的高度智慧学习体系。

（2）加速培育具备信息技能的教师。高校应鼓励教师参加信息技术课程培训并积极参与校外企业实践；同时，引进具有学科交叉背景如会计与计算机工程、金融数学等的学术型人才，或具备数据分析、挖掘和建模的事务型人才，培养信息技术会计教学研团队，提升会计教师的知识结构和实践能力。

（3）聘请校外实务专家建立联合培养机制。校外实务专家须同时具有信息技术和财务背景，能够提供丰富的岗位实训等实践资源，以指导学生理解并在企业财务的具体实践中应用最新会计信息技术。

4. 完善综合评价体系

为适应智能财务背景下的管理型会计人才的要求，人才培养评价体系要改变“唯论文”论，建立能够全面评估学生综合能力的多维评价体系。比如，可以构建综合素质评价体系，分别设置学业成绩、会计实践、职业胜任力等一级评价指标，根据一级指标的详细内容对应设置可供选择和组合的二级评价指标，并按照一定的权重实现全面考核评价。其中，学业成绩包括财会专业、信息技术和财务智能化等；会计实践涵盖实习、项目模拟和创新成果等；职业胜任能力涵盖思想政治、职业道德、行为技能和领导能力等考核评价。

（二）高素质——全面提升会计人才的综合素质

随着数字经济的蓬勃发展，会计人才需要全面提升综合素养，以开放视角、创新思维、过硬能力积极迎接财务智能化变革。数字经济的快捷性、直接性和高渗透性使得数字经济迅速渗透到实体经济领域，这就需要具有会计专业素养的复合型人才在关键的会计决策中能够提供准确、及时的数字经济会计潜在风险、发展趋势等核心内容解读，为管理层最终决策提供会计支撑。对此，高校应准确把握数字经济发展态势，有针对性地结合数字经济的业务场景和自身特点，将全面提升会计人才的综合素养作为应对数字经济挑战的重要抓手，设计以会计德商、会计智商、会计情商、会计灵商“四位一体”的会计人才培养方案，重构会计人才的职业素养和综合素质，造就适应宏观经济变化的新时代会计力量。

1. 提升会计德商

会计德商主要包括思想素质、职业道德、职业判断力等，是会计人才培养的首要条件。尤其是数字经济具有虚拟无形等特点，会计从业人员的职业判断力和会计估计对会计结果有着较大的主观影响。因此，为将职业道德教育内化为会计人才的终身职业理想信念，需要在会计专业培养时就将德行教育放在首位，不断加强道德法治、家国情怀、社会责任和会计职业道德等思想政治素质建设，通过增加通识教育课程、传达会计领域警示案例、现场教学参观反腐倡廉基地等，营造诚信致公的专业氛围，不断提升整个专业群体的思想政治素质和责任感。同时，高校也要注重培养学生与时代发展相适应的职业判断力，切实将职业道德教育外化为会计人才职业道德行为。

2. 提高会计智商

会计智商即会计人才的智力智慧商数，是理性思维或序列思维的客观反映，是会计人才培养的基本前提。会计智商用以衡量会计专业知识水平与技能，其作用在于帮助会计专业学生运用知识认识数字经济的业务本质和会计逻辑，使其在工作实践中更好地适应数字经济，理性解决数字经济问题。数字经济时代会计人才的培养需要高校立足会计基础学识培养，优化课程设置，推动通识教育课程贯穿整个教学体系，增加人工智能等领域的基础课程。

3. 培养会计情商

会计情商即会计人才的情绪智慧商数，是感性思维或联想思维的具体体现，包括情绪察觉、情绪揣摩、情绪控制、情绪驾驭等方面。会计情商用以评价“会计品格”，表现为会计活动中的沟通、控制、自觉和自信等情感能力和态度体验，在一定程度上可以通过会计教育培养加以塑造。高等会计教育环境对会计人才的会计情商培养具有重要影响，对适应数字经济发展有着强烈的现实意义。高校可以通过开设会计情商通识课程，并结合情景模拟课程、情商培养讲座、短期社会实践等方式，使会计人才提前预判会计工作所需的情商要求做出及早准备。

4. 激活会计灵商

会计灵商即灵性智慧商数，包含灵活应变、是非判断、真伪辨析等内容。会计灵商主要用以测量会计人才的灵动性和会计创造力，促进会计复杂事项的处理和企业价值创造。瞬息万变的数字经济时代考验着各主体对市场的快速反应能力和及时应变能力，而创新是引领发展的不竭源泉。会计人才需要在接受教育的过程中就具备能够适应数字中国战略发展、处理数字经济业务的创新思维，并引领工作实践。在会计人才培养中，高校要将塑造创新思维、提升创新能力作为培养会计人才的重要目标，贯穿素质教育的始终。这就需要高校在课程设置、教学资源、考核激励等方面向数字经济创新领域不断倾斜，吸引富有创新精神的教师力量，搭建应用最新科技成果的财务实训平台，全范围深化会计人才的创新能力。

（三）强能力——“九能并重”培养复合型高素质人才

高等会计教育内涵和外延的变化深刻影响着会计专业人才未来的定位。根据特许公认会计师协会（ACCA）发布的《专业会计师是可持续组织的核心》研究报告，会计人才能够确保组织强有力的治理和可持续发展，在企业经营发展中发挥主导作用，利用熟练技能、职业道德和专业判断帮助企业创造新的价值机会。随着全球经济、环境、技术、社会和劳动力状况发生巨大变化，会计人才的角色也在悄然发生改变。高校未来应着眼于理论研究、数据处理、分析判断、表达展示、交流沟通、团队协作、学习领悟、探索创造、知识整合等“九种能力并重”的会计人才整体素质提升培养模式。

1. 培养理论研究能力、数据处理能力、分析判断能力，扎实掌握专业技能

会计从业人员的工作重点由反映经济现象、描述经济行为，转向借助科学的理论方法和研究手段，有效运用信息技术工具，高效挖掘、组织、提炼对决策有用的数据信息，实现信息挖掘、数据分析、财务决策等更高的会计价值职能。

数字化能力是数字经济时代中关键的会计培养能力，是指会计从业人员掌握并应用数字技术进行识别创新、探究逻辑、分析信息和转化应用的能力。高校在制定专业培养方案时可将数字经济下产生的新型信息技术应用作为教学的重要环节，并结合学校自身的战略布局，制定长远的培养目标，紧跟数字经济的发展方向，将数据处理、云计算、智能商务等相关课程有针对性地加入课程设计，帮助学生朝着数字经济专业人才的方向发展个人技能。在上述课程体系的设计中，高校还应注意课程的逻辑关系，将统计学基础等数据处理的基础课程适当提前，为今后学生学习数据处理课程打下基础。

会计人才要掌握数字化能力，能够从大量复杂多样的数据中挖掘有效信息，并用以支撑财务预测。决策支撑离不开理论研究能力和分析判断力，主要涉及会计人才的专业度，即利用专业知识与经验，在面对信息技术迭代升级、商业模式变更创新等外部变化中的新会计环境、新会计问题时，实现自主学习并进行经验迁移，制定基于环境变化的适宜的会计政策和战略方案，由技术型人才向管理型人才最终向学习型人才不断演进。

2. 提高交流沟通能力、表达展示能力、团队协作能力，提升个人综合素质

会计是国际通用的商业语言，商业活动中利益主体的多元化使得企业内外会计关系错综复杂。

只有良好的沟通协调才能提供真实、完整、有用的财务信息，并反馈成合理、科学的管理信息。表达展示能力是会计专业人才必须具备的重要能力，即向外界清楚表达并展示个人观点和愿景的能力，主要包括文字表达展示、图表表达展示、语言表达展示、行为表达展示等。会计在企业财务管理中起分析、决策的作用，会计专业人才需要高效地将知识转化为语言，为管理者出谋划策。准确的表达展示能力以宽厚的知识架构和优秀的专业能

力为基础，并能够促进复杂经济关系与社会关系中利用会计手段交流沟通的效率提升。

会计业务流程紧密衔接又相互贯通，需要会计专业人才一致协作、通力配合。协作能力是动员、组织、调动人的积极性的能力，而沟通能力则是“智、能、品”的综合表现。应重视交流沟通能力、自我认知和情感控制等非程式化交互技能的培养，应在会计人才培养体系中融入更多社会教育的成分。高校可以在教学体系中注重第二课堂的发展，通过组织沙盘模拟、财务精英俱乐部、案例大赛等丰富的社团活动提供培育会计人才情商的机会。

3. 加强学习领悟能力、探索创造能力、知识整合能力，激发创造活力

会计人才在步入工作岗位后，面临着新技术迭代升级、新理念创造更新、新场景产生应用等内部变化，也面临着会计准则常学常新、法律法规不断修订的外部环境。树立终身学习理念是会计人才必需的素质。会计人才既要保持好学、勤学的态度，加强学习领悟能力，关注行业前沿热点动态，将最新学习成果与会计工作实际紧密结合形成工作实效；也要具备知识整合能力，将会计专业知识与信息技术知识、企业管理知识等有机整合形成适应个人发展、企业应用的一体化综合知识；还要具备创新思维和能力，善于挖掘商业机会并将其转化为切实的企业经济效益。

在“九能并重”的能力框架中，理论研究能力、数据处理能力、分析判断能力是基础硬技能，交流沟通能力、表达展示能力、团队协作能力是拓展软实力，学习领悟能力、探索创造能力、知识整合能力是突破创造力。基础硬技能主要培养会计德商和会计智商，拓展软实力和突破创造力主要培养会计情商和会计灵商。高等会计教育的目的是通过构建高素养会计人才“四位一体”的培养方案和“九能并重”的培养目标，培养出会计知识扎实、坚守会计操守、引领会计创新的新时代会计人才，推动会计理论与实践的深化发展。

三、数字经济时代会计从业人员的职业发展与规划

随着数字经济的全面发展，智能财务的深入应用对今后财务人员的职能定位、组织架构和价值创造带来重大且深远的影响。会计从业人员必须全面认识信息技术应用给会计领域带来的机遇和挑战，明确人才需求转变方向，及时做好职业规划与发展准备，全面增强综合素质、掌握数字技术工具技能、重视管理会计专业转型等，占据会计变革的主动权。

（一）纵深发展专业能力，横向加强跨领域知识协同，成为多维复合型人才

在数字经济时代下，企业财务已由大工业化分工的作业领域发展为跨领域协同融合的智能财务，对会计从业人员的职业能力提出“纵深发展，横向拓宽”的新要求。会计从业人员必须关注行业环境重大变化，立足行业前沿，及时更新对会计工作职责的了解和认识。一方面，围绕会计、税务、法律等垂直领域塑造专业能力；另一方面，加强金融计算、人工智能等多领域学科知识交叉融合，构建跨领域协同的知识体系。会计从业人员应树立终身学习理念，通过持续接受新技能、新知识的培训学习，全面提升自己的新时代会计行业发展要求的专业能力和综合素质，争做具备多种优势的综合型会计专业人才。

数字经济通过跨界融合使得从前分割独立的工作领域边界逐渐模糊，会计工作也趋向整体化发展。在此背景下，会计发展应当与多学科领域知识交叉融合，形成“大会计”理念。会计从业人员要加强对经济、金融、文化、社会、法律及其相互之间广泛联系的全面认识；掌握数字技术、信息技术的操作与结果分析能力；对金融、会计、审计、财税、公司治理、风控的变革趋势有深刻的把握；具有自我学习、持续学习、跨界学习的能力，不能停留在“就会计论会计”的保守层面；熟练掌握会计信息化业务，提高数据收集与信息分析能力；严守法律法规与准则制度，规范会计信息化流程；加强风险防范意识，提高职业道德水平；提高沟通协调能力，培养团队协作精神；成为多维复合型人才，持续引领企业商业创新与价值创造。

（二）树立全面数据思维，掌握数据管理能力，成为专业决策型人才

随着业财融合向更大领域、更深层次的推进，以财务为主导的企业价值管理正在不断地深化和演进，财务管理的边界正在不断拓展和外延，财务人员在企业管理中的角色趋于多元。新型管理会计人才不仅要详细了解财务、金融、经济、税务、管理等专业知识，还要能够熟悉企业的经营业务流程，并根据企业行业特点和发展情况，利用大数据技术、人工智能技术等辅助工具充分分析、挖掘和利用广泛的数据和信息，为企业业务流程和管理决策持续优化提供财务支撑。

1. 树立全面数据思维

信息技术的迭代升级使得万物皆数据成为现实，数据作为第五大资源要素蕴藏着巨大的有用的信息价值。传统会计偏重记录、核算和分析结构化数据，往往忽略半结构化、非结构化数据的价值挖掘，而智能财务最重要的资产将是数据。会计的管理决策离不开数据的支持，数据的管理分析和决策运用将成为财务管理的首要任务。企业中每天会有无数单据、影像等信息进入财务数据，生成大量的业务数据、记录凭证、发票等传统的协作化信息，以及更多的非结构化信息、半结构化信息。大数据技术在财会领域的应用使得会计从业人员能够全面收集、加工、处理、利用数据，从有限到全部、从静态到动态、从单一类型到多种类型、从因果关系到相关关系的数据均能对企业决策起到决定性的影响和作用，也促成管理会计工作新思维的形成。

2. 掌握数据管理能力，向专业化决策型管理会计转化

当前人工智能尚不具备高级自主学习、判断、决策的功能，专业化决策型管理会计从业人员可有效运用人工智能机器人作为辅助工具，充分进行数据筛选，深层挖掘相关联的财务和非财务数据、结构化和非结构化数据、内部和外部数据，在做好全面数据分析的基础上进行科学的决策、预测和控制，从数据共享、信息整合、流程优化、管理决策和价值创造等企业全流程充分参与价值管理活动，助力企业战略达成和管理水平持续提升，促进企业价值创造。

（三）关注国际会计发展前沿，提升财务驾驭能力，成为国际化高端人才

在数字经济背景下，全球经济一体化步伐进一步加快，企业的业务范围和投资方向不断扩大，跨国经济、跨国合作成为企业持续发展的必然趋势。《中华人民共和国国民经济和社会发展第十四个五年规划和2035年远景目标纲要》指出，要加快会计国际化发展，服务中国企业“走出去”。会计作为一门国际通行的商务语言，在国际经济活动中承担着重要任务。复杂多变的全球经济环境对会计人才提出更高的发展需求。这就需要会计从业人员具备国际化复合型知识结构，紧随国际会计发展步伐。在掌握本国会计理论和会计准则的基础上，会计从业人员应了解国际经济背景、熟知国际会计知识，如通过参加国外主流会计职业考试、国际学术研讨、投稿国际会计期刊等方式加深对国际会计准则的理解。会计从业人员要培养自己的国际业务管理能力，全面提升语言能力、信息技术能力等专业能力，以及分析思考能力、逻辑思考能力、沟通表达能力等综合素质，及时了解和掌握投资国家的相关法律法规和人文特色，熟悉当地会计核算、利润分配等方面的知识，为企业全面财务管理和成本控制提供财务智慧。同时，会计从业人员还要保持对国际数字经济研究的关注，总结、借鉴国际上数字经济管理的经验和方法，在跨国企业的财务管理中灵活运用。

第五节　数字知识经济增加值核算

一、引言

随着互联网技术的迅猛发展，数字经济高速发展，世界各国数字经济模式不断创新，涉及衣食住行以及娱乐文化教育等多个行业。在此次发展潮流中，我国数字经济发展真正走到了世界前列。随着大众各类需求的提升，各类数字产品被推向市场，在资源节约利用、便民生活等方面发挥了巨大作用。数字知识经济作为数字经济的重要组成部分，在2015年后呈现飞速发展趋势，以“知乎”“果壳”“喜马拉雅FM”和“得到”等应用软件（APP）为代表的互联网企业开启了在线知识付费的潮流。“得到”2016年上线的第一个付费专栏销售额超过1.7亿元；“喜马拉雅FM”2016年12月首届“123知识狂欢节”成交额达到5088万元，到2020年第五届时成交额已经超过10.8亿元；罗振宇“时间的朋友”跨年演讲2019年收视率直逼各大电视台跨年晚会，开创了数字知识经济的新模式。2020年，由于新冠肺炎疫情的影响，线上教育知识问答、线上问诊等各类数字知识经济模式呈现指数型增长，数字知识经济已经是我国数字经济发展的重要组成部分。可以预见，未来数字知识经济将占据数字经济更大的比重。

数字知识经济改变了传统的商业模式，国内现有的核算体系并不能完全涵盖各类数字

经济模式。如何设定数字知识产品生产者、互联网平台和知识获得者在经济核算中的角色，将是数字知识经济增加值核算面临的难题；如何将这一新模式所带来的增加值纳入我国国内生产总值（GDP）核算，也是亟须解决的问题。因此，研究数字经济中数字知识增加值核算是对这一全新商业模式在生产、推广、消费等各阶段核算的创新探索，将完善我国数字经济核算体系，为我国“新经济”核算方法的完善提供参考，有助于进一步完善我国国内生产总值核算。同时，数字知识经济增加值核算的研究还将进一步推动新经济核算实践的发展。

基于此，本节针对数字知识经济增加值核算进行研究，在对数字知识产品分类的基础上，梳理数字知识产品的生产模式、收益模式和平台的合作模式，对不同类型的数字知识产品生产者、使用者以及互联网平台的关系进行甄别，从生产法和收入法两个方面对数字知识经济增加值核算进行研究，并探究支出法国内生产总值核算中数字知识经济的核算项目，完善数字经济核算理论体系。

二、文献综述

（一）数字知识经济模式研究

国外的雅虎问答（Yahoo Answers）、答录机（Answerbag）和问答网站（Quora）等早期数字知识平台基本以社交问答为主要模式，这也是国内数字知识平台早期的发展模式。加赞（Gazan，2007）以国外社交问答网站 Answerbag 为例，研究了社交网站上在线社区成员的问答和评分方式，以及问答参与人员是否积极回答问题，这是较早的对免费问答类数字知识模式特点的研究。布兰德施泰特（Brandstetter）和施马尔霍费尔（Schmalhofer）（2014）以德国《世界报》为例，探讨了在互联网发展下，传统内容制造商采用内容付费的策略和效果，并通过调研探究了付费板块的价值，对数字知识付费模式进行了探究。随后，学界对数字知识经济模式进行的研究逐渐增多，且由传统型扩展到交互型。安德烈努奇（Andrenucci）等（2018）以健康门户网站为例，提出了数字知识模式应具备的三个基础：语言技术方法的知识整合、语言技术的应用试验和门户交互的用户研究。亚历山大（Alexander）和莱拉绍娃（Lerashova）（2019）对知识的融合模式进行了研究，将知识来源分为知识工作者和知识库两大类，将知识融合模式分为三种：知识存储库中的知识融合模式、知识型员工知识融合模式以及知识工作者的知识与知识库中积累的知识相融合的模式。其对知识库的研究对数字知识平台作用的分析具有重要参考意义。潘（Peng）和周（Zhou）（2020）在对跨文化知识协作的研究中，总结了问答网站 Quora 的九种知识生产模式：初始提问、针对性回答、提出疑问、回应他人、同意他人、纠正错误、丰富内容、进一步提问和扩展问题。阿尔温德（Arvind）和安（Ann）（2021）研究了流体数字创新下知识的演化模式，认为借助数字技术进行通信和协调，越来越多的人可以贡献知识和阅读他人知识，这加快了数字知识的积累，改变了原有的知识演化模式。未来数字知识模式还将不断创新，对这些模式进行合理的梳理是数字知识经济统计核算的基础。

国内学者对数字知识经济的研究主要是对在线知识付费模式的研究。王传珍（2017）①、罗敏和涂科（2018）②、张杨燚（2018）③、耿瑞利和申静（2019）④ 等对个人通过数字平台分享知识的动机以及在线知识付费的产品模式、传播特点、类型架构等方面进行了梳理，认为数字知识模式基本包含知识资源数据库模式、知识获取终端设备模式、社交媒体知识分享模式、开放知识重编模式和知识付费订阅模式等；数字知识生产和消费具有不受地域、时间和方式限制，可在线交互，无库存压力等特点；支付方式的创新使得数字知识经济参与者大幅增加。严建援等（2019）⑤、周国林和陈本龙（2021）等 ⑥ 对订阅型在线知识付费的商业模式进行研究，以“得到”和“知乎”为例，总结出其商业模式包含五要素：内部资源与外部资源、价值主张、价值网络、营销模式、营利模式；并认为企业的知识信用、用户在线学习习惯的养成是影响在线知识付费企业商业模式成功的关键因素。

可以看出，目前国内外对数字知识模式的研究均基于知识与数字技术平台结合产生便利性和交互性这一主要特点，从数字知识不同生产流程、不同消费方式和使用流程产生的模式差异进行研究。国内“得到”“喜马拉雅 FM”等数字知识平台商业不断创新给增加值核算带来了巨大挑战，如何划分各类新兴知识平台的模式是进行相关统计测度与核算的前提。

（二）数字经济增加值核算研究

国内外官方机构对数字经济增加值核算进行了研究，为数字知识经济增加值的核算提供了思路。美国经济分析局（BEA，2019）和澳大利亚统计局（ABS，2019）均借助供给使用表，假设数字经济中间消耗占数字经济总产出的比重等于相应产业中间消耗占总产出的比重，以此来测算国家数字经济增加值。我国基于《新产业新业态新商业模式增加值核算方法》，利用相关统计资料和国民经济核算资料，采用增加值率法、相关指标推算法等多种方法进行“三新”经济增加值核算。根据《新产业新业态新商业模式统计分类（2018）》，“三新”经济包含了互联网平台服务、互联网教育服务等，均与数字知识经济存在交叉，但国内外官方机构数字经济的核算均是从现有行业增加值的剥离估算，并未根据出行、住宿、知识技能等具体数字经济行业的商业模式和特点进行单独核算。

这也是数字知识产品的主要模式之一。朱发仓等（2021）⑦ 从国民经济行业分类目录中分离出数字技术生产部门，采用生产法核算其增加值，并将数字技术视为资本投入要素，

① 王传珍 . 知识付费奇点与未来 [J]. 互联网经济，2017（1）：68--73.

② 罗敏，涂科 . 知识分享平台的商业模式探析 [J]. 管理现代化，2018，38（6）：111-113.

③ 张杨燚 . 在线平台知识付费研究综述 [J]. 情报探索，2018（8）：129-134.

④ 耿瑞利，申静 . 不同文化视域下社交网络用户知识共享行为动机研究 [J]. 中国图书馆学报，2019（1）：60-81.

⑤ 严建援，秦芬，李凯 . 订阅型在线知识付费的商业模式研究 [J]. 管理学报，2019，16（9）：1405-1414.

⑥ 周国林，陈本龙 . 知识付费的商业模式探究：以知乎为例 [J]. 上海商学院学报，2020，21（6）：56-66.

⑦ 朱发仓，乐冠岚，李倩倩 . 数字经济增加值规模测度 [J]. 调研世界，2021（2）：56-64.

开发了计算数字技术应用部门增加值的“两步法”，其对数字资本的役龄——价格函数的探讨对解决数字知识经济增加值核算中企业所拥有的电子图书、视频等数字资产的处理具有一定参考意义。

（三）数字知识经济增加值核算研究

国内外针对数字知识经济增加值核算的研究较少，Ojanperi 等（2019）通过共享平台 GitHub、维基百科（Wikipedia）以及互联网域名注册等平台的内容创建和参与程度，编制了数字知识经济指数，对比分析了不同国家知识经济指数及其差异，这是对数字知识经济规模的测度，并未对数字知识经济增加值进行核算。高敏雪等（2018）[①] 根据在线知识付费平台的作用，将数字知识分为平台生产、用户生产和平台、用户合作生产三种模式，并对每种类型消费者、生产者等所属的机构部门进行了界定，分析了其增加值核算对国内生产总值总量和结构的影响，这是国内最早对数字知识经济中不同在线付费模式增加值核算理论的探讨，对各类数字经济产业从企业角度的核算具有重要启发。王思瑶（2018）[②] 对我国付费知识产品规模测算的相关问题进行了初步分析，认为目前数字知识经济规模测算面临的主要问题是知识产品边界界定不清晰和生产方式多样导致的统计测度困难，以及数据获取困难，提出对数字知识模式的合理划分是完成数字知识经济增加值核算的关键。许宪春和常子豪（2020）[③] 对中国数据库调查方法与资本化核算方法进行了研究，从生产法、收入法、支出法三种方法对数据库增加值核算和资本化核算提出了研究方案，其所定义的数据库包含一部分数字知识产品，对数字知识经济增加值核算具有一定的参考意义。

（四）文献述评

综上所述，国内外针对数字知识经济的研究主要集中于对数字知识经济商业模式的研究，并未从统计核算的角度对数字知识经济的模式进行分析。国内外对数字经济增加值的核算基本都是从产业分类出发，通过增加值率、数字经济占比等指标对数字经济增加值进行估算，并未区分各类型数字经济模式差异所带来的对总产出、固定资本消耗、营业盈余等指标的影响。少部分学者从数字知识产品的微观商业模式出发对数字知识经济的增加值核算理论进行了研究，但并未给出具体的核算思路和核算案例。总体而言，国内外对数字知识经济的研究无论是在理论、方法还是在应用方面都处于起步阶段，本节将基于对数字知识经济的界定和分类，从数字知识产品具体的生产模式、收益模式和与平台的合作模式出发，探讨不同组合模式下生产法和收入法增加值核算的内容，以及对现有增加值核算各项指标带来的影响，并以实际案例探讨从微观企业出发如何核算其数字知识经济活动的增加值，探讨企业财务数据在进行核算时的处理问题，以期为官方统计机构通过抽样调查自

---

① 高敏雪，张如一，洪旸，等.在线付费知识产品生产交易模式与宏观核算方法研究[J].统计与信息论坛，2018，33(7)：25-33.

② 王思瑶.数字经济的统计界定及行业分类研究[J].调研世界，2020(1)：4-9.

③ 许宪春，常子豪.关于中国数据库调查方法与资本化核算方法研究[J].统计研究，2020，37(5)：14-26.

下而上核算各数字经济行业增加值提供参考，为把数字知识经济核算纳入现行国民经济核算体系提供借鉴方案。

三、数字知识经济的内涵与分类

（一）数字知识经济的内涵

要界定数字知识经济的内涵，首先必须厘清数字经济和知识经济的发展演变历程，即经历了“信息经济”到“互联网经济”再到“数字经济”的发展过程。国内外对数字经济有相似的定义，即数字经济是以数字化的信息为关键要素，依托数字技术和数字化平台与各类经济模式相融合的新型经济形态。知识经济则是在经济学家罗默（Romer）提出把知识看作经济增长的内生因素后，人们认为知识尤其是科技积累带来了经济结构的重大变化。联合国于1990年提出了“知识经济”的概念，但没有明确界定，各类信息技术产业也被算作知识经济范畴，此时的“知识”已经推广到了包含各类科技尤其是新技术手段的大范围。本节所研究的“知识”主要是指能够提高人们见识、认知或者各项专业能力的知识。

基于此，本节所研究的数字知识经济是指基于数字技术，包括数字通信网络、计算机，软件和其他相关信息技术，进行知识的生产、存储、使用和消费的经济形态。随着互联网技术的发展和人们观念的改变，出现了大量通过互联网平台发布、传播的各类新知识产品，这些知识产品以文字、音频、视频等多种形式呈现，有些是收费的，有些是免费的。随着人们消费观念的转变，付费型知识产品越来越被大众接受，而免费型知识产品也已经通过各种形式变成了有价消费产品。

本节根据各类知识型“互联网平台”是否以专业知识为主营业务，将数字知识产品分为狭义和广义两类。从狭义上来看，数字知识产品仅指相关企业开发的，具有明显营利意图，通过将知识内容数字化，再销售给消费者进行营利的数字化知识产品，如“得到”“喜马拉雅FM”等，其特征是通过互联网平台连接知识生产者与消费者，生产者进行知识的生产，平台协助进行知识输出，消费者支付费用获取所需要的知识内容，这种狭义的数字知识产品的生产、销售等经济活动可以理解为数字经济中知识技能类的活动。从广义上来说，只要是包含知识，且能够提高人们的见识、知识储备，进而满足人们知识方面的精神生活需求的各类数字化产品都算是数字知识产品，如“小红书”“驾考宝典”等；其主要功能并不是通过数字知识进行营利，而是提供各种知识或者资讯，以增长人们的见识。知识的生产者往往不再独立于互联网平台之外，或者就是平台本身。与此同时，互联网平台还能够通过拓展的业务来获取一定的利益，或者通过线上引流进而线下销售的模式来营利。这种广义的数字知识经济活动可以理解为所有知识型产品的数字化活动。对于狭义的数字知识产品企业，如“得到”所属企业所有业务均围绕数字知识展开且线上产品均为数字知识产品，这类企业的财务数据也均围绕数字知识经济活动而产生和记录，可以将该企业作为一个整体进行增加值测算。对于广义的数字知识产品企业，如“驾考宝典”所属企业除了提供有关驾考的知识业务外，还有汽车销售、汽车养护等其他产品，对于这类企业则需要结合财务数据，根据“知识”相关的数字业务比重来核算其知识经济增加值。但由于存在很多“免费”知识产品，确定这一“比重”存在一定难度。在核算实践中，可先从纯粹的数字知识企业增加值核算开始，在积累了一定的数据可供参考后，再逐步估算广义数字知识企业中数字知识经济相关指标，进而核算其增加值。

（二）数字知识产品与知识产权产品

在数字知识经济活动中，既有交互式的即时产品，也有获取图书、课程视频版权或使用许可后再加工、美化、销售的数字化产品，而对相关原件、版权、使用许可等核算的研究均离不开对知识产权产品的讨论。在核算实践中，我国基于国民账户体系 2008 版（SNA2008），在 2016 年正式将科学研究与试验发展（R&D）支出作为固定资本形成，通过支出法纳入国内生产总值核算中，但由于资料收集困难，并未对数据库、娱乐文学和艺术品原件等几类知识产权产品开展核算。进行数字知识经济核算时，需要探讨哪些数字知识产品属于知识产权产品。本节给出了数字知识产品中属于知识产权产品的细分类别对照表。属于知识产权产品的各类数字知识产品可以按照《知识产权产品资本测度手册》进行资本测算，最终记录为固定资本形成，纳入数字知识经济增加值核算中。

各类数字知识平台企业通过购买等方式获得知识的使用许可，以及企业自身雇用员工新创造的各类知识作品原件等，都可采用知识产权产品的核算方法作为固定资本形成处理。但企业在获得这些原件或使用许可后，可以借助数字知识平台供大量消费者长期使用这些产品，如电子图书、图书音频等，这相当于企业对知识产权产品复制品的加工再销售过程，清晰梳理数字知识企业在这一过程中的生产和收益模式是准确核算数字知识增加值的关键。此外，与知识产权产品不同，在线教育中一对一的线上直播课，在线辅导服务等交互型数字知识服务更接近传统线下教育的数字化。清晰界定数字化平台在这一经济活动中的作用是核算数字知识增加值的关键。本节将结合各类数字知识产品在生产、流通、消费过程中的特点，重点研究不同生产模式、营利模式，以及与平台的合作模式下，数字知识经济增加值的核算方法。

（三）数字知识经济的分类

根据内容形态可以将数字知识产品划分为文字类产品、音频类产品、视频类产品、交互类产品。在数字知识领域，文字类产品所占比重相当大，很多收费专栏、问答帖都采用文字传播方式；音频类知识产品最大的优势在于用户能够在做其他事情的同时，利用碎片化的时间在不同的场景下收听音频汲取知识；视频类产品主要指录播类视频内容，其优势在于内容丰富，知识的吸收效率高，用户体验好；交互类产品通过实时沟通进行运作，具体包括直播、电话沟通、网络聊天等方式。交互类产品具有其他产品不具有的互动性，用户可以实时与平台的专家进行互动交流，使得问题能够迅速得到反馈。

数字经济知识平台的模式往往是多个特性相融合的，结合数字经济的发展现状，可以将数字知识产品涉及的互联网平台分为在线教育平台、知识付费平台、专业网络服务、社交媒体平台。在线教育通常会有一系列的课后服务，有完整的教学服务体系，通过一系列措施保证学员的学习效果。相对于在线教育，知识付费可以是体系化的专业知识，也可以是碎片化、通俗易懂的小知识。专业网络服务是与信息技术、互联网相关的一种服务，主要指提供云计算、数据监测分析之类的技能型知识付费产品。社交媒体平台主要分为基于社区和基于社群两种模式，基于社区的知识付费平台出现时间略早，平台上的内容主要是生产者初期生产内容，一般与其个人兴趣或专业领域的认知盈余有关；基于社群的知识付费产品主要是通过打造专业领域的优质付费内容来吸引大量用户。

从数字知识产品的内容形式来看，无论是文字、音频还是视频，对增加值核算并没有很大的影响；而从平台模式分类来看，不同的模式中数字知识经济的生产者、平台、消费者都会存在差别。因此，本节将在按平台模式初步分类的基础上，对数字知识经济的生产模式、收益模式、平台合作模式进行分类，为生产法和收入法数字知识经济增加值的核算奠定基础。

四、数字知识经济的不同模式

要进行数字知识经济增加值核算，就必须考虑数字知识经济的模式，只有通过分析其不同的生产模式和收益模式，以及个人、企业与平台的合作模式，才能准确确定数字知识经济核算的主体、范围和方法。

（一）数字知识经济的生产模式

数字知识产品的生产模式多样，在上述不同的平台模式分类下，对应的主要生产模式也不同。各类平台模式对应的产品生产模式主要有网络云课堂模式、专家线上咨询模式、专业知识生产模式、平台技术支持模式、大众知识生产模式、网络问答模式。不同的生产模式、产品生产者、网络平台在其中的作用不同，其核算方法也会因模式的差异而存在差异，后文将具体分析。

（二）数字知识经济的收益模式

梳理数字知识经济的收益模式有利于确定产品生产者与平台的收入，进而进行增加值核算。从用户角度来看，数字知识产品主要有付费和免费两种，在前述四类平台模式中，除专业网络服务模式主要通过直接收费方式获取收益外，其余三类模式均存在免费和收费两种情况。与传统知识产品不同，数字知识产品所借助的各类平台除了从用户方获取收益外，也可以从数字知识产品生产者处获取佣金收益。通过内容收费、用户打赏等收益方式，可以较为清晰地区分各类数字知识产品的价值。对于会员收入、广告收入、流量转化等收益模式，不同类型数字知识产品的生产者、平台的产出与收益则存在差别，在进行数字知识经济增加值核算时须予以具体分析。

（三）数字知识经济平台的合作模式

在数字知识经济中，互联网平台扮演的角色并非单一的，作用也不相同。在不同的平台合作模式下，劳动报酬、营业盈余等指标的核算范围和方法也不同，因此需要对数字知识经济平台的合作模式进行梳理。在在线教育模式和专业网络服务模式中，产品生产者主要是平台企业自身；在知识付费模式中，主要是法人企业生产者通过平台将数字知识产品提供给用户；在社交媒体模式下，主要是个人生产者通过平台将知识产品提供给用户，个人生产者在发展到一定程度后会成立企业转换为法人企业生产者；在专业网络服务模式中，也存在跳过平台直接为用户提供数字知识产品的方式。基于此，根据数字知识产品生产者、互联网平台以及数字知识产品消费者角色和作用的不同，本节将数字知识经济平台合作模式分为四类。

1. 非法人企业（个人）生产者—平台—用户

借助各类数字知识分享平台，越来越多的个人用户开始有偿或者无偿分享自己的专业知识，如个人所写的行业分析推论、个人制作的各类知识讲解视频等。这些个人即是“非法人企业”，其所生产的各类数字知识产品通过向互联网平台缴纳“租金”或者与之分成而获得在互联网平台展示的机会，进而被消费者购买。在这一过程中，互联网平台起到了连接生产者与消费者的“中介”作用，协调需求。促使交易达成，同时提供技术支持服务，确保数字知识产品正常使用。

2. 企业生产者—平台—用户

除了个人数字知识产品生产者外，文化类公司、培训机构等企业也生产各类数字知识产品。这些企业生产者在数字知识产品制作上更为专业，其通过与互联网平台签订协议，确定合作与分成模式，最终将产品推向消费者。在此类合作模式下，平台会根据合作协议进行数字知识产品的前期包装、推广、引流等服务，中期进行业务监测，后期进行数据分析等技术支持和管理服务。互联网平台的作用不再仅限于“中介”服务，还包括其他一系列服务。

3. 平台生产者—平台—用户

随着数字知识经济的飞速发展，越来越多的平台在提供“中介”服务的基础上，开始自行生产数字知识产品，如“知乎”“得到”等都建立了相关频道推广自己的数字知识产品。在此类情形下，互联网平台既是产品的生产者又是产品的推广者，“生产者—平台—用户”的模式转变为“平台（生产者）—用户”的模式。

4. 知识生产企业—企业用户

除上述合作模式外，针对企业客户线上咨询、行业技能培训等活动的企业会通过在线教育、技能培训、音视频等方式，针对企业单位制作和销售数字知识产品。这些“企业—企业”的模式往往会在各自的行业内有一定知名度，不再借助互联网平台就可以达成供需交易，这类模式与传统的知识产品模式相似，只不过变为数字化，本书不再探讨。

五、数字知识经济增加值核算方法

目前，学者对数字经济增加值的核算往往根据数字经济在各行业中的比重，结合各行业增加值进行估算，并未从数字经济产品本身的生产、流通、消费出发进行单独核算。《中国国民经济核算体系（2016）》指出，“根据新兴经济特点和基础资料状况，新兴经济增加值核算采用生产法和收入法进行核算，新兴经济生产法增加值等于新兴经济总产出扣除相应的中间投入。新兴经济总产出指生产单位在一定时期内从事新兴经济活动生产的所有货物和服务的价值；新兴经济中间投入指生产单位在新兴经济生产过程中消耗和使用的固定资产以外的货物和服务的价值”。本书认为，在对数字知识经济进行界定后，可采用生产法和收入法对数字知识经济增加值进行核算，确定合理的数字知识经济增加值核算方法；官方统计机构可根据经济普查数据以及对平台企业的抽样调查数据，进行数字知识经济增加值核算。在我国国内生产总值核算实践中，并没有针对数字知识经济的核算，与之相关度较高的教育、文化产业等在实践中以收入法核算为主；但在经济普查年份，会对总产出进行核算以计算增加值率，这也是在非普查年份核算各行业增加值进而核算国内生产总值的重要参考指标。本节将详细探讨数字知识经济生产法和收入法的增加值核算方法，以及支出法国内生产总值核算中的相关项目，以期为数字知识经济增加值的核算实践和各类型数字经济增加值的核算实践提供参考。

（一）生产法增加值核算

1. 以平台为核算主体的数字知识经济增加值核算

在前述的在线教育、知识付费和专业网络三类模式中，数字知识产品的生产模式主要为网络课堂模式（A）、专家线上咨询模式（B）、专业知识生产模式（C）和平台技术支持模式（D）。在此 4 种生产模式下，平台除了发挥“中介”作用提供信息服务和促成交易外，还参与了数字知识产品的制作。这类模式更像是平台向知识生产者购买“知识原材料”，通过平台的加工制作“成品”，然后销售给数字知识消费者，通过内容收费、广告收入、会员收入、增值收入等来获得收益。平台通常“买断”生产者的数字知识产品或者雇用产品生产者自行生产产品；数字产品生产者则通过卖出“原始产品”获得收入或者通过被雇用获得报酬。在此类情形下，消费者更多的是与平台达成数字知识产品交易，因此以平台作为核算主体能更清晰地进行数字知识经济增加值核算。

（1）平台收益模式为内容收费。当生产者收益模式为卖出原始数字知识产品时，以平台所销售数字知识产品的数量 Q 乘以价格 P 作为总产出 O，中间消耗为平台买断原始数字知识产品的花费 $IC_{1买断}$、数字知识成品再加工的其他消耗 IC_2 和数字知识平台上线运行维护的日常消耗 IC_3，增加值 V 的核算公式为：

$$V = O - IC = \sum_{i}^{m} P_i Q_i - IC_{1买断} - IC_2 - IC_3$$

当生产者收益模式为被雇用获得劳动报酬时，总产出与上文相同，中间消耗为平台支出雇用数字知识产品初始制作的消耗 $IC_{1初始}$，数字知识成品再加工的其他消耗 IC_2 和数字知识平台上线运行维护的日常消耗 IC_3，增加值 V 的核算公式为：

$$V = O - IC = \sum_{i}^{m} P_i Q_i - IC_{1初始} - IC_2 - IC_3$$

（2）平台收益模式为会员收费和增值服务。当生产者收益模式为卖出原始数字知识产品时，以所获得会员费收入 $R_{会员}$ 和各类增值服务收入 $R_{增值}$ 为该平台所有数字知识产品的总产出，对于某个数字知识产品的产出则可以根据该类数字知识产品的点击量占比进行估算，中间消耗为平台买断原始数字知识产品的花费 $IC_{1买断}$，数字知识产品再加工的其他消耗 IC_2 和数字知识平台运行维护的日常消耗 IC_3，增加值 V 的核算公式为：

$$V = O - IC = R_{会员} + R_{增值} - IC_{1买断} - IC_2 - IC_3$$

当生产者收益模式为被雇用获得劳动报酬时，总产出与上文相同，中间消耗为平台支出雇用数字知识产品初始制作的消耗 $IC_{1初始}$，数字知识成品再加工时的其他消耗 IC_2 和数字知识平台上线运行维护的日常消耗 IC_3，增加值 V 的核算公式为：

$$V = O - IC = R_{会员} + R_{增值} - IC_{1初始} - IC_2 - IC_3$$

（3）平台收益模式为广告收入、线上转化线下收入。当生产者收益模式为卖出原始数字知识产品时，对于未直接获得收益的数字知识产品，广告收入是平台获得收入的主要来源，其次是通过线上积累人气和粉丝转化为线下的相关商品或服务收入，可以使用线下等量收入所需要的宣传费用等进行衡量。因此，未直接获取收益的数字知识产品的总产出 O 包含广告收入 $R_{广告}$ 和与线下转化等价的宣传费用 $R_{转化}$，中间消耗为平台买断原始数字知识产品的花费 $IC_{1买断}$、数字知识成品再加工的其他消耗 IC_2 和数字知识平台上线运行维护的日常消耗 IC_3，增加值 V 的核算公式为：

$$V = O - IC = R_{广告} + R_{转化} - IC_{1买断} - IC_2 - IC_3$$

当生产者收益模式为被雇用获得劳动报酬时，总产出的计算方法与上文内容相同，中间消耗为平台支出雇用数字知识产品的初始制作消耗 $IC_{1初始}$、数字知识产品再加工的其他消耗 IC_2 和数字知识平台上线运行维护的日常消耗 IC_3，增加值 V 的核算公式为：

$$V = O - IC = R_{广告} + R_{转化} - IC_{1初始} - IC_2 - IC_3$$

在上述模式下，平台首先支付给产品生产者一定的资金以获得其产品，消费者购买相关产品和服务的资金直接被平台全部获得，通过企业的财务数据可以获取核算其增加值所需的全部数据。但目前核算该类经济活动总产出时，忽略了企业免费产品的价值，这些免费产品占数字知识产品的比重并不低，其价值可以体现为广告收入、线下转化收入等。合理地将该价值纳入总产出核算中能准确地体现其增加值。

2. 以产品生产者为核算主体的数字知识经济增加值核算

根据前述数字知识的平台模式分类和对应生产模式可知，社交媒体模式所对应的生产模式为大众知识生产模式（E）和网络问答模式（F）。在该类模式下，互联网平台仅仅作为“中介”为知识产品生产者与消费者搭建一个促成交易的平台，并因提供信息服务而收取“租金”或者“分成”等佣金收益；数字知识产品生产者则通过内容收费、打赏收费、广告收入、线上转化线下收费等模式获得收益。在此类情形下，以产品生产者作为核算主体较为合适。

（1）生产者收益模式为内容收费。当平台收益模式为收取租金时，以所销售数字知识产品的数量 Q 乘以价格 P 作为总产出 P，中间消耗为平台收取的租金 IC_1、数字知识产品制作时的其他消耗 IC_2，增加值 V 的核算公式为：

$$V = O - IC = \sum_{i}^{m} P_i Q_i - IC_1 - IC_2$$

当平台收益模式为营利分成时，总产出 O 计算同上，中间消耗为平台提供中介服务所得分成 PQn（n 为分成比例）与数字知识产品制作时的其他消耗 IC_2，增加值 V 的核算公式为：

$$V = (1-n)\sum_{i}^{m} P_i Q_i - IC_2$$

（2）生产者收益模式为打赏收费。当平台收益模式为收取租金时，以所制作的数字知识产品获得的各类打赏 R 的总和作为总产出 O，中间消耗为平台收取的租金 IC_1 与数字知识产品制作时的其他消耗 IC_2，增加值 V 的核算公式为：

$$V = O - IC = \sum_{i}^{m} R_i - IC_1 - IC_2$$

当平台收益模式为营利分成时，总产出 O 计算同上，中间消耗为平台提供中介服务所得分成 nR（n 为分成比例）与数字知识产品制作时的其他消耗 IC_2，增加值 V 的核算公式为：

$$V = (1-n)\sum_{i}^{m} R_i - IC_2$$

（3）生产者收益模式为广告收入、线上转化线下收入。当平台收益模式为收取租金时，未直接获取收益的数字知识产品，总产出 O 包含广告收入 $R_{广告}$和线下转化等价宣传费用 $R_{转化}$，中间消耗为平台收取的租金 IC_1、数字知识产品制作时的其他消耗 IC_2，增加值 V 的核算公式为：

$$V = O - IC = R_{广告} + R_{转化} - IC_1 - IC_2$$

当平台收益模式为营利分成时，总产出计算方法与上文内容相同，中间消耗为平台提供中介服务所得分成 nR（n 为分成比例）、数字知识产品制作时的其他消耗 IC_2，增加值 V 的核算公式为：

$$V = O - IC = R_{广告} + R_{转化} - nR - IC_2 = (1-n)(R_{广告} + R_{转化}) - IC_2$$

在上述模式下，平台从产品生产者处获得“佣金”或“抽成”，消费者的产品购买资金则可以直接到达生产者账户或者通过平台转至生产者账户，转账资金额可以通过企业的财务数据获得，在现有对教育、文化等行业的增加值中已经包含。而直接到达生产者账户的资金尤其是个人账户的资金则无法获得，因此在核算实践中需要通过企业获得相关个人生产者的信息，进行合理地抽样调查设计，以生产者为核算主体完成数字知识经济增加值的核算。

以上为在主要的生产模式与收益模式组合下，数字知识经济增加值核算的基本思路。在将数字知识经济增加值核算纳入我国国内生产总值核算的实践中，还存在两个主要问题：①在以个人生产者为核算主体的情况下，需要借助居民住户调查增加相关的项目来确定其收入和中间消耗，或者建立数字经济各行业针对个人生产者的专项抽样调查来获取数据；②在以平台为核算主体的情况下，需要对平台在各类数字知识产品生产中的具体作用进行分类处理以确定产品生产过程中的中间消耗。另外，随着数字知识经济模式不断创新，在未来实践中，还需根据新模式的具体生产过程确定总产出和中间消耗。

（二）收入法增加值核算

数字经济带来的一大变化就是使得原来只能作为知识产品消费者的“个人”可以通过各类互联网平台变为知识生产者，对于上述各类型的“非法人企业”数字知识生产者，无法区分其劳动报酬和营业盈余。在四类平台合作模式中，“企业—用户”模式下的数字知识经济与传统知识经济相似，本节不再讨论。其余三类合作模式下数字知识经济增加值核算方案如下。

1.“非法人企业生产者—平台—用户”模式下的增加值核算

此模式为数字知识生产者未将产品卖给互联网平台，而是借助互联网平台来推广和销售自己的产品。在此过程中，互联网平台为该数字知识产品的交易完成提供的“中介”服务也属于数字知识经济的核算内容。因此，在数字知识产品增加值的计算公式为：该模式下，

数字知识产品增加值 V= 混合收入 $MI_{个人}$+ 生产税净额 NT+ 固定资本消耗 $DF_{个人}$

其中，混合收入是个体生产者最终所得营利，包含自身的劳动报酬价值，但应扣除个人知识生产者支付给平台的“中介费”；生产税净额是指生产税与政府补贴的差额，在大多数情况下，个体生产者未缴纳生产税，也未获得政府相关补贴，因此这一项往往为零；固定资本消耗是指个人生产者为了生产数字知识产品对计算机、摄像机等各类固定资产的损耗。

数字知识中介服务增加值 = 劳动者报酬 $CE_{平台}$ + 生产税净额 $NT_{平台}$ + 固定资本消耗 $DF_{平台}$ + 平台营业盈余 $OS_{平台}$

此处的 CE、NT、DF、OS 均为平台为该数字知识产品提供服务所对应的核算量。

2.“生产者—平台”+“平台—用户”二阶段模式

此模式是指各类互联网平台直接购买各类数字知识产品，再在平台上销售给用户的模式。此模式第一阶段是数字知识产品的生产过程，第二阶段是数字知识产品的流通消费过程。对于第一阶段，可采用收入法核算数字知识生产过程的增加值，因为是非法人企业生

产者，所以：

增加值 V= 混合收入 $MI_{个人}$ + 生产税净额 NT+ 固定资本消耗 $DF_{个人}$

其中，混合收入是个体生产者最终获得的利润，生产税净额、固定资本消耗与上述一阶段模式相同。

在第二阶段，采用收入法对互联网平台提供的数字知识服务进行增加值核算，所以：

增加值 V= 劳动者报酬 $CE_{平台}$ + 生产税净额 $NT_{平台}$ + 固定资本消耗 $DF_{平台}$ + 平台营业盈余 $OS_{平台}$

其中，劳动报酬是指该平台为实现该类数字知识产品的宣传推广销售而付出劳动的员工报酬；生产税净额等于平台生产税与政府补贴的差额，平台有多类数字产品时，可根据营业额比例计算该类数字知识产品的生产税净额；固定资本消耗为平台为最终销售此类数字知识产品而消耗的各类固定资产折旧额；营业盈余为平台最终依据此数字知识产品而获得的营业盈余。

在现行对数字知识企业的统计中，并没有涉及对非法人生产者的统计。在上述一阶段模式下，个人生产者创造的增加值可以体现为平台的相关成本支出。平台所获得的各类版权等可以长期使用。在后续使用时，这些因版权而带来的资本服务价值以及这些无形资产的折旧并没有被明确核算。在二阶段模式下，因为目前没有针对个人知识生产者的抽样调查，所以非法人生产者所创造的增加值被漏算。因此，在收入法核算数字知识经济增加值时应注意两个问题：①计算营业盈余和固定资本消耗时，应恰当分解版权等所带来的资本服务价值和这些无形资产的折旧。②要增加对非法人企业生产者的抽样调查，将其纳入核算范围内。

3.“法人企业生产者—平台—用户”模式下的增加值核算

此类模式与前述“非法人企业生产者—平台—用户”模式收入法增加值核算最大的区别是生产者不再具有混合收入，而使用营业盈余和劳动报酬代替。此时无论是“生产者—平台—用户”一阶段模式还是“生产者—平台”+“平台—用户”二阶段模式，收入法增加值均为数字知识产品生产的增加值与平台中介服务的增加值之和。在收入法计算平台增加值时，根据平台为数字知识产品所提供服务类型的不同而存在区别，具体计算方法如下：

增加值＝生产企业员工劳动者报酬 $CE_{生产}$ + 生产企业生产税净额 $NT_{生产}$ + 生产企业固定资本消耗 $DF_{生产}$ + 生产企业营业盈余 $OS_{生产}$ + 平台员工劳动者报酬 $CE_{平台}$ + 平台生产税净额 $NT_{平台}$ + 平台固定资本消耗 $DF_{平台}$ + 平台营业盈余 $OS_{平台}$

在此类模式下，无论是生产者还是平台，均已被纳入现行的国内生产总值核算范围内，但是在数字知识企业中无形资产占比高，在大部分企业的财务处理中，这些无形资产的消耗并没有以合理的方式被分摊到各个使用期内，从而使得最终核算结果出现偏差。

4.“平台生产者—平台—用户”模式下的增加值核算

在此类模式下，平台既是数字知识产品的生产者，又是数字知识产品的推广者或销售者。平台提供了数字知识经济活动的全部货物和服务，此时收入法增加值核算只需核算该平台员工的劳动者报酬 $CE_{平台}$，即参与数字知识产品的生产加工、推广销售等所有员工的报酬，生产税净额 $NT_{平台}$为提供平台所缴纳生产税与政府补贴的差额，固定资本消耗 $DF_{平台}$为平台为完成数字知识产品的制作、推广、销售等一系列活动所产生的固定资产折旧，平台营业盈余 $OS_{平台}$为平台的最终利润。在此类模式下，企业的相关活动已经被纳入国内生产总值核算范围内，此时收入法增加值核算需要注意的问题与前述模式相同。

采用收入法将数字知识经济纳入国内生产总值核算时，无论在上述哪种合作模式下，都应梳理清楚劳动报酬、营业盈余、固定资本消耗和生产税净额四项内容。对平台企业而言，上述数据可通过调研主要企业的相关财务数据计算获得；而对个人生产者而言，则需要根据抽样调查获取个人生产者的混合收入，进而估算全国数据，并将其纳入国内生产总值核算中。同样需注意的是，在数字知识企业中存在很多无形资产参与了数字知识经济活动，在采用收入法核算其增加值时，应根据企业财务会计数据合理、准确地计算出固定资本消耗和营业盈余等指标，准确核算出数字知识经济的增加值。

（三）支出法国内生产总值核算中数字知识经济的核算项目

当采用支出法核算国内生产总值时，也需要确定数字知识经济的相关核算项目，其并不会受到产品生产模式和收益模式的影响，而会受到数字知识产品存储类型的影响。确定政府消费、资本形成和存货将是支出法国内生产总值核算的难点。

六、数字知识经济核算案例

“得到”是目前数字知识分享和知识付费的领军者，其通过线上课程、电子书等数字知识业务开展线上服务，同时借助线上知识服务拓展到线下知识服务（得到大学）及电商领域（销售阅读器、纸质图书等）获得拓展收益。“得到”主要是前文所述在线教育和知识付费模式，其产品生产模式以网络课堂和专业知识生产为主，获得收益的方式包括内容付费、会员付费和引流线下收益等多种方式。其中，引流线下知识服务收益根据线下培训业常用的销售额提成 10% 作为其线上引流到线下服务的收益，引流电商则根据业界常用的销售额的 1% 引流费作为其数字知识产品的引流收益；产品制作过程包含原始产品采购、再加工、数字产品维护所需的各项消耗。

在对全国数字知识经济增加值的核算实践中，统计部门可通过对“得到”“知乎”“喜马拉雅 FM”等占据市场主要份额的企业进行重点调查，以及对个人数字知识产品生产者的抽样调研来获取数据，结合具体的生产模式和收益模式来核算增加值，进而估算全国数字知识经济的增加值，如此核算结果将更加合理。

目前常用的从传统经济增加值中按比例剥离核算数字经济增加值是不够准确的。在各类数字经济模式占比越来越大的情况下，如果要准确核算数字知识经济增加值，就需要厘清数字知识经济的产品生产模式、收益模式和互联网平台的合作模式，如此才能准确核算数字知识经济的总产出和中间消耗，才能明确数字知识产品生产者与网络平台在数字知识经济活动中所获得的营业盈余、劳动者报酬、固定资产折旧和生产税净额，才能明确数字知识产品的消费和资本形成，进而采用生产法、收入法完成数字知识经济的增加值核算并确定支出法国内生产总值核算中数字知识经济的相关核算项目。要完成数字知识经济增加值的核算，需要完成以下几方面的工作：①确定在不同平台模式下，各类数字知识企业所属类型，根据数字知识平台在各类数字知识产品的生产、流通和消费中的作用，准确把握核算主体。②确定数字知识经济的生产模式和收益模式，考虑内容收费、广告费收入、会员收费和增值收入等多种收益模式，根据互联网平台和数字知识产品生产者不同的收益模式组合，合理确定各种模式下数字知识经济生产法增加值核算中的总产出和中间消耗，进而确定生产法增加值的核算内容和方法。③准确分析数字知识经济中生产者的类型，根据生产者是企业、个人还是互联网平台进行划分，再依据互联网平台在数字知识产品流通和销售中的作用是宣传等“中介”作用还是收购再加工而将其划分为一阶段和二阶段模式，进而确定不同合作模式下数字知识经济收入法增加值中劳动者报酬、营业盈余、混合收入、生产税净额和固定资产折旧的核算内容。④合理区分数字知识产品的消费和存储，进而确定支出法国内生产总值核算中数字知识经济的相关项目。⑤根据对各类数字知识企业和个人知识生产者的抽样调查，合理估算全国数字知识经济增加值总量。

综上所述，本节对各类细分模式下，数字知识经济增加值生产法、收入法的核算内容和方法进行了分析。数字经济目前仍处于高速发展时期，数字知识经济模式依然在不断创新，免费知识产品的核算难度较大，如何确定非专业数字知识企业中数字知识经济增加值的核算方案还需要进一步研究。本节所研究的各类模式并不能完全覆盖所有类型的数字知识产品。随着新模式的诞生，尤其是颇具规模并占据一定市场份额的新的数字知识产品还需要根据具体模式确定其增加值核算的方法，使核算理论和方法及时与市场发展变化同步。

第二章　“互联网＋”产业的数字化转型

第一节　我国农业的数字化转型

一、我国数字农业的发展现状

数字农业的目的是发展现代农业和提高农业发展效益，解决现有农业生产中存在的各种供求矛盾。具体来说，数字农业是利用现代计算机技术及互联网手段和平台，定量数字化模拟、加工与决策，使农作物生长与产供销全过程智能化、数字化和信息化。显然，数字农业是我国农业发展的主要方向，也是实现农业现代化的重要举措。为支持数字农业概念落地，我国先后在多个现代农业政策中提及数字农业的推广。根据“十三五”规划要求，未来五年，我国农业农村信息化总体水平将提升至50%，基本完成农业农村信息化从起步阶段向快速推进阶段的过渡。与此同时，随着物联网技术日趋成熟，以及远程监控、无线传感器监测等的不断发展，智慧农业的建设步伐将加快，帮助农业生产更加快捷、有效。

目前，数字农业在农业领域的应用主要集中在食品溯源、生产环境监测和农业精细化管理等方面。自2011年起，农业农村部结合国家物联网应用示范工程，在北京、黑龙江、江苏开展了农业物联网应用示范，在天津、上海、安徽组织了农业物联网区域试验。物联网技术在农业领域的应用已经取得了明显成效，涌现出一批比较成熟的软硬件产品和应用模式，试验示范出一批先进、适用的传感器设备、一批配套的应用软件、一批成熟的技术应用模式、一批可行的市场化解决方案，为粮食增产、农业增效、农民增收，以及解放和发展农村生产力、促进农业可持续发展发挥了先导示范作用。

在大田种植方面，通过综合运用3S技术（遥感技术、地理信息系统和全球定位系统）、智能化农机装备、作物生产管理专家决策系统等，实现了生产管理的定量化、精确化，亩均减少农药、化肥施用量10%以上，单产提高5%～10%。在设施园艺方面，通过对光、热、水、气、肥等环境因子的实时监控，创造了植物生长的最佳环境，设施温室和大棚的产量和效益平均提高10%以上。在畜禽养殖方面，运用自动调控畜舍环境和智能化变量饲养技术，实现了养殖环境因子远程调控和预警预报，平均减少劳动用工30%以上，养殖和疫病防控水平显著提高。以生猪养殖为例，农业监测、控制智能管理平台可以提高单位时间产出率 8%，降低生猪病患率和病体传播 50%。在水产养殖方面，推广应用以调控水体溶解氧为主要目标的智能控制系统，实现了养殖环境自动调控和水体环境闭环控制，水产品产量和质量明显提高，节本增效 10% 以上，同时水体环境污染得到了有效控制。

数字农业能够有效提高农业园内部的管理效率，加强农业生产、加工、运输、销售等全流程数据共享与透明管理，实现农产品全流程可追溯，对于提高农产品品牌建设、增加附加值、保证农产品质量安全具有重要意义。但与此同时，物联网在农业领域的应用受到基础投入不足、关键技术有待突破以及农业用智能软件严重滞后等限制因素的影响。

二、我国数字农业的典型案例

（一）“互联网 + 农业”大数据应用公共服务平台解决方法

福建新东网科技有限公司（以下简称“新东网”）成立于 2001 年，经营范围涉及计算机的软硬件开发及系统集成、电子产品、互联网技术的开发，主要致力于为行业用户提供“互联网 +”整体解决方案和服务。2016 年，“新东网”为武汉市建设的“互联网 + 农业”大数据应用公共服务平台，以武汉市现有农业信息化系统为基础，通过农业信息集中整合、分类存储进行数据挖掘、分析工作，构建农业大数据中心，并对数据资源进行常态化管理维护，为武汉市农业生产、经营、管理、舆论导向等提供了有力的数据支撑。“互联网 + 农业”大数据应用公共服务平台主要采用面向对象分析和设计的多层体系结构设计方式。系统所有的业务功能全部采用组件技术进行开发，能够随时在线更新组件，具有良好的可扩展性。系统的多层分布式应用可划分成五层：Web 层（用户层）、业务层（服务层）、应用支撑层、信息资源层和基础层。通过武汉市“互联网 + 农业”大数据应用公共服务平台的建设与应用，可以实现武汉市农业产业信息、全市农业产业质量安全信息的及时汇总，支持武汉市农业产业安全相关事件的应急事件和快速处置，实现对农业各生产流通节点进行监控管理和提供针对农业产业的综合信息服务，进而构建上下贯通、协调运作、功能互补的农业产业信息化主线。

（二）以大数据技术为支撑的智慧农业信息综合服务平台

新疆劳道农业科技有限公司（以下简称“劳道农业”）成立于 2014 年，是一家互联网农业服务公司。“劳道农业”于 2016 年推出的智慧农业信息综合服务平台，采用“线上互联网平台 + 线下连锁智能门店网点”的 O2O 销售模式，以信息技术农业信息服务和金融服务为特点，以线下覆盖网络为支撑，利用“微利经营策略”和“现代金融工具”两大优势，快速整合线下农资流通和农产品流通，通过盘活流量提升获利能力，再反补大数据研发、平台建设和农业链建设，最终实现线上与线下的优势互补。平台的服务对象以种植户和线下实体零售店为主，同时也结合自身农业管理种植优势，有针对性地对大型农业公司和现代农业合作社展开有偿技术服务。平台的大数据建设项目技术创新包括智能门店管理服务平台、手机应用软件农业信息应用系统，计划研发农业信息数据库、信息化农产品追溯技术、智能化农业信息发送技术等。该平台可以为实体经销商搭建一个有序的实体与网络相互呼应的行业集群即商户联盟体系，建立一个均衡农资市场的公正、透明的市场环节，从而避免因无序竞争和良莠不齐的现状造成损失。同时，信息化的管理可降低实体店铺的管理投入和运营成本，为实体店铺提供最为优化的进货量建议、储存建议、产品运输建议、农户潜在购买力、市场数据等。通过在本平台的订单式融资，还可以引导更多的金融资本进入农业产业链，帮助实体经营者实现资金流的畅通，从而更好地保证了行业的有序发展。此外，农业生产者可以通过平台了解农资价格和农产品销售价格，避免价格波动带来的损失；为农业生产者提供种植建议和种植方法辅导等服务，有利于减少化肥、农药的过量使用，保证食品安全，减少环境污染。农业生产者既可通过农业信息的互动对接消费者，也可选择公司为其提供购销洽谈服务，协助其与收购企业进行对接，实现农超对接，逐步实现“订单式”生产。该平台通过降低农业投入品的支出成本，配套全程跟踪各种先进的技术服务，使农业生产者在投入降低的同时增加产量，从而提高收益。

（三）智慧畜牧业电商大数据平台

城云科技（杭州）有限公司成立于 2012 年，是一家专注于云计算和大数据行业的高科技企业，主要致力于为用户提供云服务运营和行业解决方案。该公司于 2016 年推出的智慧畜牧业电商大数据平台是在已有城云大数据平台的基础上以“互联网 + 农业”为理念开发的新型电商平台。该平台在底层数据存储中通过采用 HDFS 与城云自有云存储系统混合存储技术，解决了 HDFS 海量小文件存储的内存过度消耗的问题；通过采用 Hadoop 与传统关系型数据库并存的技术，解决了 Hadoop 在进行数据分析时笨重不灵活、效率不高的问题，实现了批数据处理的高灵活度和高效率。智慧畜牧业电商大数据平台在加速畜牧业乃至农业信息传播和共享、丰富畜牧业农产品营销渠道、降低流通成本、保障产品安全等方面起到了应用示范作用。平台的创建有利于推动传统畜牧业向信息化畜牧业的产业升级。该项目与蒙牛乳业集团建立战略合作关系，由城云为蒙牛乳业建立蒙牛大数据平台。智慧畜牧业电商大数据平台已经为 100 多万头奶牛提供服务，占全国市场份额的 10% 以上，为 2000 多家畜牧业供应商提供运营和大数据服务，为 1 万多用户提供在线交易、牧场管理咨询、供应链金融等服务。

三、数字化对农业转型发展的作用分析

（一）传统农业存在的问题

传统农业是在自然经济条件下，采用以人力、畜力、手工工具、铁器等为主的手工劳动方式，靠世代积累下来的传统经验发展，以自给自足的自然经济居主导地位的农业。它采用历史上沿袭下来的耕作方法和农业技术。传统农业具有低能耗、低污染等特征，时至今日依然发挥着重要作用。

其特点有以下三个：①精耕细作，农业部门结构较单一，生产规模较小。②经营管理和生产技术仍较落后，抗御自然灾害的能力差，受自然天气影响非常大，"靠天吃饭"是最好的诠释。③农业生态系统功效低，商品经济较薄弱，基本上没有形成生产地域分工。

（二）数字化在我国农业转型发展中的作用分析

数字农业的发展，一方面得益于物联网等新信息技术的日渐成熟，另一方面也是现代农业未来发展的需要。农业生产正进入精细农机的阶段，这是世界现代化农业发展的方向，以信息技术为核心。根据空间变异定位、定时、定量地实施一整套现代化农事操作技术与管理的系统，其根本是根据作物生长的土壤性状。调节对作物的投入。通过物联网与精细农机相结合，特别是较大规模的现代化农场，对企业的经济效益和管理都有很大提高。

数字农业的应用价值有：①建立无线网络监测平台，对农产品的生长过程进行全面监管和精准调控。②开发基于物联网感应的农业灌溉控制系统，达到节水、节能、高效的目的。③构建智能农业大棚物联网信息系统，实现农业从生产到质检和运输的标准化和网络化管理。

另外，数字农业能够极大便利客户迅速、稳定、低成本地部署业务，为其提供一揽子解决方案。

总而言之，数字农业理念的产生给农业发展带来了新的机遇，让农业生产由靠"天"收向靠"智"收转变，让传统农业的结构调整实现转型升级，推进农业供给侧结构性改革，大力推进规模化经营、标准化生产、品牌化营销，向农业的深层次、多层次进军。以数字化、智能化、信息化为主要内容的数字农业兴起，有利于形成大批高效、生态、安全型技术和技术产品。

（三）数字农业存在的主要问题

尽管数字农业前景一片广阔，但由于其起步较晚，在整体上仍处于初步阶段，存在种种问题。现阶段，数字农业主要面临以下 5 个问题：

（1）农业信息通信设施缺乏。现代计算机技术的应用必须依靠基本的通信设施，而我国农村地区通信设施建设滞后，导致农业数字化水平较低，农业信息的时效性、准确性有限。

（2）缺乏统一的物联网技术标准。物联网技术标准的缺失制约着数字农业的进一步成熟，从而造成无法满足农业标准化生产对资源的需求，以及科研工作对农业信息进行全面、广泛获取的需求。

（3）农业使用者素质有待提高。我国农业从业人员素质相对较低，应用和接受现代计算机技术的能力弱，不利于数字农业的推广、普及。

（4）现代农业信息推广应用不足。我国大部分地区的农业种植集约化程度不高、规模化农业生产力度不够，其主要原因便是现代农业信息推广应用不足。

（5）新技术推广不利。数字农业技术从实验室到田地间面临着重重阻碍，未来在推广上还应加大力度。

第二节 我国工业的数字化转型

一、我国数字工业的发展现状

目前，中国的经济已经开始步入中高速增长的新常态，中国的制造业处于大而不强的旧格局。在此背景下，国务院于 2015 年 5 月发布了《中国制造 2025》来指引我国的经济转型发展。

工业物联网是数字工业的一个典型应用。我国物联网发展已经初步具备了一定的技术、产业和应用基础，呈现出良好的发展态势。工信部数据显示，2014 年我国整个物联网的销售收入已达到 6000 亿元以上。近几年，我国物联网产业发展的复合增长率达到了 30% 以上，充分体现了强劲的发展势头。赛迪顾问预测，到 2020 年，我国物联网的整体规模有望突破 18 000 亿元。

随着整个物联网生态环境的成熟，工业物联网的应用需求开始逐渐强烈。例如，生产、仓储、物流的高效需求，实时生产数据和设备数据的监控需求，更加准确的生产跟踪需求，智能预测和预警需求等。我国工业物联网的发展也由过去的政府主导逐渐向应用需求转变。2014 年，我国工业物联网规模达到 1157.3 亿元，在整体物联网产业中的占比约为 18%。赛迪顾问预测，在政策推动和需求带动下，到 2020 年，我国工业物联网在整体物联网产业中的占比将达到 25%，规模将突破 4500 亿元。

工业物联网的生态链主要包括五个部分:感知层、传输层、硬件设备、平台层和云平台。感知层主要是由各种传感器组成的感知单元，用来采集数据；硬件设备主要是由工业机器人、智能机床、3D 打印设备等组成的执行单元，即生产工厂里具体生产环节的硬件设备；平台层是由软件系统和硬件系统组成的控制单元，用来发出指令。软件系统包括企业管理软件、生产管理软件等；硬件系统是测量分析系统、运行管理系统等由具体硬件组成的系统；云平台包括公有云、私有云和混合云，配合云计算和大数据，用来处理分析感知单元采集到的各种数据。云平台和平台层相辅相成、密不可分。传输层负责传输数据。

就我国工业物联网的发展现状而言,"中国制造 2025"与德国的"工业 4.0"还不一样。德国"工业 4.0"是在技术条件、创新研发和企业自动化程度都非常高的水平上制定的智能化、网络化的工业生产和服务模式。我国企业多处于工业 2.0 与工业 3.0 的边缘，成本控制、生产效率和流程管理等方面水平较低，需要提升的空间还很大。我国企业发展水平与发达国家相比有很大差距，我们既要解决最基础的设计制造能力问题，又要解决智能化的问题。我国的绝大多数企业还需要从一些基础设施的升级开始做起。

目前，我国企业主要面临生产成本上升、研发投入不足和生产组织方式较为传统等问题。

（1）生产成本上升。2014 年，全国劳动力成本是 10 年前的 2.7 倍，再加上生产资料价格上涨、高能耗成本和高物流成本的影响，我国制造业低成本优势逐步丧失。高端制造业向发达国家回流，低端制造业向东南亚和印度等地区转移，本土企业面临倒闭的风险。

（2）研发投入不足。我国大中型工业企业研发经费投入占比不足 1%，而在发达国家，像美国、日本、德国等普遍在 2% 以上。研发投入不足造成产品同质化竞争，进而引发价格战，最终导致产能过剩。

（3）生产组织方式较为传统。大规模生产无法满足个性化和服务化的需求，传统组织模式也无法适应复杂的产业链变化。

那么怎么具体实现“工业 4.0”呢？就我国的制造企业而言，首先要通过生产线的改造和信息技术设备的升级改造来使企业自身互联网化。其中，第一步，就是实现硬件智能化。硬件智能化对制造企业来说极为重要，因为生产和业务流程的智能化，也就是我们常说的企业的自动化程度，是企业实现自身互联网化的前提，需要通过生产线改造来实现生产的智能化，通过信息技术设备升级改造来实现业务流程的智能化。这也是我国制造业下一步发展的首要目标之一。

二、我国数字工业的典型案例

（一）海尔集团实现大规模个性化定制

海尔集团深耕互联网定制，实现从大规模制造向大规模定制转型，快速满足用户个性化需求，主要呈现五大特点：①注重用户参与，用户通过线上定制方案，将个性化需求第一时间传递到生产线，随后可参与制造、交付的全流程。②互联互通，基于互联网将机器设备、产品与用户联系起来，实现用户与设计、生产部门的沟通和协同。③智能化，通过智能制造执行系统进行监控，实时采集、分析生产数据，开展智能化管理。④模块化，在接到订单后定制所需模块，按照客户的需求进行组合。⑤定制全流程可视化，用户通过手机等终端设备不仅可以随时随地地获取订单状态，还可以观看从采购、装配到安装的整个过程。2016 年，海尔发布了 COSMO（卡斯摩）互联工厂云平台，进一步连接用户与内部和外部资源，让用户真正参与设计、制造、物流、服务等各个环节，并为互联工厂提供用户的体验反馈，实现利益相关方的共创共赢。

（二）中国商用飞机有限责任公司（中国商飞）全球网络设计系统

中国商飞搭建了全球协同网络环境平台，实现了产品的设计、研发、制造全流程的全球协同管理。中国商飞负责飞机的总体设计和装配，零部件设计、制造等工作则外包给全球各地的零部件供应商来完成。在飞机的总体装配过程中，中国商飞利用计算机模型进行总体结构的虚拟装配，利用部件生产数据进行部件组装和校验，部件组装完成后，各机体在中国商飞总装工厂完成最后的大部件对接和总装。利用全球协同研制平台，中国商飞实现了跨企业的统一构型、统一的数据管理和统一协同工作流程，有效消除了因信息不一致导致的问题，使研制周期缩短 20%、制造周期缩短 30%、制造成本降低 20%、能源消耗减少 10%、制造质量问题发生率降低 25%。2016 年底，研制成功的商飞 C919 飞机涉及的研发成员企业包括设计与主制造商、10 家机体结构、24 家机载设备、16 家材料供应商和 54 家标准件供应商等，另有 200 多家企业参与了项目的研制过程。2016 年，中国商飞对 C919 大型客机进行了多项地面试验。首架 C919 飞机于 2016 年 12 月交付试飞中心。

（三）中科院与 SAP 合作开发了“工业 4.0”联合解决方案

2016 年，中科院沈阳自动化研究所与 SAP 共同研制出“工业 4.0”联合解决方案，并基于该解决方案共同搭建了“工业 4.0”智能制造示范产线，助力未来智能工厂定制化生产。该解决方案将中科院沈阳自动化研究所 WIA-FA 工业无线网络通信技术、SAP 的 HANA 云服务平台和设备预防维护软件，以及新松机器人公司研发的工业机器人相互整合，通过工业无线网感知机器人状态，并通过云服务平台对机器人状态数据进行分析，最终实现了设备的预防性维护和生产系统结构的模块化，大幅提高了生产效率，降低了运行故障率。其中，SAP 提供的 HANA 内存计算平台、云计算和大数据等技术，可以帮助工厂实现从 ERP 管理层到车间执行层的无缝集成。新松机器人公司研发的工业机器人利用 RFID 技术，可以与 SAP 的 MES 系统中的订单对应的产品与工艺要求进行实时信息交互，实现同一生产线上多种个性化产品的混线生产。中科院沈阳自动化研究所自主研发的 WIA-FA 工业无线网络通信技术，可以实现对设备状态、生产等信息的无线采集，并可以将数据快速传递到 SAP 的 HANA 平台进行设备的诊断和生命周期预测，减少了设备停机时间。此外，该解决方案通过引入中科院沈阳自动化研究所自主研发的软件定义生产系统以及面向动态生产过程的可重构工业控制网络等前沿技术，实现了生产系统结构模块化，整个生产系统可以根据当前的设备状态和订单需求进行实时调整和动态优化，大幅提升了生产系统的智能化和灵活性。

（四）青岛红领集团大规模个性化定制

青岛红领集团全面顺应“互联网 +”的趋势，充分围绕客户需求，利用大数据、物联网等信息技术建立了大规模个性定制新模式，快速响应全球消费者的多元化需求。红领集团的制造模式主要有以下四个特点：①运用大数据技术满足客户差异化需求。红领在多年的生产过程中，积累了海量的板型、款式、工艺等方面的数据，客户可以利用红领集团的板型数据库自由搭配组合。②运用物联网技术实时传递生产信息，实现生产与管理的集成。红领集团实现了服装设计、下单、定制的全部数字化。红领集团生产的每件定制产品都有专属芯片，各工序操作员根据芯片指令完成制作，芯片精准地将个性化定制工艺参数和要求传递给工位上的计算机，确保定制产品高质、高效完成。同时，生产管理部门可实现对每道工序、每个环节的在线实时监控。③以生产流程的模块化、标准化布局，实现个性产品规模化生产。红领集团的 RCMTM 平台通过将客户在定制平台上填写的数据与数据库中存储的模型进行对比，实现了个性化数据的标准化；然后，按照标准化数据将订单分拆成若干模块，并自动分配给生产线上的工人进行后期制作。通过上述模式，红领集团能够在所有细节上既实现个性化定制，又做到规模化生产。④客户需求数据驱动柔性定制模式。通过用户直连制造（C2M）平台，红领集团可实现制造体系与用户需求数据无缝对接，于是制造环节能够根据用户的个性化需求快速调整生产要素和柔性布局。红领集团的大规模个性化定制模式颠覆了服装行业经营的传统，大幅提升了企业经济效益，使设计成本下降40%、生产成本下降30%、原材料库存量降低60%、生产周期缩短40%、产品储备周期缩短30%。2016年，红领集团开始输出以客户需求源点驱动公司价值链协同的解决方案。截至2016年6月，青岛红领集团共与38家企业签订了解决方案引进协议，帮助传统企业实现互联网时代的升级改造。

三、数字化对工业转型发展的作用分析

（一）传统工业存在的问题

由于信息不一致，传统工业不能随时掌握产品库存、物流等情况，因而不能对生产方向、生产速度做出决策；传统工业缺乏监控感知能力，从而不能帮助企业预警在生产过程中的安全隐患和可能发生的安全事故，甚至会对企业生产设备等财产造成损失；没有技术可以为传统工业提供多角度、全方位的参考依据，因而企业不能为客户提供个性化的定制服务，传统工业会形成凭空做计划、低头搞生产的状态。

（二）数字工业的作用

数字工业的作用体现在生产业务协同化、生产过程智能化、产品服务网络化和快速响应等几个方面。

1. 生产业务协同化

使用物联网技术，企业能够把生产业务、物流管理和企业的上下游与社会协作单位连接起来，通过对当前生产业务和物流管理的优化控制，实现企业内和企业之间的业务协同化，整体提升工业生产的效益。利用全球协同研制平台，中国商飞实现了跨企业的统一构型、统一数据的管理和统一协同工作流程，有效解决了因信息不一致导致的问题，使研制周期和制造周期缩短，同时也降低了制造成本。

2. 生产过程智能化

企业使用物联网能够检查生产过程中设备的状态、原材料的消耗和产品自身的质量情况，通过生产过程的智能监测、控制、优化和决策，真正实现企业生产智能化。中科院沈阳自动化研究所与SAP共同研制的“工业4.0”联合解决方案，通过引入沈阳自动化研究所自主研发的软件定义生产系统以及面向动态生产过程的可重构工业控制网络等前沿技术，实现了生产系统结构模块化，整个生产系统可以根据当前的设备状态和订单需求进行实时调整和动态优化，大幅提升了生产系统的智能化和灵活性。

3. 产品服务网络化

企业将智能传感器应用在产品和设备上，通过物联网实现产品与设备的远程监测与维护，不但能够减少产品与设备的维护费用，同时还能够令企业有一定的实力实现产品的制造和使用全生命周期服务，是生产制造型企业朝着制造服务型企业转变的科学途径。海尔集团实现大规模个性化定制，定制全流程可视化。用户通过手机等终端设备不仅可以随时随地地获取订单状态，还可以观看从采购、装配到安装的整个过程，从而实现了利益相关方的共创共赢。

4. 快速响应

物联网可以方便企业在售出商品后，长期为客户提供深度服务，了解客户的感受和需求，增加企业与客户的关系黏性。青岛红领集团已经建立了大规模的个性定制新模式，客户可以利用红领的板型数据库自由搭配组合。同时，红领集团用户直连制造平台可实现制造体系与用户需求数据无缝对接，这样企业在制造环节就能够根据用户的个性化需求快速调整生产要素和柔性布局。

第三节 我国交通与物流领域的数字化转型

一、数字经济在我国交通和物流领域的发展现状

随着互联网技术的发展，数字交通已经可以有效地利用现有交通设施减少交通负荷和环境污染、保证交通安全、提高运输效率，因而日益受到各国的重视。在中国，交通发展中存在诸多问题。例如，基础设施短缺与其利用的低效率使道路交通设施不能适应经济发展的需要，绝大部分交通设施严重超负荷运作，交通阻塞严重，导致运输效率下降，出行时间大量浪费，加重了城市空气污染，机动车尾气排放已成为城市大气污染的主要来源等。因此，数字交通应运而生。目前，中国主要从公路交通信息化、城市道路交通管理服务信息化、城市公交信息化等三个方面构建具有中国特色的新一代智能交通系统。

在技术层面，在一系列政策措施的积极推动下，我国数字交通的发展取得了明显成效，多项技术获得突破性进展。但仍存在一些问题，如各城市数字交通建设各子系统尚无法有效地协同整合，集成度较低，技术上处于分隔独立状态。

在企业方面，目前国内从事数字交通行业的企业有 2000 多家，主要集中在道路监控、高速公路收费、地理信息和系统集成等环节，有关政策在直接驱动着市场对视频、安防、监控、电子收费等设备以及各种软件开发和系统集成等方面的供应。2020 年国内数字交通领域的投入达到上千亿元，数字交通产业进入新一轮的快速发展阶段。

当前，通过物联网等新信息技术在交通领域的应用，能够在现有路况下对人、路、车

进行有效监控，实现道路利用效率最大化，在一定程度上能够有效地缓解当前交通拥堵、尾气排放、空气污染等问题。目前，数字交通的应用仍存在一定问题，主要集中于产业链仍有待扶持和整合、标准化程度不高、关键核心技术仍由国外把控等方面。

二、数字经济在交通领域的典型案例

（一）车辆动态管理

车辆动态管理系统主要由管理中心、无线网关以及车载终端（TM）三部分组网构成。车载终端由无线星型网终端 TM 构成，无线网关由无线星型网关（GW）构成，管理中心由计算机服务器、通信接口设备等构成。管理中心计算机与无线网关计算机通过 LAN 网或其他网络，如互联网、GPRS、WiK 和 AD-SL 等网络相互连接。网关（GW）与终端（TM）之间通过特高频（UHF）射频信道相互连接，通过先进的信息技术、通信技术、控制技术、传感技术、计算器技术和系统综合技术的有效集成和应用，使人、车、路之间的相互作用关系以新的方式呈现，从而实现实时、准确、高效、安全、节能的目标。

车辆动态管理系统的应用可以显著提高道路效率，使交通堵塞减少约 60%，使短途运输效率提高近 70%，使现有道路网的通行能力提高 2~3 倍。车辆在数字交通体系内行驶，停车次数可以减少 30%，行车时间减少 13%~45%，使用效率能够提高 50% 以上。

此外，车辆动态管理技术降低了汽车能耗。中国的石油消耗量仅次于美国，居全球第二，石油进口依存度达到 56%，交通运输业的汽车耗油占石油消费的 40%。通过车辆动态管理技术，由于平均车速的提高带来了燃料消耗量的减少和排出废气量的减少，汽车油耗也可降低 15%。

车辆动态管理技术还可以减少交通事故的发生。国内每年仅交通事故一项造成的伤亡人数就达 50 多万，死亡人数达 10 多万。车辆动态管理技术将大大提高交通道路管理水平，有效减少交通事故，可使车辆安全事故率比现在降低 20%，每年因交通事故造成的死亡人数下降 30%~70%。

1. 基于物联网的交通服务平台

为了提升交通运输系统的运行效率，提高交通政府部门的管理水平和服务能力，为社会公众提供便捷、高效、畅达、安全、环保的交通运输服务和信息服务，借助物联网技术开发了基于物联网的数字交通服务平台。

该系统整体架构包括信息获取、信息传输、信息存储、信息处理和信息应用，共 5 层。其中，信息获取层主要研发智能的车辆检测终端，通过磁场、超声等传感器检测车辆的占位、速度等信息；信息传输层主要研发实现智能车辆检测终端互联的物联网及其与电信 3G 网的集成，实现检测信息的低成本运传；信息存储层主要研发用于海量车辆检测信息存储的实时数据库和面向数据高效存取的中间件；信息处理层主要研发用于交通信号灯控制、行车路径规划的规划和预测控制引擎；信息应用层主要研发交通管理、交通信息发布、行车导航等数字交通服务。

2. 高清汽车牌照自动识别与车辆定位系统

为了实现车辆定位与跟踪、违章自动分析、道路交通状况自动分析、智能诱导，减少车辆拥堵，借助物联网技术，开发了高清汽车牌照自动识别与车辆定位系统。

该系统采用索尼（SONY）公司高清CCD作为成像单元、采用美国德州仪器（TI）公司的数字信号处理（DSP）芯片组作为中央处理器单元、采用Linux操作系统，研制并产业化地将摄像机、微处理器、存储器、数字A/D、智能视觉嵌入式软件等集成于一体的高集成度和清晰度的物联网智能视觉传感器。传感器内置自主研发的识别率高且性能优异的嵌入式汽车牌照自动识别系统软件，通过对汽车牌照的自动识别实现车辆定位与跟踪、违章自动分析、道路交通状况自动分析、智能诱导。

现场录制大量汽车通过指定区域的视频图像（春夏秋冬、全天候的各种车辆、各种牌照、各种速度的汽车前部图像），对已有汽车牌照自动识别算法进行改进提高，通过更全面利用彩色信息改善车牌搜索、分割、识别算法，增加大量新的算法（如小波变换、BP神经网络等）提高牌照搜索、分割、识别的准确率，改进程序软件增加软件鲁棒性，加入软件死机自动侦测增加系统适用性。系统能在风、霜、雪、雨、雾等现实环境下对汽车前部视频成像后的图像进行有利于搜索、分割、识别的图像预处理，能在复杂背景下从环境、路面、汽车的图像中快速、准确地分割出汽车牌照，能在干扰严重的图像环境中进行牌照字符的精确分割，能在特征失真的图像中准确识别数字、英文、汉字。

目前，我国已开发出标清闯红灯抓拍系统。此系统利用先进的光电技术采集路口的实时图像，对闯红灯车辆采用视频识别的方式检测车辆的闯红灯行为；高清检测的卡口抓拍系统，系统不需要外部触发源，完全利用摄像机采集的图像分析车辆运动的轨迹和位置，完成卡口系统的各项功能；利用视频、雷达技术实现移动设备抓拍卡口和超速车辆的功能。为了方便高速公路口收费人员统计、查询车辆的识别情况，将原有的标清30万像素设备进行了升级，开发出130万像素、200万像素车辆号牌识别一体机，大大提高了车辆号牌的识别准确率，同时也能为用户提供更加丰富的图像信息。

3. 上海市交通综合信息平台

上海市交通综合信息平台通过自建的万兆双环自愈以太环网，实现了市政、交警、城交、铁路、机场、浦东新区等部门和区县，在同一数据接口、通信规范下的互联互通。2008年，平台一期建成，在全国首次实现了全市道路交通、公共交通和对外交通领域的车流、客流信息在同一平台的实时汇聚、在线共享。为了应对2010年上海世博会的超大客流的交通组织，上海市交通综合信息平台进行了升级，进一步扩大了数据覆盖范围、数据内容和应用深度，并将应用延伸至世博交通指挥部、世博安保部和世博运行部等核心机构。在世博会期间，上海市交通综合信息平台成为各指挥系统网络路由的核心、数据交换的数据和协调指挥的依据，在世博交通保障中发挥了不可替代的作用。

目前，上海市交通综合信息平台汇聚了全市路政、交警、港航等6家市级交通管理部门，机场、铁路、码头、出租、地铁等10家交通运营企业的道路交通、公共交通、对外交通等的各类交通信息数据共240余项；构建了从感知层、传输层到应用层较为完整的物联网体系架构，其中感知层数据来自2.2万组感应线圈、2.5万辆GPS（全球定位系统）浮动车、334组车牌识断面、3000余个SCATS交通信号控制路口等交通数据传感设备，以及对12条公交线路、11条轨道交通线路、732个社会停车场库、2个国际机场、3座铁路客运站的静态和动态数据。

交通综合信息平台提高了城市道路系统的管理效率。路政、公安等管理部门实现了事故及时发现、快速派单、分工处置的交通事故快速处理；多部门联合研究、制定路边交通信息可变标志布设规范和规划，实现了越江交通设施、市区道路和郊区道路交通信息的联动发布，高架道路入口控制和高架路况信息的协同，地面道路交叉口信号灯周期与交通流量的自适应，为及时调整、制定城市交通政策提供了数据和技术支撑。

当前交通综合信息平台的社会化应用水平尚且不足，下一步应以推进交通信息的社会化开发利用为主要目的，加快数字交通与车联网、移动互联网等产业链交叉融合的应用进程。

4. 物联网感知交通公共信息服务平台

为了有效缓解城市交通拥堵，改善城市交通环境，为广大市民出行提供便利，促进社会经济和谐、稳定、高速发展，并通过物联网技术开发了物联网感知交通公共信息服务平台，逐步实现了交通出行路径引导、实时路况信息发布、车辆信息查询与发布、停车场与泊位信息发布、交通规费电子支付等功能。

该系统基于射频识别（RFID）技术，结合智能视频技术、云计算、数据交换与网络异构、海量终端管理等物联网关键技术同时研究应用标准、管理规范和信息共享的管理体制和运行机制；围绕“涉车、涉驾运行系统”和“涉车、涉驾运营系统”建设，为城市注册登记的30万辆机动车辆安装车辆电子信息卡，在城区交通路网、城市出入卡口全面建设固定式信息采集基站、射频识别技术监管基站、移动基站，建立发卡中心、运行管控服务中心、运营管控服务平台以及相关子系统。

5. 车联网应用示范

为了实现智能化交通管理、智能动态信息服务和车辆智能化控制的一体化网络，应用物联网技术，搭建了车联网应用示范项目。

例如，车载信息服务平台Drive Partner。该平台通过开发和集成业务支撑管理系统，为运营体系提供业务支持，已建立了主中心、分中心和子中心框架的运营体系为全国用户提供服务。主中心建立在长春，承担管理职能；分中心根据一汽集团车辆销售情况组建东北、华北、华东、华南、西部五个大区，承担运营职能；子中心分散在全国各大中城市，承担支撑职能。

目前Driver Partner平台在全国建立分中心和子中心近270家，服务全国30多个整车厂、150多家大型物流公司及相关政府机构，用户已达10余万人。该平台全天候7天 ×24小时为用户提供包括车辆定位与跟踪、导航服务、车队管理、信息服务（天气、物流）、物流与仓储监管、安全防盗等多项服务。

车联网服务平台在汽车导航、定位跟踪、物流管理、安全防盗等方面具有广阔的发展前景。依托一汽集团研发的车载信息服务平台规模较大、实力较强，在国内具有较强的应用示范效应。

（二）船联网

船联网是指基于航运管理精细化、行业服务全面化、出行体验人性化的目的，以企业、船民、船舶、货物为对象，覆盖航道、船闸、桥梁、港口和码头，融合物联网核心技术，以数据为中心，实现人船互联、船货互联、船岸互联的智能航运信息综合服务网络。利用船联网技术，可以实现航道感知与监控、安全控制、环境监测、紧急救助等多种应用。船联网方面的主要应用示范成果如下：

1. 基于射频识别的渔船物联网系统

该项目依托海南省海渔厅建设的渔船“身份证”（防拆卸射频识别电子标签），在遵南60多个渔港安装远距离感应设备，实现对在港、离港渔船数据的及时掌握，在台风天气及南海休渔季节可对渔船进行精确管理和灾难救助服务，实现渔船数据多维度统计分析、提升渔船的行政管理水平。运用电子标签独立寻址设备可以实现渔船数据的即时获取、辅助海监执法和防止船舶信息伪造，还可以实现作业船只与港口的电子监管、捕捞作业安全保障体系建设。

该系统包括渔船数据清理整合系统、渔船电子标签管理系统、造船船网工具指标管理系统、渔船检验管理系统、渔船登记管理系统、渔船捕捞许可管理系统、燃油价格补贴管理系统、渔港管理系统等。

当前项目已完成渔船三证管理、实船数据清理、全省60多个渔港感应设备的安装、渔港管理系统的研发，系统已投入试运行。

2. 港域航道信息监测和发布系统

为了使港口管理部门实时掌握有关海域环境的各种动态数据，指导海域交通，应对海上溢油、海难等突发事件，为公众提供现代化的导助航信息服务，借助物联网技术开发了港域航道信息监测和发布系统。

该系统融合船舶自动识别系统（感知船舶）、遥测遥控系统（感知航标）、水文气象系统（感知港域环境），以及网络、通信、卫星定位、电子海图处理等技术，针对航海保障、航政管理、航海者和海洋经济参与者的需求，建立了基于物联网，主要服务于海上交通的港域航道信息监测和发布系统。该系统平台具有高健壮性、高安全性、高效率、高精确度的特点，为用户提供基于地图引擎的在线实时船舶自动识别系统（AIS）、航标、锚地、航道、泊位、地名、水深点、360度全景点、航路全景等多种要素的定位显示与查询等服务，还可以提供海事公告、法律法规、水文气象、航标信息、航行及靠离泊方法、船舶自动识别系统数据分析、用户反馈等服务，有效保障了航海者和船舶的安全。

该系统由基于物联网的港域航道信息监测和发布系统、基于多源信息的航道基础数据库、能见度数据智能分析系统、风力数据智能分析系统、流数据智能分析系统、港口航道气象信息预测系统等六个子系统组成。

该系统平台由一个主中心、若干港域分中心和客户端组成。港域分中心的作用是通过网络将港域航道监测系统、助航信息发布平台、环境和安全监测等系统的监测数据进行聚合，并与主中心进行数据同步，统一向政府部门和社会提供公益服务。

服务平台在设计上考虑实现对多个港口甚至多个地域和国家港口的多源数据服务融合的需要，采用基于开放、标准化技术的云服务体系，为系统的扩展提供保证。

平台的服务体系来自各个相关监测单元的物联网信息以服务的形式聚集融合到平台的主数据中心上，平台将聚合过来的信息进行智能分析、存储，可面向政府相关部门、相关企事业机构、个人等提供信息检索、决策分析等公共信息服务。

三、数字经济在物流领域的典型案例

数字经济在物流领域中的典型例子包括 DIVA、“货车帮”和民用直升机运行支持服务管理平台。

1.DIVA

北京大海云川科技有限公司（以下简称“海云数据”）成立于 2013 年，主要致力于为企业提供大数据整体运营与分析服务，依托计算机数据视觉、数据算法等技术，探索大数据的潜在商业价值，为不同行业用户提供基于数据交互可视化的整体产品，实现将大数据应用于分析、决策和预判等领域。基于自身核心产品图易，海云数据在航空、警务等方面都有卓越的发展，而且在 2016 年获得了工信部颁发的大数据行业领军企业奖和 2016 年度机场峰会颁发的机场信息化贡献奖。海云数据旗下的 DIVA 是一款可供航空业决策层进行实时分析、可视分析的产品。DIVA 从业务结构上来讲，基本上分成了 4 个模块：服务保障模块、旅客信息平台模块、安全监管模块和机场运营数据分析模块。DIVA 通过整合和对比分析各家航空公司运营、财务、综合生产、地勤方面的数据信息及关键绩效指标（KPI）的考核信息，帮助航空企业决策层对企业的状态进行实时分析。

2.“货车帮”——公路物流信息平台

贵阳货车帮科技有限公司（以下简称“货车帮”）成立于 2014 年，是一家公路物流互联网企业。“货车帮”主要提供全国公路物流信息及交易服务、货车金融及车辆后服务，产品主要功能包括查找货源、订阅货源、发布货源、找货找车、停车场、新车二手车交易等，可以提升司机找货效率，减少空驶，保证货主能够及时调配车辆，保障运输。该公司采用双品牌战略，即面向货主端的“物流 QQ”和面向司机端的“货车帮”应用软件，已建成覆盖全国所有地市的物流信息平台。截至 2016 年 8 月，“货车帮”诚信注册车辆会员超过 230 万。根据货运司机、物流货运公司、仓储企业和城市货运车辆需求开发的“货车帮”——公路物流信息平台主要产品包括“物流 QQ”计算机端、物流“货车帮”应用软件、全国公路物流指数。“物流 QQ”和“货车帮”应用软件，以信息数据为供需方进行有效对接，以信息流引导物流和资金流朝着合理的方向运动，让社会资源得到最大限度地节约和合理运用。同时，通过与阿里云合作，“货车帮”大数据平台利用“物流 QQ”和“货车帮”应用软件每天获得的货运数量、交易额等数据信息，打造了“全国公路物流指数”，用于客观实时反映全国公路物流资源和运力情况。物流企业可直接在服务平台获得用户需求信息，进行规模化定制，减少资源浪费，满足用户多样化、个性化的需要，使企业和消费者都能从中受益。2016 年，在中国国际大数据产业博览会期间，“货车帮”以“互联网 + 物流”提升公路物流行业效率获得了李克强总理的称赞。

3. 民用直升机运行支持服务管理平台

哈尔滨飞机工业集团有限责任公司（以下简称“哈飞公司”）成立于 1952 年，是隶属于中国航空工业集团公司的大型国有骨干企业，是我国直升机、轻型多用途飞机科研生产基地。“哈飞公司”2016 年推出的民用直升机运行支持服务管理平台主要以运用大数据技术提高民用直升机运营的安全性、经济性和保障性为主要目标，分析研究设计数据、保障数据、使用数据之间的关联，构建民用直升机运行支持的大数据环境，通过使用数理统计和逻辑判断工具，提升民用直升机的飞行安全，提高民机运营支持效率。该管理平台面向用户个性化需求，研究基于云计算和大数据技术的民用直升机产品支援服务技术和服务模式，建立快速响应机制，开发基于国际互联网的支援服务系统，提供直升机产品支援在线服务。民用直升机运行支持服务管理平台对于改变当前国内基于执行文件的民用直升机运作方式、提高服务保障工作效率、提高我国民用直升机生产和运营水平具有重大的推动作用。

四、数字化对交通、物流转型发展的作用分析

数字经济在交通方面给大众带来了更多的便利。作为国家重点支持的高科技产业，数字产业进入了高速发展的时期，其日新月异的技术为城市交通的改善提供了许多新的突破点。数字产业通过合理的管理控制措施来改善城市交通系统的软件，将能更为有效地提升城市交通的服务水平。

数字经济在车辆动态管理方面的应用，可以显著提高道路交通效率。车辆动态管理技术降低了汽车能耗、减少了二氧化碳等尾气的排放，对环境保护做出了贡献，有效减少了交通事故。基于物联网的数字交通服务平台的开发，为社会公众带来了许多日常交通的便利。

总而言之，数字经济在交通物流中的应用可以从总体上提高物流效率，降低物流成本，提高物流企业竞争力；在运输和配送环节，能够优化运输路线、提高运力利用率、缩短运

输时间、监控运输过程、降低安全事故率、减少工作人员数量，从而降低运输和配送成本；在库存管理中，能够进行自动出入库和盘点操作，实时准确掌握商品的库存信息，进行自动补货，减少作业时间，降低人工出错率，节省人力成本，降低库存水平，提高库存管理能力，从而降低仓储总成本。

第四节　我国金融业的数字化转型

一、我国数字金融的发展现状

金融的基本流程是在对现有资源进行重新整合后，促进经济利润与贸易价值的等效流通。价值流通是金融的本质，凭借货币标准单位有效配置社会资源。由于互联网技术的诞生推动了金融信息化的发展，为金融行业带来深刻的变革。信息化金融是综合发展与全面运用在金融领域中的现代信息技术，数字化和虚拟化的货币使物品流通的价值摆脱了对具体媒介实物的过度依赖，转而借助数字和互联网来实现。物联网金融促进了金融行业的无缝隙控制、流通和运作。

物理世界金融行业的数字化、网络化和信息化通过物联网金融实现。在互联网技术的支撑下，物理世界中的实物和金融行业的价值共同推动了信息化网络的发展，这为金融网络融合实物创造了条件。所以，物联网金融是物联网业务与金融技术的完美融合。物联网金融能够联合金融、服务和商业网络，真正实现金融服务的智能化和自动化，将服务渗透到物理世界中，创造出多种商业模式，促进了金融业变革。我国十分重视物联网金融技术的产业研究与技术应用，致力于借助重新界定世界物联网金融的内涵、参与标准规划和框架设计，进而更好地掌握物联网金融时代的全球国际话语权，抢占新时期信息技术行业的领域制高点。物联网金融作为我国几大新兴的战略产业，受到了全国各界的普遍重视。社会依照各地区城市的发展状况，分别制定出当地的物联网金融实施策略、制度和规则，充分利用物联网金融技术建设现代化城市，纷纷建立了物联网金融多元化的示范项目。

二、我国数字金融的典型案例

（一）恒生金融大数据基础支撑平台

恒生金融大数据基础支撑平台通过社交网络交互数据、移动互联网数据、证券基金交易数据等方式获得了各种类型的结构化、半结构化（或称为弱结构化）和非结构化的海量数据，并利用离线计算、实时流处理、机器学习等技术从大量、模糊、随机、有噪声、不完全的数据中，提取隐含在其中的潜在有用信息和知识，最终为金融企业提供营销支持、产品运营、风险管控、内部管理等服务。恒生金融大数据基础支撑平台不断完善，截至

2016 年底，可以为企业提供统一的数据存储、分布式计算、数据分析挖掘、数据可视化的整套平台服务，帮助企业建立统一的大数据中心和计算平台。

（二）东方财富大数据产品

东方财富大数据产品旨在通过访客特征、访客业务、情绪和场景等要素，精准画像，实现业务和产品创新。东方财富大数据产品利用自然语言分析、机器学习等技术，通过分析访客习惯、业务特征、交易特征等访客个人特征和业务特征，形成用户画像和业务画像，通过分析访问时间、上网方式、地理位置、投资变化、市场变化、热点转换等信息形成场景画像，通过分析股市变化影响、资金变化影响、发言情绪文本挖掘、行为变化情绪分析等因素形成情绪画像，并利用形成的用户、业务、场景、情绪等画像设计金融产品，提升数据产生的价值，发展新的商业模型。截至 2016 年底，大数据情绪系列指数、自动化客服、语音智能搜索机器人、理财问答机器人、主动推荐、智能投资风险提示、智能投资顾问机器人等大数据产品的规划和开发均已启动。随着产品的不断开发和完善，东方财富大数据系列产品将为客户提供如下服务：①根据用户自身特征度身定做，提供差异化服务。②降低投资决策门槛，帮助用户在投资中学会投资。③对投资决策效果进行验证，快速修正偏差；四是有效揭示投资风险，保证客户资金安全。

（三）51 云金融

51 云金融是由五一金控技术团队独立开发的金融云服务整体解决方案，具备低成本、高弹性、高适用、安全合规等特性，可以帮助 B 端互联网客户实现向大数据云金融的转型。51 云金融提供金融产品接入应用软件解决方案，基于通过软件开发工具包（SDK）接口的形式，使非金融互联网产品实现流量变现，通过与不同互联网产品的对接合作和大数据建模，可以精准、有效地接入并调取应用流量，并对流量做出统计分析，最终形成大数据解决方案，以便更好地实现金融产品的销售和流量变现，帮助金融数据压力变为数据优势，海量金融数据分析改变金融运营模式。截至 2016 年底，51 云金融基于风控大数据模式与天弘基金、中国人寿、中信信托、贵阳银行等国内众多大型金融机构建立了长期的战略合作，为用户提供包括银行理财、信托、资管、基金、保险、私募等收益更为稳健的理财和财产保障型产品。

三、数字化对金融业转型发展的作用分析

（一）传统金融行业存在的问题

总体而言，传统金融业存在交易成本高、信息不对称等问题。

1. 传统金融行业交易成本高

在交易过程中，无论是谈判、搜寻、订立契约、合同执行都需要花费大量的成本，在金融业更是如此。正是因为在交易过程中客户需要投入大量的时间和金钱，所以才需要专

业化的金融服务。

2. 信息不对称

由于信息不对称，金融业就可能产生道德风险，出现"逆向选择"，在极端情形下甚至会产生"格雷欣法则"（Gresham's Law）所描述的劣币驱逐良币的现象，最终将导致市场的恶性循环和萎缩。

3. 监管不力状态下的高风险

传统金融业的发展可被认为是一种对于风险对冲的发展，金融资产的成本可以等于无风险利率加上风险溢价。可以说，风险在传统金融的发展过程中无处不在。

（二）数字金融的作用

1. 有效降低交易成本

交易成本一直是金融业发展的关键性瓶颈，物联网的发展可以有效地缓解此类问题。物联网将人与物、人与网、人与人之间沟通起来，采用了计算机的分布式运算系统，通过云计算的方式化解了运算成本，让客户的需求与金融机构的资源有效匹配，通过共享和评价实现了服务的标准化，并通过分布式协同，有效地降低了金融交易的成本。未来，随着金融体系去中心化的不断完善，每个人都有可能享受来自金融的服务，这种服务拓展模式的边际成本接近零，就像今天的开源平台一样，让每个人都可以免费地使用其服务，从而实现社会成本的近乎"零成本"。

2. 缓解信息不对称问题

在物联网的连接下，世界上的主要物质有可能会形成一种物质信息系统。信息的需求者可以随时随地地通过该系统了解所需物品的位置、种类、形状、品质等关键信息。这些信息可以通过互联网有效地实现共享，从而解决了"信息孤岛"的难题，对于传统金融业的抵押贷款、金融授信有着革命性的影响，更可以通过大数据长时段的收集，更加有效地解决保险过程中的信息阻碍，让"骗保"无处遁形。物联网金融的快速发展甚至可能达到经典经济学中所论述的"完全信息"状态，实现对传统金融革命性的颠覆

3. 有助于完善风控与征信体系

通过物联网金融可以有效地对服务对象的历史状态、现在情况、交易习惯、风险偏好进行合理的评估和预计，从而建立行之有效的金融风险管控体系。特别是在传统的商业银行业中，抵押贷款的估值问题一直是银行风控的难点。物联网的发展可以有效地监督抵押物的性质和属性变化，从流通的每个环节监控抵押物，让风险消弭于无形。而基于大数据和物联网联合的风控体系则可以建立起更加完备的征信体系，更好地为金融业服务。

第三章　面向数字经济的企业创新管理

第一节　创新管理的内涵、特征与新趋势

一、创新的概念与特征

（一）创新的经济学分析

美国经济学家熊彼特（Schumpeter）在《经济发展概论》中称，创新是指把一种新的生产要素和生产条件的“新结合”引入生产体系。

美国国家科学基金会在《成功的工业创新》中将创新定义为“技术变革的集合”，认为技术创新是一个复杂的活动过程，从新思想、新概念开始，通过不断地解决各种问题，最终使一个有经济价值和社会价值的新项目得到实际的成功应用。

美国国家科学基金会在《1976 年：科学指示器》中将创新定义为：“技术创新是将新的或改进的产品、过程或服务引入市场而明确地将模仿和不需要引入新技术知识的改进作为最终层次上的两类创新而划入技术创新定义范围中。”

当代著名管理学家彼得·德鲁克（Peter F.Drucker）是这么给创新下定义的：“有系统地抛弃昨天，有系统地寻求创新机会，在市场的薄弱之处寻找机会，在新知识的萌芽期寻找机会，在市场的需求和短缺中寻找机会。以企业家精神来组织企业的创新活动，以开创一个新的工业为目标，而不是以发明一个新产品或是修改一个产品为目标。”

综上所述，创新包括以下五种情况：①引入一种新产品；②采用一种新的生产方法；③开辟一个新的市场；④获得一种新的原材料或半成品的供应来源；⑤实现一种新的工业组织形式。

（二）创新的管理学分析

管理就是适应组织内部和外部环境变化，对组织的资源进行有效配量和利用以达成组织既定目标的一系列动态活动。管理在动态环境中生存的社会经济系统仅有维持是不够的，必须不断调整系统活动的内容和目标，以适应环境变化的要求，这就是管理的创新职能。管理的创新职能是企业获取持续竞争优势的重要保证，主要包括目标创新、技术创新、

制度创新、组织创新和环境创新。特别是在知识经济时代，企业为适应以信息技术为核心的技术革命及全球化竞争对生产经营活动的新要求，迫切地需要对企业本身的价值观念、制度框架、组织模式和管理方式进行创新。企业在运行过程中会遇到各种新情况和新变化，顺利地应对这些环境的变化需要企业对自身进行管理变革。创新成为现代成功企业的突出标志。一般认为，创新源于企业内部和外部的一系列不同的机会。这些机会可能是企业刻意寻求的，也可能是企业无意中发现后立即有意识地加以利用的。彼得·德鲁克曾把诱发企业进行创新的不同因素归纳成 7 种，即意外的成功或失败、企业内部与外部的不协调、过程改进的需要、产业和市场的改变、人口结构的变化、人们观念的改变以及新知识的产生等。

管理的实质在于创新。首先，资源的整合活动充分体现着管理者的创新精神和创新才能。管理者在整合资源的过程中遇到的问题，可归结为程序性和非程序性两类问题。对于程序性问题，由于任何一种程序都是过去创新成果的结晶，也是未来创新的起点，因此程序性问题的解决相对简单，有章可循。而对于非程序性问题，没有既定模式可供参考，管理者只有依靠自己的创造性来发现解决问题的方案。所以，无论是程序性还是非程序性管理问题，都要依靠创新才能解决。其次，为了适应组织内部和外部环境变化而进行的局部或整体调整本身就是创新。任何组织必然要与周围外部环境不断地发生物质、能量和信息的交换，外部环境的变化必然会影响组织的活动。同时，组织的内部环境也在不断地变化。管理者必须根据内部和外部环境变化的要求来进行局部或整体调整，以使管理活动有序地进行，并实现管理的目标。最后，经济与社会发展也是一个创新的过程。可持续发展已经成为当今社会和经济发展的总趋势和主旋律，既要满足当代人的需要，又不能对后代人满足需要的能力构成危害。谋求这样的发展只能依靠创新。尤其是在新经济环境下，当知识资本价值高出传统资本价值的时候，管理者的思想观念必然会经过一个根本性的变革时期，管理创新就将更加受到人们的关注。

（三）创新的特征

1. 创新的不确定性

任何创新都具有不确定性，创新的程度越高，不确定性越大。创新的实现与扩散过程也就是创新的不确定性逐步消除的过程。创新的不确定性有以下三种类型：

（1）市场不确定性，主要是指不易把握市场需要的基本特征以及如何将这些特征融入创新过程之中。这有可能是当出现根本性创新时找不到市场方向。例如，计算机刚出现时，有人估计全美国只有几十台的需求。另外，市场的不确定性也有可能是在确定了基本需要特征以后不能肯定该需要将以何种方式变化，亦即由市场细分问题造成的。市场不确定性的来源还可能是不知道如何将潜在的需要融入创新产品的设计中去，以及未来产品如何变化以反映用户的需要。市场的不确定性还包括当一种创新产品推向市场时，产品是否能向用户提供更大的满足，用户是否接受该产品，如何让用户尽快地接受以及如何使创新向其他领域扩散等。当存在创新竞争者时，市场的不确定性还指创新企业能否在市场竞争中战胜对手，这主要是指那些重大创新。相对来说，源于市场需要或生产需要的小的创新，其市场不确定性要小得多。

（2）技术不确定性，主要是指如何用技术语言来表达市场需要的特征、能否设计并制造出可以满足市场需要或设计目标要求的产品和工艺，以及当原型测试后，规模放大时常出现的大量工程、工具设计和产品制造问题。从产品原型到工程化和规模生产，每一步都是一个相当大的跨越。新技术与现行技术系统之间的不一致性也是一个重要的不确定性来源。技术不确定性还包括设计是否优越、技术上能否超过已有产品或工艺、制造成本能否达到商业化的要求，以及进一步改进的潜力如何等。有不少产品构思，按其设计的产品无法制造或制造成本太高，因此，这种构思和产品都没有什么商业价值。

（3）战略不确定性，主要是针对重大技术创新和重大投资项目而言的。它指一种技术创新出现使已有投资与技能过时的不确定性，即难以判断它对创新竞争基础和性质的影响程度，以及在面临新技术潜在的重大变化时企业如何进行组织适应和投资决策。当美国钢铁业面临氧气顶吹转炉等重大工艺创新的机会时，它们没有舍弃原来的大量投资，没有引入新的工艺技术，而日本则利用这一机会建成了世界上生产效率最高的钢铁厂。创新的战略不确定性是对企业的巨大考验，也是企业技术战略管理的最关键问题之一。

2. 创新的保护性与破坏性

不同创新对企业的影响程度和对性质的影响有所不同。两种极端的情况是破坏性和保护性。具有保护性的创新会提高企业的现有能力、技能的价值和可应用性。虽然所有的技术创新都会引起某种变化，但这些变化不一定是破坏性的。例如，产品技术的创新可能解决了设计中的难题或者弥补了设计上的缺陷，从而使现在的分销渠道更具吸引力和更有效；工艺技术的创新可能要求新的信息处理方式，但它能更有效地使用现有的劳动力技能。这类创新保护了企业已有的能力，如果再加以提高和细化，就会加固这些技能，从而使其他的资源和技能更难取得竞争优势。这些创新对企业的保护表现为提高市场进入壁垒，降低产品被替代的威胁，使其他竞争性技术和竞争企业的吸引力减弱。在破坏性的一端，创新的效果完全相反。这类创新不是提高和加强企业现在的能力，而是使企业现在的技能和资产遭到毁坏和破坏。新的产品或工艺技术会使企业现有的资源、技能和知识只能低劣地满足市场需要，或者根本无法满足其要求，从而降低了现有能力的价值，在极端情况下甚至会使其完全过时。熊彼特认为，“创造性破坏”是经济发展的推进器，对竞争的影响是通过重铸竞争优势的实现基础而实现的。有的“创造性破坏”影响十分深远、广泛，以致它们常常能创造出一个新的产业或者破坏一个现有的产业，如半导体产业的成长及其对电真空管产业的破坏性作用。虽然科学和技术的奇迹常常能创造新产业、摧毁旧产业，但创新对竞争优势的作用绝不仅仅取决于技术上的新颖性或科学上的荣耀。创新产品的技术新颖性及其与科学进展的联系，在有些情况下与创新的竞争作用关系并不大，有些企业依赖现有能力，仅仅通过使部件标准化、工具更为精确、操作更合理等便取得了竞争优势。

3. 创新的受抵制性

创新活动常常受到来自各方面的排斥、压力和抵制。习惯于原有生活方式和思维方式的人们往往不欢迎任何改动和变革。“创新恐惧症”（Cainoto-phobia）就是对变革的恐慌，已成为现代组织——企业、学校、政府的一种通病。默顿·米勒（Merton Miller）在 1971 年的研究中称其为“企业家症”（Entreprenetla）。一个人不应该存有在某些组织内部没有这种疾病的幻想，甚至托马斯·爱迪生（Thomas Edison）也曾用最强硬的反创新主义者的语言对自己的一项发明（交流电）大加诋毁。人们之所以存在对创新进行抵制的倾向，主要有以下几个原因：

（1）维护受到创新威胁的有价值事物的愿望。人们对于所有的东西都存在自我封闭的心理，期望的东西可能是社会地位、某种惬意的生活方式、某些东西的货币价值或源源不断的收入，甚至是一项工作。有时，某种职业或行业也会受到创新的威胁。

（2）避免付出高昂的代价来促进创新的愿望。这也许是因为其他地方优先需要这笔资金，也许是因为与创新本身相伴而生的内在的不确定性。

（3）使通常的生活方式或工作方式保持不变的愿望。这种愿望可能仅仅是基于对变革的厌恶，但是实际上，它通常比这要深刻得多。当研究人员在讨论这种态度时，他们使用如习惯、情趣、时尚和均衡之类的术语。有时，这种愿望是正当的，但有时它们则是官僚主义的温床。

（4）一个团体强迫它的所有成员保持一致的内在趋势。无论是哪种原因，也许根本就没有什么原因，这里都存在创新行为的强大的阻力。对于创新者的实际行动，或他准备采取的行动而言，似乎都在证明一个事实：他是与团体背道而驰的。

通常管理人员会对创新采取抵制的态度，因而强化了这样一种公众信念：无论是个人力量还是集体行动，都无法改变创新负责人员在企业最高管理层的地位。这事实上较之于其他情况，更常被人引证用以说明在当今的企业中子公司脱离母公司的现象为何如此普遍。一个创新者被告知：“如果你不喜欢我管理这个公司的方式，那么你可以远走高飞，去创办你自己的公司，你就可以按照你期待已久的方式重新开始。”他这样做了，而且获得了成功。当然，许多人并没有达到同样的境地。

（四）创新的偶然性或机遇性

在谈到研究与开发时，我们头脑中通常浮现的景象就是实验室和试管，也可能是一位新产品的管理者为寻觅一个绝佳的新产品构想而在市场营销研究数据中克己奉公、一丝不苟地进行分析。这两种印象都是正确的。大多数产品的创新的确就是在这两种背景下产生的。幸运的是，一些新产品是通过另外一种方式诞生的。这种方式对今天的管理人员来说是丝毫不能忽视的：偶然，更委婉的说法——机遇。

20 世纪 60 年代，《华尔街日报》的编辑们刊登了一系列有关创新者的文章，而且在研究这一系列事例的过程中，偶然发现了一些不符合常理的情况。杜邦公司一位名叫罗伊·普兰克特（Roy J.Plunkett）的化学家，在努力对一种制冷剂进行改进时，发现他的汽缸中出现了一种蜡状的固体。这种固体不溶于普通溶剂，而且在极高的温度下也不会发生化学反应。这种物质作为制冷剂是毫无价值的，但是冠以“泰福隆”（Teflon）的商标后，它给杜邦公司带来的收益却是成百上千万美元。伊利诺伊大学化学系有一位名叫米切尔·斯维达（Michael Sveda）的研究生，他一直在试验各种化合物的退烧能力。在一次实验过程中，他抹去嘴角残留的烟末，注意到这样一种现象：当他的手指接触他的嘴唇和舌头时，有一种特别强烈的甜味产生，这种化学物质就是环己基氨基酸钠。直到它因与动物的癌变之间存在某种关系而被暂时禁止使用之前，它作为甜味强化剂已被用于数十亿瓶的碳酸饮料及其他产品中。这种事例似乎不胜枚举，其中的一个关键原因就在于机遇。我们听说过多种这样的发现：甘油炸药、爆米花、麦角酸二乙基胺（LSD）等。但是，发现并不是人们所想象的那种纯属偶然的事件。机遇和偶然虽然常常相伴而生，但绝非可以等量齐观。机遇是偶然性与有所准备的大脑的结合。要想证明这一点很困难，因为历史并没有记录下成百上千个与我们提到的有着类似经历的其他人，他们被历史忽略了。但是，有一个典型的例子足以说明这一切。一位名叫约翰·廷道（John Tyndall）的物理学家注意到一种具有固定的蓝绿色形态的霉菌具有抗菌作用，并且记录下了这一事实。但这并不是他分内的事情，因此他就没有继续研究这一现象。差不多50年后，细菌学家亚历山大·弗莱明（Alexander Fleming）在一个由于疏漏而散口很久的细菌培养皿上又发现了这种霉菌。但是，他意识到自己走到了一项重大发现的边缘。经过他和其他人的持续努力，终于发现了青霉素。如果希望通过正式的规划来保证重大的发现不被遗漏，那么这种努力的成效将是少得可怜的。正确的方法是，建立一套让每位有关人员重视任何一项发现的制度，这些发现可以不必考虑是否有重大使用前景。

二、创新管理的内涵与特征

（一）创新管理的定义

创新管理以组织结构和体制上的创新，确保整个组织采用新技术、新设备、新物质、新方法成为可能，通过决策、计划、指挥、组织、激励、控制等管理职能活动的组合，为社会提供新产品和服务。管理的创新是社会组织为达到科技进步的目的，为适应外部环境和内部条件的发展变化而实施的管理活动。

（二）创新管理的内涵

1. 创新管理的重点是搭建创新链

通常理解的研发是指由基础研究、技术研究、应用推广等一系列科技活动组成的链状结构，可称为“研发链”。我们所认识的创新则是指从创意到形成市场价值的全过程，既包括研发链，也包括“产业链”（产品—小试—中试—产业）和“市场链”（商品供应—流通—销售—服务）。这三条链形成了一个有机的系统，可称为“创新链”。在创新链中，环节间联结互动，链条间整合贯通，呈现出研发牵动产业、产业构建市场、市场引导研发的螺旋式推进态势。创新管理将创新链纳入管理范畴，在拓展科技发挥作用空间的同时，也契合了当今时代发展的要求。

2. 创新的竞争形势催生科技管理模式变革

当今世界，决定国家综合实力的关键指标是国家的创新能力。在这种形势下，我国的科技工作必须肩负起三个重担：保持长期发展和持续提高质量效率的双重任务、开拓国际市场和满足国内消费需求的双重使命、提升传统产业和培育新兴产业的双重要求。这就需要研发、产业、市场等方面的全面支撑。科技管理工作也必须从近期与长远、供应与需求、传统与新兴产业等多个层面进行部署。

3. 科技管理应覆盖创新链的所有环节

进入 21 世纪，科技创新不断涌现且呈现出群体突破的态势，研发链被大大压缩，研发与创新其他环节的联结更加紧密，在很大程度上出现了市场决定研发的局面。这一状况使得对研发实施独立管理的意义相对弱化，而对创新链强化管理的需求则急剧上升。随着科技基础条件、资金、知识产权、信息等创新资源的社会化程度明显增强，科技项目的工程化、集成化趋势更加显著，科技人才的流动化、国际化、团队化日渐突出，迫切要求科技管理覆盖整个创新链的所有环节。

（三）创新管理的特征

创新管理的基本特征是指创新管理所追求的主要目标和客观效果，一般受创新特征的影响。创新管理的特征主要包括：

1. 全员参与性

创新管理的目标是使组织全体成员，甚至是组织的利益攸关者都参与创新活动，建设一个以创新为导向的组织文化，培养一个人人想创新的组织氛围，形成一个鼓励创新的环境。全员参与并非指组织中全体人员都去进行创新，而是要求组织中的每个人都对创新持开放、积极的态度，并努力在创新过程中发挥自己的作用。

2. 全局协调性

创新管理涉及组织的各个部门、各个层次、各种资源及其组合。创新是一种复杂的、超前的思维活动，需要全方位的协助与配合。如果仅有某一部门适宜创新，那么创新将难以真正产生。具体的创新可能与组织中某些部门的自身近期利益并不一致，这就要求所有参与者都具有全局观念，要在全局的角度上进行协调。

3. 全程动态性

由于创新的前沿性和环境的多变性，要求对创新的管理根据环境的变化做出动态性的调整。这样才能保证创新的顺利发生和进行。一成不变的管理反而会阻碍创新的发展。

4. 全面实效性

创新管理的目的是使创新得以顺利发生和发展，这就要求创新管理覆盖组织全面的活动，最终营造覆盖全组织的创新氛围，造就贯穿全组织的创新文化，由此获得能够全面影响组织并对组织有效的创新成果。实效是检验创新活动的标准，也是检验创新管理的标准。

三、创新管理的新趋势

从近些年来企业管理变革的历程中不难看出，未来企业创新管理具有以下4个发展趋势：

（一）由追求利润最大化向追求企业可持续成长观转变

管理的唯一主题是利润最大化，它严重阻碍着企业的发展，甚至促使企业倒闭，是企业夭折的重要原因之一。在知识、技术、产品等创新速度日益加快的今天，成长的可持续性已经成为现代企业面临的比管理效率更重要的课题。

（二）企业间合作方式的转变

企业间的合作由一般合作模式转向虚拟企业、网络组织、供应链协作、国际战略联盟等形式。现代企业不能仅仅提供各种产品和服务，还必须懂得把自身的技术专长和核心能力恰当地与其他各种有利的竞争资源结合起来，以弥补自身的不足。

（三）员工的技能和知识成为企业保持竞争优势的重要资源

知识将逐渐成为企业最重要的资源，它被认为是与资金、人力等并列的资源。企业在面对知识经济的挑战时，需要更多地通过加强协作、知识管理、组织学习能力，将现有知识、组织、人员、流程与协作、知识管理紧密结合起来。

（四）从传统的单一绩效考核转向全面的绩效管理

传统的绩效考核是通过对员工工作结果的评估来确定奖惩的，是企业在执行经营战略，进行人力资源管理过程中，根据职务要求，对员工的实际贡献进行评价的活动。但过程缺乏控制，不能保证绩效达到改善的目的，甚至在推行绩效考核时会遇到员工的反对等。因而，近年来的绩效管理已经呈现结合公司战略和绩效管理，变静态考核为动态管理的趋势。

第二节　数字经济新理念与企业创新管理

一、企业创新管理的内涵

熊彼特在1912年首次提出“创新理论”以来，该理论和实践被学者不断丰富发展，现如今，创新已逐渐成为人类社会经济发展的主要推动力。近年来，创新理论和实践进一步发展，一些创新管理思想被国内外一些学者相继提出，如用户（供应商）创新、全时创新、全流程创新、全员创新等。在此基础上，为了适应当今社会的经济发展和市场竞争，国外的许多以创新为推动力的企业，如3M、惠普、三星、索尼等，以及我国少数领先企业，如海尔、宝钢、联想等，都已逐步开展了创新管理实践活动，并取得了显著成果。

（一）不同视角下的企业创新管理

1. 技术创新视角下的企业创新管理

从20世纪60年代开始，创新管理理论研究主要立足于研究组织如何通过研究和开发来推动企业创新，以实现创新绩效。技术创新领域的早期研究者迈尔斯（S.Myers）和马奎斯（D.G.Marquis）将创新定义为技术变革的集合，认为创新是从新思想和新概念开始，通过不断解决各种问题，最终使一个具备经济价值和社会价值的新项目得到实际成功应用的复杂活动过程。经济与合作发展组织在1992年出版的《技术创新统计手册》中提出，技术创新包括新产品和新工艺，以及原有产品和工艺的显著技术变化。萨维奥兹（Savioz）和桑尼曼（Sannemann）（1999）认为，创新是阶段性的流程活动。Andrea（2011）认为，在复杂的创新战略中，产品的设计研发是创新的重要来源。

我国学者傅家骥将技术创新理解为通过对生产条件要素的重新组合以获得新工艺、新市场、新供应商或组建新组织，涵盖了科技、组织、商业和金融等系列活动的运行过程。远德玉认为，技术创新是在技术原理的指导下将潜在的生产力成果转化为现实生产力的过程，是技术的产业化、商业化和社会化的过程。刘亦文和胡宗义从生产技术、产品设计、低价战略及组织和管理等方面，分析了福特汽车企业由于技术创新路径的依赖性而导致了创新失败，认为技术创新管理的成功有赖于与发展战略的匹配。

2. 制度创新视角下的企业创新管理

美国经济学家兰斯·戴维斯（Lance Davids）和道格拉斯·诺斯（D.North）于1971年出版的《制度变革和美国经济增长》，继承了熊彼特的创新理论，构建了关于制度创新理论的框架体系。我国学者常修泽（1994）较早地在其论著《现代企业创新论：中国企业制度创新研究》中提出了制度创新的概念和内涵。他结合中国企业的特点，认为制度创新包含狭义和广义两个概念：企业狭义的制度创新即组织创新，重点研究企业产权制度问题；广义的制度创新则包括狭义的制度创新、技术创新、市场创新和管理创新四个方面的内容。苗雨君（2009）从产权制度创新、经营制度创新、管理制度创新三个方面构建了企业制度创新体系。企业制度创新体系系统地考虑了企业制度的构成要素及其内在关系，是在系统创新观影响下的制度创新内涵。段云龙（2010）将制度创新与技术创新相结合进行分析，认为两者是一种互动关系，并提出技术创新促进制度创新或制度创新促进技术创新应是今后创新管理研究的方向。

3. 系统创新视角下的企业创新管理

受美国学者理查德·R. 纳尔逊（Richard.R.Nelson）和悉尼·G. 温特（Sideny.G.Winter）创新进化论的影响，一些学者在开放式创新理论的基础上，提出了创新生态系统论。创新生态系统论认为，企业内部、企业之间、产业之间、区域之间、国家之间是一个整体的生态系统，每个生态系统都是开放的并与外界相联系且自我动态适应调整的。

企业创新是一个开放而复杂的动态系统，技术创新仅仅是企业创新的主要动力源泉之一，其作用的有效发挥离不开组织结构、发展战略、营销手段、人力资源管理等要素的支撑。20 世纪 80 年代，随着环境的变化，以技术创新为核心的传统创新模式的局限性逐渐显现。部分学者开始将创新研究的视角由单一要素过渡到企业创新系统综合要素集成上。创新管理系统观的研究建立在对企业动态环境的把握上，体现了系统、全面的创新思维，摆脱了以线性和机械为基础的技术创新管理，突出了创新管理系统内各个子系统之间的互动对创新绩效的影响。

4. 全面创新视角下的企业创新管理

企业环境的变化将影响创新活动的成效，因此企业必须对创新流程进行管理，才能提高创新绩效。在创新管理系统研究的基础上，浙江大学创新与发展研究中心的许庆瑞教授和他的团队在 2002 年提出了全面创新管理这一概念。全面创新管理是创新管理的新范式，以培养核心能力、提高核心竞争力为导向，以价值创造（价值增加）为目标，以各种创新要素（如技术、组织、市场、战略、文化、制度等）的有机组合和全面协同创新为手段，通过有效的创新管理机制、方法和工具，力求做到“全要素创新、全时空创新、全员创新和全面协同”。郑刚（2003）进一步将全面创新范式的内涵概括为“三全一协同”，即全要素创新、全员创新、全时空创新和全面协同。许庆瑞、贾福辉等（2003）强调了全员创新是企业主体在战略、文化、组织和制度上的实践运行。陈劲和王方瑞（2005）从技术和市场协同创新过程中各相关要素的协同联系和协同功能出发，构建了技术和市场协同的创新管理框架，为全面创新管理研究提供了新的视角。全面创新管理一方面延续了系统观对创新的非线性思考，另一方面确立了创新管理的立体思维。它从挖掘企业持续竞争优势的源头出发，不仅强调了全员创新的主体作用，更强调了创新要素的时空组合，是新时代背景下创新管理研究发展的主流方向。

5. 开放创新视角下的企业创新管理

麻省理工学院的亨利·切萨布鲁夫（Henry Chesbrough，2003）教授在其专著《开放式创新：进行技术创新并从中赢利的新规则》中通过对美国企业的实证研究，首次提出了开放式创新的概念。他认为，企业不应局限在内部封闭系统之内，而应把外部创意和外部市场化渠道同内部系统相结合，进行内部和外部的资源均衡协调，寻找与利益相关者共赢甚至多赢的商业创新模式。

开放式创新摆脱了以往局限企业内部系统的格局，突出了更全面、更系统、更开放的创新生态观，极大地提高了企业资源的终极效率。因此，开放创新与全面创新的融合将会是知识经济时代背景下，企业面临极限竞争和客户需求多样化环境时的必然选择。

（二）企业创新管理的特征及原则

1. 企业创新管理的定义

创新管理是当今管理科学新兴的综合性交叉学科，对中国企业国际竞争力和经济持续增长具有深远影响。目前研究过多地考虑技术因素，而忽略了战略、资源、文化等非技术因素，只有站在全面创新、战略系统、复杂动态的高度，才能提升企业创新管理研究的广度和深度，才能推动理论研究的发展和实证指导的深入。因此，笔者认为企业创新管理的定义为：企业以培养核心竞争力为中心，以增加价值为目标，以战略为导向，以创新技术为核心，以各种创新（体制创新、战略创新、管理创新、市场创新、文化创新、组织创新等）的有机融合为手段，通过各种有效的创新管理机制、方法和工具，力求做到全员创新、全球化创新、全流程创新、全时空创新和全价值链的创新。

2. 企业创新管理的特征

企业创新管理在实施过程中表现出以下几个特征：

（1）企业创新管理具有战略性，表现在既能够提高企业目前的经营绩效，又能够培养和积累核心能力以保持持续竞争优势。

（2）企业创新管理具有整体性。全面创新管理是需要各部门、各因素共同协调配合才能完成的一项系统工程。

（3）企业创新管理具有广泛性。创新活动必须渗透到组织的每一个事件、每一个部门、每一个流程、每一位员工、每一个角落。

（4）企业创新管理具有很大的复杂性。企业创新包括技术创新、产品创新、文化创新、管理创新等多项创新，这些创新既密切联系，又相互影响、相互作用，构成了一个具有一定功能效应的多层次的关系复杂的企业创新系统。这个企业创新系统具有很大的复杂性，必须综合协调企业创新系统中各子系统之间的关系，才能使之发挥综合的协同作用，达到促进企业发展的目的。

另外，企业创新系统还会受到外界各种因素的干扰和影响，必须提高抗干扰能力。要提高企业创新系统的整体功能、增强其抗干扰能力，就必须研究系统的运行规律，加强对企业创新系统的管理。

3. 企业创新管理的原则

（1）全要素创新。企业需要系统和全面地考虑组织、文化、制度、战略、技术等，使各要素达到全面协调，以达到最优的创新成果。

（2）全员创新。企业创新不再局限于技术人员和研发人员，而应该是全体员工共同参与。从研发人员、生产制造人员、销售人员到财务人员、管理人员、售后服务人员等，每个岗位上都能够产生出色的创新者。

（3）全时空创新。全时空创新分为全时创新和全空间创新。全时创新是指让创新成为企业发展的永恒主题，使创新成为各个部门和每个员工的必需品，使创新是每时每刻的创新而不是偶然发生的事件。全空间创新是指在网络化和全球经济一体化的背景下，企业应该在全球范围内有效整合创新资源，实现创新的全球化，即处处创新。

二、企业创新管理的影响因素

（一）企业文化

企业创新是指企业在竞争中不断寻求新的平衡点和发展永恒动力的自我否定和自我超越的过程。企业文化创新跟进是创新成效的不可或缺的连续行为，因为企业的任何一项创新首先是观念创新、文化更新与再造，所以只有企业具备了创新型文化、学习型文化、开放型文化、兼容型文化，企业创新才能更具活力和生命力。充满创新精神的企业文化通常具有以下特征：①兼容性，能接受模棱两可和容忍不切实际。②学习性。③开放性，即不为原有的成功所约束，不形成创新“惰性”。④承受风险，即鼓励大胆实验，有危机意识，正如张瑞敏所说：“中国下一步将更加开放，国际企业的进攻将更猛烈，我们的观念、思维方式将面临更大的挑战，如果有丝毫的满足，观念更新的步伐有丝毫放慢，海尔品牌将会在一夜之间被淘汰出局，这绝不是危言耸听。”⑤注重结果甚于手段。⑥强调开放系统，即适应环境变化，并及时做出反应。

创新管理文化不仅是中小企业创新管理的核心因素，也是开展创新管理工作的重要驱动力。因此，中小企业管理人员应结合企业自身发展的实际情况与方向，建立一种符合企业发展的全员创新的思想价值观念，正确引导企业基层职工认真学习和理解这种价值理念，并树立正确的思想价值理念，进而培养全体员工形成积极向上的工作态度。

（二）企业组织结构

首先，优良的组织结构对企业创新有正面的影响。因为一个优良的组织结构可以提高组织的灵活性、应变能力和跨职能的工作能力，从而使创新更易于被采纳。其次，拥有富足的资源能为企业创新提供另一重要的基础，使企业有能力承受创新的成本。再次，有利于创新的信息流在各部门之间顺畅流动，有利于克服阻止创新的障碍。最后，作为企业创新管理的重心，构建学习型组织不仅有助于企业学习能力的培养，也对企业长期发展能力的形成有着积极的影响。同时，企业还要针对中小企业各部门之间的工作协调和信息交流建立完善的沟通机制，并采用丰富多样的能力手段来全面激发员工参与创新工作的积极性，构建良好的创新环境，进而不断加强中小企业的知识管理，为构建学习型组织奠定良好的基础。

（三）企业战略机制

在影响中小企业创新管理的关键因素中，战略机制因素有着统领全局的积极作用。创新管理作为一项漫长的工作，如果中小企业领导没有给予其足够的鼓励和支持，那么创新管理不仅难以获得理想的效果，也失去了实际意义。因此，中小企业管理者应坚持长期开展企业创新管理工作，并在战略方面给予创新管理充分的重视和支持，同时，还要结合实际管理需要建立与创新管理相适应的激励和决策机制，并且在信息和资金等方面给予创新管理足够的支持，从而使中小企业的创新管理工作顺利开展，相应的措施也能够得到科学、全面的贯彻落实。

（四）人力资源

人力资源是创新的决定性因素。创新来源于企业员工的创新思想，来源于员工的创造力，来源于职工的整体素质。影响职工创新的主要因素有：基于员工创造力的组织；对企业员工的培训，以保持员工的知识得到及时更新；企业员工的不断学习，互相迅速交流信息。创新系统必须有才可用和有才能用。为此，创新管理的目标之一就是一方面要加强创新人才的培养，另一方面也要激活用人机制，其中关键的一点就是要促进人才流动。

作为中小企业开展创新管理工作的重要保障，人力资源能够为促进企业全体工作人员参与企业创新管理提供有力的保障。企业要积极参考员工提出的创新管理意见和建议，进而真正做到以人为本，并充分发挥全体员工的集体智慧。同时，中小企业管理人员在实行以人为本的管理理念时，不仅要紧紧围绕企业共同目标和发展前景，还要积极引导基层工作人员积极主动地参与企业创新管理活动，并结合企业实际管理和发展现状，不断更新和完善工作激励机制，进而促进企业全体员工都能树立正确的工作态度和价值理念，不断提升企业员工对自身从事工作的认同感，增强其工作热情和对工作的成就感、使命感，使其积极参与企业组织的相关学习、培训活动，进而不断提升其专业素养，从整体上增强中小企业的创新管理意识。

（五）通信与沟通方式

有好几种研究已能衡量出某种创新因素相互依赖的作用。这些因素包括各种流动性、通信网络、投资类型、资助科研的大企业和新技术的交易所市场的存在。流动性不仅表现为人员的流动和思想的交流，也表现为资金的流动。各种杂志、讨论会促使人们交流看法和经验，同时也促进了创新。总之，由成功企业家的“成功故事”引出的竞争，能够使其企业进入新技术交易所市场或将其转卖给国际公司，这些都有利于创建创新企业。这些企业的成功、硅谷的成功，或任何类似地区的成功，最终取决于由一种创新的“临界质”带来的扩大效应和合并效应。其成功取决于大量的信息的快速流通以及通过强大的、多分支的通信网络为人们所共有。这些通信网络不仅包括互联网和企业内部网，更主要的是还包括人员交往的关系网，凭借着会面、讨论和相互间的创造，这些网络成为出现创新的重要因素。

三、数字经济促进了企业创新管理的发展

随着“互联网 +”的不断扩展，我国各行各业的发展模式都发生了巨大的变化。与此同时，企业的管理模式也处于积极、快速的演变之中。云技术的不断应用是“互联网 +”时代的一大重要特征。在云技术环境下，企业的管理模式不断由简单化走向云系统化，不断形成“云终端”式的企业管理模式。

（一）数字经济给企业创新管理带来的变化

1. 数字经济破解了企业创新链的瓶颈

中国的制造业规模已经连续多年位居世界第一。中国的工业产品出口贸易额巨大。但是，中国制造的附加值偏低，在一定程度上存在被全球价值链“低端锁定”的风险，关键瓶颈在于创新能力不高，突出表现为消费者与研发者信息分割、产业链与创新链对接不够等问题。传统制造业企业的研发流程是集中人力、财力开发一个新产品，然后在市场上进行推广，失败的风险较高；并且由于创新资源分散，在研发过程中难以整合业内研发资源，从而制约了创新效率。

数字经济正在颠覆传统制造业的研发模式，借助数字化的开放式创新平台，消费者可以深度参与一个产品的研发设计，消费与研发之间的障碍被打破，数字经济使得大量的消费需求信息低成本、及时地呈现给企业研发设计部门，推动了中国制造企业围绕庞大的消费群体开发新产品。企业可以尽快推出“最小化可行产品”（Minimum Viable Product，MVP），通过在线消费者的体验评价、优化建议等逐步完善产品细节，快速推出 2.0、3.0 等系列升级版。这种快速迭代研发模式是基于消费者的产品研发，把客户的需求信息和变化及时反馈到研发端，大大降低了产品的市场风险。同时，企业通过搭建数字化、网络化协同研发平台，可以打破行业、企业、地域等限制，集聚业内研发资源为同一个创新项目出谋划策。设计工具云端化为不同人员参与设计提供了一致的标准和平台，可以有效地推动产业链与创新链的紧密对接。

2. 数字经济提升了企业制造链的质量

一直以来，中国制造存在的一个广为诟病的问题是质量不稳定。很多国内企业在技术改造和新建生产线时，往往优先选择国外品牌企业价格高昂的装备，主要原因是这些高端装备在生产线上表现稳定，能够确保产品的质量。近几年，中国制造的产品的质量明显提升，但在可靠性、连续性、稳定性等方面均存在一些问题。制造链质量是中国制造转型升级中必须重视的一个核心问题。

数字经济为中国制造链的质量提升提供了新支撑，数字化生产、智能化制造可以有效地提高生产过程和产品质量的稳定性。数字化工厂是基于数字平台的虚拟工厂与物理工厂无缝对接的工厂形态，虚拟工厂执行与物理工厂相同的制造过程，这种“数字双胞胎”技术能够及时发现制造过程中出现的问题，并对可能出现的问题进行预判，确保生产线正确运行和产品质量的稳定。数字化工厂在解决标准化的同时，数字平台还可以通过对制造过程中产生的大量数据的分析和挖掘，对生产制造流程进行优化提升，设备可以通过自分析、自决策矫正上一道工序中出现的问题，提高了制造链的运行效率和产品质量，改变了传统的工业知识沉淀方式。

3. 数字经济拓展了创新服务链的空间

向“微笑曲线”两端高附加值环节延伸，尤其是向系统集成、综合服务等环节延伸，拓展中国制造的服务链空间，提高中国制造服务增值能力，培育一批综合解决方案提供商，是中国制造转型升级的关键路径。从全球范围看，制造业服务化趋势明显，发达国家制造企业的服务性收入占比已经超过 30%，有些企业如美国通用电气公司（GE）、IBM 等已经超过 70%，而目前我国仅为 10% 左右，发展服务型制造空间巨大。但是，中国制造中代工、组装等占比较大，在服务化领域的要素积累和人才储备严重不足，向服务化转型面临较大障碍。

数字经济无疑为制造业服务化提供了技术和平台支撑。通过互联网、物联网、大数据等技术，制造企业在远程维护、在线监测、线上服务等领域拓展服务链更便捷、更高效。同时，数字化技术、互联网技术等可以推动制造企业整合内部和外部资源，创新服务化模式，在个性化定制、系统集成服务、解决方案提供等方面培育新业态、新模式。大规模的制造业服务化可以催生第三方网络化服务平台，为同类制造型企业提供专业化服务，聚集海量数据，加快制造业、服务业模式创新，降低中小型制造业企业服务化转型的成本。

（二）数字经济促进企业创新管理发展的实现路径

数字经济为中国制造业转型升级提供了新支撑，同时，由于数字经济是一种通用目的技术和基础设施，也对中国制造业提出了更高的要求，制造业呈现出“软件定义、数据驱动、平台支撑、服务增值、智能主导”的新特征。在数字经济驱动下，中国制造转型升级的路径正在发生变化，以期通过平台化、生态化、软件化、共享化、去核化等实现“换道超车”。

1. 平台化

数字经济驱动中国制造业企业向平台型企业转型升级。制造业企业生产组织方式平台化是大势所趋，海尔、三一重工、沈阳机床、红领等传统制造型企业依托数字技术和互联网，加快向平台型企业转型。例如，海尔通过“企业平台化、员工创客化、用户个性化”，把企业打造成一个集聚信息、资源、数据的开放式平台，打通了内部和外部资源的联系，打破了信息不对称，推动了产业跨界融合，催生了一大批新产品、新业态、新模式，为企业转型发展提供了新动力和新支撑，制造业企业借助平台思维从生产者、交付者转变成为整合者、链接者。当前，企业竞争加快向平台竞争转变。企业应通过打造平台经济为全行业提供服务，平台价值随着使用者的增加而呈现指数级增长，使得企业在产业竞争中占得先机与优势。近年来，沿海地区制造业企业加快培育平台经济，对全国乃至全球产业资源进行系统整合，把信息流、资金流、数据流等集聚到专业化平台上，进一步强化了产业优势。

2. 生态化

马化腾认为在数字化背景下，不同产业和区域的生态之间开始发生越来越多的关联，它们可能将不再羁于行业、地域等因素带来的条块分割，而是紧密地交错起来，让跨界地带产生丰富的创新空间，从而形成一个“数字生态共同体”。制造业企业可以通过平台经济培育、壮大生态系统，促进消费者、设计师、制造商、服务商等参与方集聚到同一生态圈中，形成联动优势。生态链优势一旦形成就可以依托海量数据进行协同演进、自我强化，在激烈的市场竞争中彰显系统优势。未来，企业之间的竞争将演化为生态圈与生态圈之间的竞争。

3. 软件化

在数字经济时代，软件定义一切。当前，工业技术软件化趋势加快。工业软件定义了研发、产品、制造、运营、管理等业务流程。数字化设计、智能制造系统、工业互联网、人工智能、3D 打印等技术日趋成熟。制造业的研发方式、制造模式、业务流程、营利模式等正在重新定义。同时，工业软件云端化加速，基于工业互联网、面向特定应用场景的工业应用软件也在持续涌现，尤其是数字工厂、智能制造的推广、渗透，使设备之间的端到端集成更加成熟，基本实现了“无人工厂”，其中的核心就是工业软件。然而，我国工业软件发展还相对滞后，国外企业在我国高端工业软件、中低端工业软件的市场占有率分别高达 80% 和 50%。

4. 共享化

在数字经济时代，制造业将是共享经济的主战场。中国拥有超大规模的设备，在传统产能过剩和产品升级加速双向挤压下，研发设计能力、生产制造能力、检验检测能力、物流配送能力等都可以通过共享经济平台进行交易，推动闲置设备、闲置工厂重新投入使用。阿里淘工厂、航天云网等模式的成功运行，证明了共享经济在制造业领域存在广阔的发展空间。同时，面对个性化、小规模需求的快速增长，企业规模和产品批量小微化，单个企业投资大量设备占用了资金，设备使用效率不高，于是共享工厂模式便应运而生。当前，沈阳机床、明匠智能等智能制造方案提供商均谋划在优势产业集群、众创空间等布局共享工厂，为同类型企业提供加工制造服务。中小微企业可以通过在线平台传输数据完成订单、制造过程交付、结算、物流等全流程，真正实现互联网制造（Made in Internet）。

5. 去核化

在数字经济时代，制造过程的各个参与方均被充分赋能，大数据、物联网、智能制造等技术也使得分散决策成为可能，并且效率更高，科层制、事业部制等传统管理模式难以适应数字经济时代的新要求，倒逼制造业企业组织结构“去核化”（或称“去中心化”），每一个点都可以围绕客户的需求对企业内部和外部资源进行重新组合，开辟新产品、新服务、新业态、新模式。例如，海尔近几年践行的“人单合一”模式，把员工转变为平台主、小微主、小微成员，同时创新薪酬体系加快组织结构和管理模式变革，激活了内部资源，激发了企业内部“大众创业，万众创新”的热潮，催生了一大批新业态、新模式，为企业转型发展注入了新活力。

第三节 数字经济给企业创新管理带来的影响与机遇

数字化转型无疑已经成为中国企业级信息技术市场的重要关键词，企业拥抱互联网技术的程度越深，其生产效率和效益就会越高。根据凯捷咨询公司的研究，数字化转型成功的企业有望将营利能力提高 26%、估值提高 12%、收入与资产比提高 9%。数字化转型将会给企业带来颠覆性的改变，企业用户需要重新思考企业文化、战略、经营流程以及其他方方面面的问题，甚至是与伙伴的合作。同时，数字化转型也给企业创新管理带来新的机遇，企业需要为数字化转型做好充足的准备。

在数字经济时代，数字化转型正在重新定义并进化企业管理。企业经营理念呈现企业平台化的特征，更加注重生态，让大企业做平台，让小企业上平台；组织设计向扁平化进化；企业服务化职能强化；运营流程呈现企业数字化特征，强调数字化工作、数字化流程、数据挖掘。

一、数字经济迫使传统企业转型

从罗纳德·科斯（Ronald Coase）对工业化时代企业的解读来看，企业的引入基本上是由于市场运行成本的存在。企业组织规模的边界受内部交易成本、企业家决策水准、产品多样性等因素影响，均衡于内部交易成本等同于外部市场运行成本的临界点。依托封闭式、垂直一体化层级架构，通过自上而下的行政命令来安排生产及交易，提升效率和降低交易成本，是这一时期企业的主要特点。时过境迁，今天，人类即将告别工业化，步入信息化时代。在中国，基于互联网和新一代信息技术的企业如雨后春笋般蓬勃兴起，迅猛发展，与自 2008 年国际金融危机以来仍未摆脱困境的传统企业形成冰火两重天的鲜明对比。与数字经济时代的新生企业比较，工业化时代传统企业所处的外部市场条件诸如运行成本、消费者需求已发生深刻变化，并合力倒逼传统企业变革创新，沿袭科斯运用替代、边界两个概念工具分析企业性质的基本思路，考察数字经济时代传统企业遭遇的变革冲击、传统企业替代市场机制的基础是否动摇或发生变化、传统企业浴火重生的路径和启示，可能是一项理论与实践相结合的、非常有趣和富有挑战性的工作。

（一）传统企业受数字经济的内外夹击

从企业内部来看，信息化改造虽然使得内部交易成本走低，但传统企业自上而下的决策和执行机制即便采用了 ERP 等，也无法满足消费者日益个性化、多元化的需求。以往营利颇丰的标准化产品逐步被新生代个性化消费者所抛弃，导致企业产能过剩、库存增加、现金流紧张、内部交易成本升高。以往经济不振时，企业临时裁员、兼并重组转向高利润业务、上市融资等老办法无法根治对市场响应迟缓和内部交易成本攀升等问题。

从企业外部来看，市场运行成本降低和竞争日趋激烈正猛烈冲击着传统企业。全球贸易便利化国际规则、交通及信息的互联互通、电子交易方式的普及、社交平台经济等在极大程度上降低了市场机制成本，使得未实施大刀阔斧改革的传统企业替代市场机制的成本优势不断减弱。而极少数先行变革成功者往往会抓住机遇窗口期，利用竞争优势通过设立行业标准、抢占市场份额、产品定价权等方式获取行业垄断利润，哪怕是暂时的，也会加速传统企业的竞争性淘汰死亡。如果考虑到互联网巨头利用商务运营、管理中沉淀的数据及背后的知识和规律，轻松打破以往“隔行如隔山”的行业壁垒，来实施横向跨界兼并整合，那么时下我们对于传统企业的艰难甚至惶恐就可以理解得更深刻一些了。

（二）传统企业需要组织创新

基于企业交易成本升高、外部激烈竞争等因素的影响，在数字经济时代，用户（消费者）导向的传统企业组织变革悄然兴起。2005 年开始实施组织创新的传统家电生产制造企业——海尔就是典型代表。海尔消费者导向的组织变革经验：①积极构建消费者导向的企业服务生态系统。通过与消费者的多渠道互动，围绕消费者的个性需求设计、开发和生产产品，并为消费者提供基于物联网、大数据和云计算技术的售后维保服务。②转自上而下的层级决策机制为自下而上的横向分散决策机制；裂变一个大组织为诸多小组织，然后依托小组织模拟构建比外部市场更纯粹的横向分散决策市场机制，变以往自上而下的决策机制为自下而上，以此来解决传统企业决策信息不及时、不充分的难题，不断优化、提升企业内部资源配置和对外部市场变化响应的效率。③转变雇主与雇员的雇用与被雇佣关系为新型的合作分成关系，与员工共享企业利润剩余索取权。基于企业与员工的合作分成关系，使得每名员工都成为企业实质上的主人。依托新型合作分成关系，把考核评价员工的权利交给消费者，内外结合发力，使企业成为一个由诸多建立在自利基础上、以满足消费者需求为已任、以追求公司利益最大化为目标、与企业共同分享剩余索取权的互联式团队。

（三）传统企业正经历“互联网 +”实践创新

为创新图强，传统企业不仅在组织创新方面实践探索，而且结合“互联网 +”在设计、生产、执行、营销、维保、物流配送等环节开拓创新，寻求突破。从实践来看，近年来传统企业积极响应国家大政方针，大力发展和依托人工智能等新一代信息技术来降低企业交易成本、库存资金占有率和应收账款，以及提升企业利润水平和现金流。例如，山西太钢不锈钢服务有限公司，从 2005 年开始，依托云计算、大数据、物联网等新一代信息技术，大力实施信息化改造，互联构建以纵向决策支持、运营管理、生产执行、过程控制、基础自动化五级架构为骨干，以用户个性化需求为导向的数据中心，全面对接采购、生产、质量、销售、设备和财务管理等业务流程，削弱了部门之间的壁垒，降低了资金、质量控制、订单追溯等方面的成本，提高了企业总利润。据权威机构评估，山西太钢信息化系统应用后，其利润贡献率占到了企业总利润的 12%。

从总体来看，传统企业正在互联网的创新实践中积蓄力量、孕育新生。以往传统工业的标准化生产方式正为数字经济时代的个性化、智能生产方式所替代，传统的受区域限制的线下现金交易方式正为线上数字货币交易方式所冲击，传统的分层、贴标签式营销正为智慧、精准的信息推送营销所替代，传统的物流配送服务正为低成本、高效率的智慧物流所替代。伴随着生产、交易、营销、流通方式的转变，我国消费者以往传统的生产、生活、交往的习惯、理念、文化正随着新技术的集群加速发展应用在全面重塑中萌生新枝芽。传统企业的服务的市场正发生翻天覆地的变化，只有顺势而为、因势利导、勇于实践创新，才能挽大厦于将倾，突出重围、凤凰涅槃。

二、企业数字化转型的过程及模式

（一）企业数字化转型的过程

自 1980 年至今，企业数字化经历了三个发展阶段：业务自动化、行业互联网化以及现在的“技术即业务本身”。

1. 业务自动化阶段

1980 年—1995 年为信息技术时代，企业在这个时代完成了业务自动化。在这个阶段是技术替代重复的人工劳动，信息技术让大规模的生产类整合以及全球化成为可能，形成了一种高效运转模式。但是，在这个阶段，信息技术并没有对传统的商业模式造成更大的影响。

2. 行业互联网化阶段

1995 年—2010 年为互联网时代，以亚马逊和易贝（eBay）为代表的互联网商业公司兴起。互联网不受时间、地点和品类的限制，这对实体商业模式造成了很大的冲击。两种商业模式在两条平行线上竞争，发挥各自的优势，在各自的舒适区中搏杀。

3. 技术与服务融合阶段

从 2010 年开始，随着移动互联网技术、云计算技术和物联网技术的兴起，物理实体世界的体验与虚拟的数字体验正在不断融合。在这个过程当中，出现了很多新业务模式，新一代消费者也出现了。“90 后”“00 后”是抱着手机长大的一代，他们对消费服务的期望不同于传统消费者，他们希望随时随地获得各种各样的服务。

（二）企业数字化转型的模式

思特沃克（Thoughtworks）通过为企业提供咨询的实践，总结了企业数字化的三种创新模式：流程创新、体验创新和模式创新。

1. 流程创新

在传统的业务模式下，流程创新更多的是围绕提高生产效率而展开，包括业务自动化、流程优化和效率提升。随着物联网和大数据的应用，流程创新更多的是围绕抓住商业机会和转瞬即逝的用户品味展开，从而引导消费者采购。这个变化意味着，从原来降低成本和提高效率转变成商业机会的创新。在流程创新方面，思特沃克用移动科技帮助英国一家公司提升了门店的效率。通过移动应用软件，店内的店员可以快速、有效地跟踪线上商品和库存商品，还可以快速填写补货需求，这样能提高每个店员的工作效率。更重要的是，实时跟踪店内商品和消费趋势的变化还可以优化供货和采购的流程，在试点门店中每年能创造相当于 400 万英镑的价值。

2. 体验创新

体验创新更多的是指应用最新的感知与交互技术，通过触点分析打造全新的用户和产品体验，包括场景分析、用户历程图和触点优化。国外一家酒店集团通过社交数据分析、提炼出所有为酒店点赞或推荐酒店的文字线索，发现几乎所有的线索都发生在刚进入酒店的 20 分钟内，所以酒店针对这 20 分钟体验做了重点投资优化，这就是触点优化。

思特沃克为丝芙兰（SEPHORA）设计了下一代电商体验，尤其是设计了两个有高度黏性的场景：一个是“成为更美丽的自己”，针对职业女性不同的生活背景、职业经历以及不同场合的美妆需要，帮助丝芙兰打造了一个线上教学体验，让职业女性可以学习到更加符合自己工作场景的美妆，并可把经验分享到朋友圈；另外一个场景为“见证不平凡的时刻”，帮助丝芙兰的客户在应用软件上制定自己的人生目标，记录自己生命当中关键的时刻以及达成各种愿望清单的游戏化方式，通过点赞、礼品、积分等，让客户与品牌之间产生更多的黏性互动。

3. 模式创新

很多公司在原有核心资源和核心竞争力的基础之上，采用技术手段实现了模式创新。2016 年，日本住友生命保险公司与日本软件银行集团合作，利用软件银行集团的可穿戴设备优势以及健康和计步等数据分析手段，设计了一款人寿产品。该产品可以分析客户的运动和生活习惯数据，通过数据整合设计了一套五级划分的人寿保险体系，其中具有最佳生活习惯的客户可以获得 20% ~ 30% 的优惠折扣。

思特沃克与中国首批民营银行华瑞银行合作，尝试了一个别出心裁的业务模式：把线下保险箱转变为线上保险箱。华瑞银行与思特沃克一起设计了一个名为“极密”的应用，把线下保险箱“搬”到线上，即保管安全度比较高的数字资产。通过这种差异化的创新方式，华瑞银行开始挑战传统大型银行和互联网公司，以期达成更有效的获客能力。

三、数字经济对企业创新范式产生影响

从创新的角度来讲，未来全球的创新范式正在发生巨大的变化，主要体现在以下三个方面：

（一）创新范围已经从“封闭竞争”走向“开放合作”

创新更多的是由多个企业在一个创新生态系统中相互合作完成的，创新边界已经超出了企业既有的边界。

（二）创新组织已经从“一体化”走向“平台”

“平台”以其特有的弹性，成为互联网经济背景下的重要战略选择和组织形式，使得企业的创新活动与技术和市场变化共同演进。

（三）创新行为已经从“线性创新”走向“涌现创新”

未来我们需要培育友好的“创新生态系统”，即培育创新的环境，创造创新的机会和激情，尊重和激励创新，从而使创新行为不断涌现，相关各方共生演进。

四、企业数字化转型带来的四大机遇

（一）数字经济加速企业的应用创新

为了跟上市场的变化，各行各业都在改变新产品、新应用的开发和发布方式。在传统模式下，数据收集、设计、制造需要很长时间，而且要预先对更新、测试、发布进行规划，完成这一系列工作需要数月甚至数年的时间。

现在越来越多的企业转而采用敏捷设计、制造和发布，在速度和质量之间实现了更好的平衡，能够快速撤回不成功的新产品或新服务，而不影响关键服务和系统的持续运行。为了建立更加敏捷的工作流程，企业必须实现更紧密的团队协作和无缝的系统集成，而且需要能够实时监控协作和集成的效果。

（二）用大数据增强企业创新的洞察力

大家都希望用大数据武装自己，但只有弄懂了数据的含义，才能将信息转化为竞争力。事实上，每个企业都拥有相当多的客户、竞争对手和内部运营的数据，因此需要采用合适的工具和流程去挖掘数据的真正含义，从而快速做出明智的决策促进创新，并要制订具有前瞻性的发展计划。

（三）数字化工具提供企业创新的工作空间

技术消费化趋势和移动设备的增多，导致如今企业员工的工作环境流动性远大于从前，工作空间的概念已经发生根本性变化文化，工作将不再受时间、地点的限制。为了吸引和留住优秀人才，企业必须建立能够适应这种新型工作方式的环境和文化。合适的数字化工具在这里尤为重要，员工利用它即可高效应对职场中的各种复杂情况。

（四）适应企业创新业务发展的安全保障

企业在加速创新、缩短产品周期的同时，也面临着更多安全风险和威胁。随着更多应用实现互联互通，黑客成功侵入一个系统就能非法访问所有相连系统，而员工与合作伙伴所获得的远程访问权限，也让企业必须应对系统后门可能增多的问题。

从安全角度来看，简化安全流程，持续不断地对所有系统进行推敲、测试和升级至关重要。通过自动化工具和更好的协议配置，可以让公司显著缩短发现和修补漏洞的时间差，从而最大限度地减少系统遭遇非法入侵和数据丢失的可能。

第四节　企业创新管理的数字化转型

一、企业创新管理数字化转型的核心技术

（一）便利可靠的连接

该类技术要求适配多种控制器、性价比高、新技术跟踪（NB-IOT、5G 等），以根云平台为例，该平台提供多行业、多设备类型快捷接入，超过 80% 主流控制器覆盖，支持 350 种以上的工业总线驱动协议 300 种以上通信设备；全球主流运营商网络的无缝集成与切换，具有全球定位系统和北斗定位，以及商用卫星通信能力。

（二）混合云架构技术

该类技术要求基于公有云的技术架构，确保数据隐私，打造“公有云 + 私有云”架构，具备多云迁移能力。

（三）工业大数据处理技术

工业大数据处理技术支撑工业大数据的广泛应用来自工业企业的最朴素需求。最接地气的工业大数据应用，包括宏观经济预测、配件需求预测、产品研发大数据分析、在外贷款风险管控模型、设备故障预测模型、服务模式创新等。

（四）可复制的应用能力

可复制的应用能力既要应对解决个性化、标准化的冲突，应对客户的个性化需求，又要具备大规模复制的互联网拓展模式，确定核心应用为后市场服务运营管理（通用性高、普遍的痛点、制造业与服务业的接口），利用互联网轻量级架构，打造组件化、微服务化功能模块，以及便于应用的自由配置和功能的个性化组合。

（五）集成应用的整体效率

集成应用的整体效率是指从接入到应用端到端打通，跨技术层级的整体效率和易用性、开放性，能够对接各种外部应用。

（六）多层次、端到端的安全防御体系

建立云、管、端全方位的安全防御体系，如芯片硬件加密（TPM/TEE）、轻量级安全 OS（隔离）终端安全插件（轻量化）、设备端软硬件防篡改、识别并过滤 IOT 协议和应用、百万并发连接处理、无线网和固网加密传输协议、分布式拒绝服务攻击（DDoS 攻击）防护、云端安全运维中心、基于大数据安全态势感知等安全管理技术。

二、企业创新管理数字化转型的法则

（一）满足客户的新需求

1973 年，现代管理学之父彼得·德鲁克曾在书中写道："满足客户的需求是每一个企业的使命和宗旨"。这本是一个不言自明的道理，但很多企业（尤其是一些大型企业）深陷内部的流程问题和权力斗争而忽视了这一点。反倒是街头巷尾的那些小门店更懂得如何满足顾客的需要，因为相比大型企业，这些门店的店主对顾客的了解要深入得多。在数字化时代，行业之间的界限越来越模糊。从传统上来说，有些企业只专注于一个领域，但数字企业需要更多地关注其他领域，开发新的增长点，从而满足客户的需求。例如，如果企业身处零售业，就还需关注诸如物流业和金融行业的发展情况。

为构建以客户为中心的体验，企业不仅需要集成世界一流的技术，还需要改变原来的组织结构和流程，包括企业的管理层和普通员工都应接受企业的数字化转型，提高客户关注度，这样才能推动企业在数字经济时代实现长足发展。如今，全球各地的客户把更多的精力投在互联网搜索和社交媒体上，希望随时随地通过移动设备灵活获取并快速利用这些信息。这场融合了互联网、社交媒体、移动商务和云计算的完美风暴正引发商务领域的巨变。在与企业的博弈中，客户在很大程度上重新占据了主导地位。

思路转变也是改变链条中的关键一环，企业的管理者和普通员工都需要拥有全新的思维方式，建立一个数据驱动的思维至关重要，要有实时明确的分类数据。这样，企业就能对竞争对手做出反应，对行业变化做出反应，企业的动作和速度必须越来越快。

（二）善用大数据，借力物联网

随着数字技术的普及，几乎每家企业都面临着海量数据。如何从这些数据中淘到真金成为考验一家企业是否具有数字化能力的标志。虽然很多企业采集的客户信息越来越多，但企业却不善于利用这些信息。一般来说，企业 98% 的数据都是暗数据。暗数据是指那些需要资金来存储、保护和管理，却没有得到高效利用，不能提升商业价值的内容。更重要的是，这些数据还分散在多个数据库中，这就使企业难以获得一个完整的客户视图。所以，当客户开始接触那些真正关注客户服务、了解并满足客户需求的企业时，这些缺乏完整视图的企业将毫无竞争力可言。

所以，企业不能总固守过去，而是需要以一种开放的态度面对未来。企业需要有实时的、明确分类的数据，以便对竞争对手和行业领域的变化做出反应。例如，阿迪达斯（adidas）在欧洲开设实体化门店，利用 3D 扫描和 3D 打印技术帮助客户定制跑鞋，通过在鞋中放入传感器芯片搜集数据，并改进产品从而为客户提供更好的服务。

物联网的普及势必将掀起一股巨大的创新浪潮，尤其是在制造业产品的价值链中，物联网定会起到举足轻重的作用。物联网是"工业 4.0"理念极重要的一环。随着这股创新浪潮的兴起，企业不仅能够打造高效、灵活、模块化和自动化的智慧工厂，还能基于物联网解决方案另辟蹊径，成功转型为利用云计算的增值服务型企业。

（三）全力打造数字化价值链

数字经济为企业创造了许多新的业务机会，而且这些机会涉及价值链的方方面面。但是，企业要想抓住这些机会，就必须快速、灵活地利用数据，因为数据是推动数字化业务运营和创造增值业务成果的动力。现状是，价值链由过时的系统、脱节的流程和分散的信息提供支持。毫无疑问，这会让企业在竞争中处于劣势。而且，企业将无法在覆盖多个业务领域的端到端的流程中及时制定决策，而流程本身的脱节更会进一步延误决策。

复杂性是整个价值链中亟待解决的问题。然而，随着企业向数字经济转型，并采用物联网、社交媒体及其他外部的结构化和非结构化数据流，整个价值链将变得更加复杂。而要解决这个问题，唯一的办法是，在企业内部构建一个灵活的数字化核心平台。这样，企业就能够对财务、供应链、研发和制造等核心业务流程执行平台迁移，并实时整合业务流程和商务分析，从而实现更智慧、更快速和更简单的运营。借助先进的内存计算技术，企业终于能够摆脱批处理模式下的业务运营，也无须再构建复杂的流程来突破传统技术的限制。事实上，数字化的核心是帮助企业化繁为简，并释放数字化业务的全部潜能。借助由数字化核心平台驱动的数字化价值链，企业将有机会提升业务价值和优化客户体验。该平台能够支持企业在所有业务领域实时制定决策，是企业有效执行数字化价值链的重要一环。这样，企业就能够专注于战略性优先工作，而不是花时间维持系统的正常运营。

新技术发展到今天，不仅涌现了许多新兴数字化公司，也促进了一些传统企业的变身。纪秉盟在与很多公司的总裁交流时发现，他们一直在探寻一种有效的途径，以提高创新能力、实现数字化转型，并构建全新的业务模式。企业应该明白，向数字化转型不是一蹴而就的事，任重而道远，但必须立即行动。在专业机构的帮助下，企业要逐渐打造、提高数字化能力，尽快成为数字化企业。

三、企业创新管理数字化转型的技术趋势

数字化已经深深地嵌入所有企业。但是，即使技术已经成为组织及其战略的重要组成部分，也只有人本身才能确保企业在一个以前所未有的速度脱胎换骨的世界中立于不败之地。

（一）智能自动：数字时代不可或缺的“新员工”

机器和智能软件将成为企业的新员工，为人类提供新的技能，辅助人类完成新的工作，重塑无限可能。智能自动最大的威力是从根本上改变了企业和个人的工作方式。机器以其独有的优势和能力使人类在工作时如虎添翼。随着智能技术的日益完善，它将为人类工作带来前所未有的活力，激发无限可能。现在，企业可以换种方式来完成工作，还可以做与众不同的事。

（二）柔性团队：重塑当今的数字文化

为了紧跟数字时代不断发展的步伐，实现宏伟目标，企业除了提升工具和技术方面的硬实力之外，还需特别注意锻造“员工团队”这一软实力。过去，人们的职业技能、轨迹和目标都相对固定。如今，各种行业的企业都在培养“柔性团队”，他们能不断适应环境并自我调整，具有较大的灵活性和较强的应变能力。

（三）平台经济：由外向内推动创新

行业领军者已不满足于创建新的技术平台，而是打造平台化的新经济模式和战略，推动全球宏观经济再一次深刻变革。未来，无论是顺势而为向平台化转型，还是固守一隅，企业都需要在平台经济中找准合适的战略定位。

（四）预见颠覆：利用数字生态系统促进新的增长

精准农业或产业物联网等迅速崛起的各种数字化平台为构建新型商业生态圈树立了典范，推动了传统产业转型升级。打造出这些数字生态圈的企业打破了行业疆界，向全新的商业对手发起挑战。以往，技术颠覆力量说来就来，不可预测，但如今企业根据生态系统的发展情况就可以预见下一波趋势。企业如果能够立即行动，从确定其在生态圈的独特战略定位创造出新的产品和服务，就有望在这场新的竞争中赢得领先。

（五）数字道德：商业道德与信息安全是加强客户关系的纽带

信任是数字经济的基石。如果用户不信任企业，那么企业就谈不上运营数据的使用和分享。在数字经济的环境下，用户、生态系统和监管者之间应当如何获得和保存数据呢？坚强的网络安全和道德体系是固守客户信任的强盾。企业需要以产品和服务的创建为起点，认真考虑道德和安全问题。当企业与客户之间建立起长期的信任关系时，企业将赢得长久的客户忠诚。

第四章 数字化企业的创新型战略

第一节 数字化企业的商业模式创新

一、数字经济中的O2O模式

（一）O2O商业模式概述

1.O2O商业模式的含义

电子商务时代出现了很多经典的商业模式，其中有一个模式是我们不得不提的，这就是O2O模式。在这里，笔者先对O2O模式做一个简单的介绍。

所谓O2O模式，是指当前市场商务机遇的线下与线上结合，将移动互联网市场指引到实体市场的一种电子商务模式。虽然这些年电子商务发展迅速，但这并不代表电子商务将来可以完全取代实体市场。电商是当代发展必不可少的，而实体市场对未来发展来说也是非常重要的。我们现在所做的一切都是在将传统实体市场拉上线，在线上获得更大的利润，但是未来的发展方向不是线上取代线下，而是线上与线下的深度结合，而O2O模式恰恰是符合这一市场特点的商业模式。

在O2O模式中，移动互联网成了一个单纯的交易平台，或者说是单纯的连接平台，将线上的顾客引导至线下消费，如此这般的优势在哪里呢？对于实体化的服务，虽然线上服务发展迅速，但是线上服务一直无法具象化。换言之，线上无法与实体市场中的到位服务相提并论。而O2O模式可以进行线上交易，同时提供线下服务，就等于在传统的电子商务模式之上增加了实体服务。也正是因为实体服务的增加，线上的O2O模式更容易吸引线下的客户。

2.O2O模式的潜力

O2O模式是一种刚刚兴起的模式，虽然它出现得不算早，但是紧抓了移动互联网市场的各种前沿动态。现在移动互联网市场中出现了大批O2O电子商务企业，如阿里巴巴的一淘网、腾讯的微信等都是O2O模式的代表。

首先，利用O2O模式的企业运营成本相比其他企业都要低，原因很简单，企业运营在线上，企业运作还是在线下。在这种模式下，企业最快速、最有效地运营，从而扩大了销售范围，也使得运营效率更高。

其次，O2O 模式相比其他电子商务模式更具吸引力。由于运作主体在线下，成本相对较低，带来的价格优惠也比其他电子商务模式要多。就国内市场而言，选择线上交易的移动互联网用户很多，正是因为线上带来的优惠。因此，O2O 模式单凭价格这一方面就比其他模式更具吸引力。从最早 O2O 模式的团购网中我们就可以看出这一点，只不过当时的团购网大部分是随机性的，而且要等待商家的临时性促销才能进行，因此当时的 O2O 模式虽然出现但是并没有兴起。

最后，O2O 模式还具备一定的市场指引性。有人说 O2O 模式将引领移动互联网市场的未来，这一观点还是有一定道理的。就现在的 O2O 模式来看，移动互联网市场在 O2O 的促进下已经有多元化的转变。虽然是相同的线上交易，但是 O2O 模式产生了太多的线下体验，市场随之产生了多元化的转变。以一淘网为例，消费者可以在一淘网上购买各种便宜的商品，但是消费者选择一淘网的主要因素绝不是价格，这是因为一淘网上的价格本身就相对较低，那么消费者在选择什么？消费者在选择线下服务和用户体验。

所以说，O2O 模式还是具备一定特点的，至少在当前市场中它具备了一定的市场主导性。

3.O2O 模式的营利能力

除了 O2O 模式的市场案例之外，O2O 模式也是当代电子商务中较为典型的商业模式。2016 年，全国网上零售额约为 5.16 万亿元，同比增长率为 26.2%；其中，本地生活类 O2O 市场规模达到 7620.6 亿元，同比增长率为 71.8%，为网络零售额同比增长率的 2.74 倍。从具体细分市场来看，线上餐饮占据了 54.5% 的 O2O 市场份额，在线教育、在线娱乐和线上电影为另外 3 种主要的 O2O 模式，分别占据了 20.5%、14.3% 和 4.4%。随着消费的升级，服务类 O2O 模式的发展预期会更受消费者青睐。

O2O 与 B2C（商对客电子商务模式）、C2C（个人与个人之间的电子商务模式）相结合，同样能够产生巨大的能量。在“双十一”的巨额交易数字中，有很大一部分来源于 O2O 模式。借助团购和优惠的方式，B2C 和 C2C 店铺能够获取很大的交易量，从而不断降低线下服务的边际成本，促进 B2C 和 C2C 店铺能够提供优质服务。

另外，O2O 营利模式还由市场中各个移动终端进行体现。例如，各种导航软件，微博、微信的公众账号，大量的粉丝和用户成了商家的线下客户，也是主要的线下服务对象；尤其是现在各大移动互联网企业开通了移动支付后，完全实现了 O2O 模式的终端化和移动化。应用软件移动互联网特色也正是因此形成的。

总结得知，O2O 模式的营利能力主要取决于两大方面：第一，优惠模式和营销方式。包揽了大量客户的 O2O 模式虽然是针对零售市场的，但是它针对的是零售市场的群体。第二，紧抓移动用户的零散消费。与其他电子商务模式不同，O2O 营利更加附带黏性，无论是团购还是秒杀，这些方式主要针对市场中的零散用户，也正是因此，O2O 模式的获利能力比其他模式都强劲。

如果我们到现在为止仍旧无法感觉到 O2O 模式的威力，那么可以放眼当今移动互联网市场。例如，万达转型就是一种最形象的 O2O 模式，而且这种模式得到了所有人的肯定。再如，腾讯与阿里巴巴一直在竞争，在激烈的竞争下凸显出的电子商务模式也正是 O2O。阿里巴巴收购丁丁网，腾讯打通了微信与财付通的连接，这些都是两大企业在延伸自己 O2O 模式的产业链。在这两家移动互联网企业的带动下，整个市场都在发生变化，百度注资“去哪儿网”也属于 O2O 的电子商务行列。

O2O 电子商务模式将成为未来移动互联网的主要模式。移动互联网时代不仅仅是从线下走到线上的时代，同样也是从线上走向线下的发展。O2O 电子商务模式就像移动互联网时代的一个闭环商业模式，不仅具备了经典的线下到线上的提升，同时也完成了线上到线下的回归和结合。从这一点我们就可以看出，O2O 模式在移动互联网的未来发展中具备非常广阔的前景。

（二）O2O 模式的种类

既然了解了 O2O 模式的未来发展趋势，我们就能明白一个道理：未来的移动互联网市场中 O2O 模式必然是主要电子商务趋势。现在一个新的问题出现了，O2O 电子商务模式为移动互联网市场拓展了空间，这就代表 O2O 模式也将随着市场发生变化。那么在未来的移动互联网市场中，O2O 模式怎样才能算得上成功呢？怎样才能满足市场需求呢？

下面我们要了解另外一个市场现状——O2O 模式与其他模式的结合。可以说，从天猫商城中“双十一”出现的 O2O 营利模式开始，O2O 就不再是一个单纯的电子商务模式，这一特点正好与当前的时代特色相符，只要能创建出经典的模式，任何元素都是可以结合的。

1.O2O 与 LBS（基于位置的服务）的结合

当前移动互联网市场中与 O2O 模式结合最密切的模式应该就数 LBS 了。相信大家对 LBS 都不陌生，导航、地图等移动终端软件都是基于 LBS 模式开发的。那么，这种利用移动互联网产生的位置性服务是如何与 O2O 模式融合的呢？O2O 模式营利方式中的紧抓用户的零散消费就是利用 LBS 体现的。

目前，智能手机已经覆盖了绝大部分用户，很多应用软件乃至微信小程序都已开通或要求开通相应的定位权限。抛开隐私问题，对消费者位置信息的跟踪催发了各种新的商业模式如“签到”（LBS+ 生活娱乐）、“分享”（LBS+ 生活服务、在线旅游和在线游戏）模式。“O2O+LBS”最先直接催生了基于地址信息追踪的业务。例如，滴滴打车借助位置信息的跟踪，能够快速匹配打车服务的供给和需求，从而推动出租车行业与“互联网 +”的深度结合。这类模式其他的典型应用还有在线地图业务（如高德地图、百度地图等）和在线停车业务。但是，对于这类业务如何开发营利模式还有待探讨。除了广告之外，普遍讨论比较多的方式是借助这类服务实现消费引导，比如根据消费者的位置实时提供在线 O2O 服务推荐。

2.O2O 模式的个性类型

除去 O2O 与其他模式的结合之外，O2O 模式也具备几种特色模式。这些特色模式都是当前移动互联网市场比较高端的模式，虽然统称为O2O模式，但是发挥着不同的作用。

（1）随时随地性。以万达为例，万达定位的就是O2O模式，其目标非常明确——在未来的电子商务市场中O2O模式必然是主导，至于是哪种O2O模式就要看企业的发展了。即便是相同的电子商务模式，也会产生不同的效果，而万达主打的就是线上连接线下。

随时随地性的O2O模式如何构建？想必这是所有人的疑问。构建随时随地性的O2O模式需要遵循以下几个原则：

原则一，具备雄厚的实体市场。这是随时随地性O2O模式构建的基础。如果想要把线上的用户随时引导至线下，企业就必须具有雄厚的线下市场。线上用户是在追求方便、快捷的基础之上寻求更优质的服务。如果线下市场不足则会延缓交易流程，从而违背线上快捷的原则，也就失去了O2O模式的最大特点。因此，雄厚的实体市场是O2O模式构建的基础。

原则二，应用软件终端的覆盖范围扩展。O2O模式想要把线上商务转移到线下，就需要定位与连接，这也是"LBS+O2O"模式会如此成功的原因。那么如何扩展应用软件的覆盖范围则成为O2O电子商务模式发展的难题。首先，一般企业无法具备腾讯、阿里等企业的雄厚实力，也打造不出易信、微信等平台。那么，中小企业需要怎样做呢？这些企业要优化自己的应用软件终端。相信这一方式也是最直接、最有效的方式。以麦当劳、肯德基的应用软件终端为例，现在这些快餐行业正在主打小范围定位的移动终端。有了定位措施，连接和消费就不再是问题了。

原则三，O2O营销模式的发展。O2O模式之所以如此受欢迎还因为其有另外一大特点，这就是O2O营销模式。O2O营销模式与O2O电子商务模式、O2O营利模式都不同，O2O营销模式在当今市场中的应用非常广泛。

由于O2O平台的开放性，所以在用户体验和用户推荐方面O2O模式更具真实性。电子商务模式注重用户体验，那么营销模式注重什么？当然是口碑。口碑与用户体验不同，口碑是针对整个O2O平台的，而不是单纯针对某种商品。O2O营销模式对构建随时随地性O2O电子商务模式起着重要的作用。一个好的口碑就是一个良好的开始。

（2）双线模式。双线模式就是指O2O线下与线上同时销售的模式。现在很多企业都在做这种电子商务模式，在线上有自己的销售渠道，在线下也有自己的品牌代理。这种将实体店与网店有机结合的方式被称为当代的双线O2O模式。

O2O双线模式做得较好的应该数苏宁电器了。可以说，很多苏宁客户都是在线上获得了优惠或者团购之后，再到苏宁商场取货。客户虽然仍是在零售行业中进行的交易，却可以起到批发的效果，这就是双线模式的精髓之处，也是未来移动互联网市场不可缺少的模式。

（3）团购优惠模式。这是一种相对老套的O2O模式，也是O2O的鼻祖模式。这种模式出现之后就一直独树一帜，而且实力越发雄厚。这就代表O2O团购优惠模式是一大特色O2O模式，而且必将发挥无穷的潜力。这是针对消费者心理推出的一种模式，这种模式在未来的移动互联网市场中必将持续很久，直到中国大众的消费价值观产生变化。因此，这种 O2O 模式也是未来移动互联网时代的主要电子商务模式。

上面就是未来电商市场中不可缺少的 O2O 模式类型，这些模式未必是最经典的，但是这些模式的重要性是不可忽略的。我们一直在探讨未来移动互联网的电子商务模式，深入了解了 O2O 模式的优势。在不久的将来，移动通信即将进入 5G 时代，实时通信更加迅速，“物与物”“物与人”之间的通信将取代“人与人”成为未来的主要通信模式。世界更加智能，商业模式亦会演变，而 O2O 模式作为连接线上与线下资源的一种途径，必将在未来市场中占据一席之地。

二、数字经济中的免费模式

（一）企业巨大利润之上的“免费模式”

多年来，“商业”一词一直和“利益”紧密相连。随着时代的发展，越来越多的企业开始走上“免费模式”的道路。这些企业并非大发善心，义务向市场提供资源；恰恰相反，这些企业的最终目的是获取更多、更大的利益。

自从互联网开始盛行免费模式以来，这一商业模式就开始被更多人重视。当走进移动互联网时代之后，更多人发现免费模式已经成为当代企业发展必不可少的商业元素。企业想尽一切办法打造自己的免费战略，隐藏自己的收费本质，并期望获得事半功倍的效果。

信息时代的到来使得很多产品和服务具有“零边际成本”的特点。借助这一特点，很多行业纷纷采用了免费模式，其中以杀毒软件市场和手机通信市场比较典型。

杀毒软件行业的主要成本在于开发一款基本产品，在此之后的产品生产基本没有成本。因此，在国内“360 杀毒软件”率先突破传统的收费模式转变为免费模式，免费让互联网用户使用 360 杀毒软件，而针对附属产品——广告位收取广告费用，并以此为主要营利点。

在手机市场，曾经国内三大电信运营商都在举行“0”元购机活动，无论对于多么高端的手机，消费者只要选择了相应的套餐就可以免费得到。虽然这些都是免费模式，但是与 360 杀毒软件的差异在于，国内三大电信运营商提供免费附属产品——边际生产成本很高的手机，而针对边际成本基本为 0 的通信服务进行收费。

在这个世界上当然没有免费的午餐，只不过在数字经济时代，“0 边际成本”产品或服务的出现，使得企业可以利用产品之间的关联性（或溢出性）巧妙地构建商业模式，实现企业和消费者收益的帕累托提升。就当前的市场形势而言，构建免费服务下的获利策略需要企业按照一定的顺序、融合一定的精髓才能成功。总之，免费时代真的来了。

（二）免费模式的缔造条件

企业想要打造高端的免费模式就需要清楚自己的商业本质，并且确定合理的免费战略规划。有资金、有实力的企业离不开免费模式，但并不是所有强势企业都可以通过免费模式获得成功。经过对当前移动互联网市场免费模式的分析，笔者总结出了三点构建免费模式的要素。

1. 需要具备多结构的产业主体

简单地说，企业提供免费模式往往只针对产业主体的一部分，正如在最好时期的吉列模式中，吉列公司廉价提供刀架、高价出售刀片一样，虽然商品是一个整体但是可多结构出售。只有这样，企业才能够完成免费模式的第一步。这里的多结构模式是指产业主体可以自由分割而不是硬性切除。好比卖鞋子，如果企业免费送给消费者一只，再高价出售另一只必定会招来各种质疑；而如果企业免费提供五颜六色的鞋带，再提高相应鞋子的价格，则会是另外一种局面。

2. 需要具备可延伸、可发展的产品空间

以应用软件市场模式为例，手机制造商销售了手机后还会向用户免费提供应用软件市场。用户从中可以免费下载很多软件，其中不乏收费软件。这种利用免费模式获利的方式更持久、更具企业黏性。企业如果想要利用免费模式获利，就必须思考如何延伸和拓展产品发展空间，以便日后持久获利。

3. 需要根据企业自身因素，制定免费与获利比例分配

免费模式较为成功的企业必然是北京奇虎科技有限公司（简称奇虎 360 公司），这家被称为中国互联网时代免费模式鼻祖的企业也有过自己的艰苦时期。在奇虎 360 公司发展在初期就曾面临巨大的压力，这就是数亿用户的增长为企业带来的运作压力。当时奇虎 360 公司打着“永久免费”的旗号迅速占领了互联网杀毒软件市场，短时间内用户就突破了 3 亿人，这个数字给奇虎 360 公司内部运行增加了负担也带来了损失。这一情况直到奇虎 360 公司靠着深厚的客户资源占据了中国互联网广告市场很大的份额之后才有所好转。从中可以看出，企业制定免费模式也是有风险的。很多企业把免费模式当作一种招揽客户的方式，盲目地认为只要利用免费模式抓住了客户就代表产生了利润。其实，在现实运作中一切并没有那么顺畅，中间的缓冲期、风险期都是企业需要独自面对的。这说明，企业必须了解自身规模，并且将免费模式与收益模式分配得当，预测出风险期，提前做好风险预防工作，才能构建免费商业模式。

以上三点是笔者对当前移动互联网市场中多种免费模式进行研究后得出的。笔者发现，当代越来越多的企业正在向免费模式转型，这一做法不仅仅是为了遵循市场的主流发展方向，更是为了获取更多的市场利益。如今“免费”已经成了一种企业旗号，在这一旗号下构建的商业模式比传统模式更具利益获取能力。

（三）移动互联网时代的全新免费模式种类

在分析了当代免费商业模式下的巨大利润之后，想必很多企业都开始思考如何构建属于自己的免费商业模式。从经济学的角度来看，商业模式的打造程度等同于利益获取的程度，只不过商业模式的衡量方式并不能单纯依靠企业面向市场的范围，还要依靠商业模式内部的结构。换言之，谁能将商业模式打造得越完整、越精致，谁就能获得越多的利润。

如何才能够打造出既符合时代特色又能够结合企业自身特点的完整免费模式呢？这就需要企业对当前市场中的免费模式做出一个清晰的分析。目前移动互联网市场中常见的几种免费商业模式如下所示：

1. 端口免费，深入获取模式

这是最常见的免费模式。以电信运营商为例，“免费购机，套餐获利”这种方式最大的特点就是长时间硬性链接客户，从而达到持续获利的效果。

有人说这种免费模式很像分期付款的购物方式。其实不然，这种模式要比分期付款硬性得多。分期付款买到的东西没有局限性，但是无论是中国电信、中国联通还是中国移动出售的合约机都是定制的，消费者购买合约机后只能使用相应的手机卡，默默接受被长期获利的现实，这是无法改变的。因此说，这种免费模式具备一定的硬性概念。

也有人认为，这种免费模式虽然常见，但是毕竟只适合于三大电信运营商，其他企业很少采用，所以这种免费模式并不重要。其实不然，这种硬性模式随处可见。现在很多商家、企业都在主打老客户的会员模式，并且推出各种优惠活动。充值会员卡满 1000 送 500，看似非常合算，其实还是硬性链接。无论多么优惠的活动，其主要目的都不是让顾客得到利益，而是企业在同一顾客身上长期持续营利。

2. 免费吸引用户，广告获利模式

除了上面的端口免费模式外，还有一种模式也是在移动互联网上常见的，这就是免费吸引用户，不断增加广告收益的模式。这种从互联网时代兴起的模式非常老套，却非常实用。在互联网时代刚刚到来之时，很多企业都采用这种模式，向用户提供免费的信息、免费的高清电影，甚至是免费的电影票，为的就是增加注册用户的数量。当用户的数量增加到一定程度之后，收益就来了。

在中国，大部分网站均采用“免费吸引用户 + 广告获利”这一方式，如早期的四大门户网站新浪、搜狐、网易、腾讯，以及百度、阿里、腾讯和京东旗下的大部分产品均对用户免费。其中，互联网产品的“0 边际成本”是一个重要的原因。

因此，要想打造移动互联网时代的免费模式，这种广告获利的模式不失为一个良好的途径。

3. 众包模式

所谓众包模式，其实就是把传统上由企业内部员工承担的工作，通过互联网以自由自愿的形式转交给企业外部的大众群体来完成的一种组织模式。在这一过程中，企业只需要为贡献者支付少量报酬，有时这种贡献甚至完全免费。在互联网行业，维基百科是这一模式的典型应用。维基百科的内容基本由用户自己生成，而非像传统的信息门户网站那样其新闻内容主要由其员工制作产生。用户的数量相比企业员工要多很多，而用户的能力相比企业员工的能力也更加多元化。因此，如果将用户的能力组织起来形成合力，制造同样内容所需要企业付出的成本和质量都可能比员工自己制造要好。众包这一模式能够充分利用用户的能力，尤其在数字经济时代，企业能够借助数字技术减少合作的沟通成本。

这种免费模式适用于大企业的后期完善和发展，免费、有效利用客户就是一种非常聪明的免费模式。

以上三种是移动互联网市场最常见的免费模式。这三种模式有本质区别但无层次之分，也就是说企业想要打造自己的免费商业模式，以上三种类型均可供其参考。但是，企业需要明白一点，这就是在如此飞速发展的一个时代，完全的复制并不能为企业带来成功，任何免费商业模式都要具备自己的特色。

当代免费商业模式的代表人物，奇虎 360 公司的总裁周鸿祎曾说过，免费是一种商业模式，但并不是一种营利模式。虽然免费商业模式下利润可以更多、更大，但是二者之间绝对不能画等号。

作为免费商业模式最大的获利商之一，周鸿祎却否定了免费模式的营利目的，这是为何？周鸿祎对此做出了明确的解释。他表示，商业模式是一个结合了企业特色、产业主体和市场营销元素的复合模式，但是营利只是这一复合模式的市场表现，企业想要单纯的营利就不要打造免费模式。因为免费代表着付出，而且是在前期付出。如果企业一直想要营利，那么又拿什么免费？又能付出什么？如果企业有一块营利市场，那么企业究竟肯划出多大的份额作为免费付出呢？相信以营利为最终目的的企业是不会做出真正的免费商业模式的。周鸿祎的意思非常明确，目前移动互联网市场中免费模式虽然众多，但是构建这一模式是为了企业发展，而不是最终营利。

在移动互联网时代，企业打造商业模式非常重要，但是选择商业模式的类型、构建商业模式的结构、确定未来发展的方向才是关键。免费商业模式并不罕见，但在这些常见的模式中获取更大的成功就非常难能可贵了。

（四）免费商业模式的未来之路

移动互联网时代到来后，一切都在飞快地变化，无论是用户需求，还是企业运营乃至市场局面都在不断地转变。在这种形势之下，企业自重正在减小，企业生产什么？企业拥有什么？企业具备什么样的服务都不再重要；重要的是用户能否注意到企业？企业与用户之间能否产生链接？

随着移动互联网的发展，在未来的 5G 时代中，什么样的免费模式才能受到用户青睐呢？传统的移动互联网模式又会发生哪些变化呢？免费模式是大道独行还是坐以待毙呢？这些问题的答案完全可以从对市场局面的分析中得出。

美国经济学家克里斯·安德森（Chris Anderson）在其著作《免费：商业的未来》一书中明确指出了移动互联网时代的商业特色以及免费模式未来发展的趋向。书中提到，移动互联网时代是一个无所不能的时代，所有商业模式都应该不断革新，而免费模式既可以确保企业固守现有市场，也可以帮助企业统摄未来局势。对于当前这样一个经济化的社会，免费的商业模式已经成为一种主流模式。

未来移动互联网市场的免费模式又会以什么样的形态发展呢？答案只有一个，就是数字化特色。

在移动互联网市场中，免费数字产品已经数不胜数，这种数字化免费模式已经成为一种经济趋势。数字产品不同于传统的市场商品，虽然其表现出的形式多样、格外精彩，但是它的成本却只有一个，那就是研发成本。

企业在数字化产品发展过程中只需要投入前期研发和后期维护的资金，就可以保证长久获利了。这也是为何移动互联网市场中免费模式将会走数字化道路的主要原因。就当前的形势而言，市场中大多高端企业都在走数字化道路，而且都拥有了自己的免费模式。以腾讯为例，腾讯是目前国内最大的免费模式使用企业，在腾讯的商业模式中就包含了各种免费模式。无论是信息获取还是持续获利，腾讯的免费模式一应俱全。而且腾讯是数字化发展方向最明确的企业。

腾讯自主研发的游戏《王者荣耀》是一款手机竞技游戏，吸引了大量用户。不同于《魔兽世界》等网络游戏，《王者荣耀》采用了免费游戏模式，同时销售不太影响游戏平衡的皮肤类道具，并且将这一模式用于大部分腾讯运营的其他产品。究其原因，大致在于两点：①腾讯的产品大部分属于数字产品，多一个用户给腾讯带来的额外成本基本可以忽略不计。②腾讯拥有大量的用户基础，并且用户黏性极大，这就给腾讯的产品推广带来了极大的便利，这一点也是早年腾讯游戏能够击败联众世界的重要原因。

这是未来免费模式数字发展的一种趋向。尽管研发或者代理一款数字产品可能需要不小的成本，但是腾讯公司具备了商业主体和良好的链接渠道；至于营利模式的选择，则根据产品特点和实际情况进行选择。

在未来的移动互联网市场中，这种数字化发展必将得到扩展。也许在不久的将来，电影院将不再出售门票，如果消费者不想错过某部电影的首映，那么就请花钱注册会员吧。这就是未来免费模式的发展形态。

我们分析了未来免费模式的主要趋向，还要分析构建这种商业模式的重点。无论是腾讯、阿里巴巴、百度，商业模式的发展都必定会遵循数字化方向，那么我们可以从这些商业前沿企业身上分析出未来免费模式发展的特点。

1. 数字化免费模式前期付出，后期收获

腾讯内部游戏产品开发组多采用竞争方式，众多游戏开发组同时研发多款不同产品。仅上文所说的《王者荣耀》的研发团队就多达 100 人，再加上其他产品的研发团队，可以推测腾讯每年在游戏研发上要投入不菲的费用。随着我国经济社会的进一步发展，消费者日益需要高质量的产品。巨大的前期投入（研发费用）也会成为其他行业的常态。巨大的研发投入从长远来看也会产生更优质的产品，这给企业迅速吸引消费者带来了极大的优势。而根据双边市场理论，用户数量能否达到阈值对免费模式能否获利有着决定性的影响。

这也表现出了市场免费模式的一大特点。在移动互联网市场中，企业免费模式的前期投入必然会增大，后期收入也会随之增长，这符合大数据时代的特点。所以，企业必须做好这方面的准备工作，深入思考如何利用现在的财富去包揽更多的未来市场。

2. 数字化免费模式需要借助“网络效应”

未来是移动互联网时代，那么未来的商业模式必然要结合一定的“网络效应”。无论哪个行业在未来都会线上运营，而且互联网经济将转化为主体经济，这就代表在移动互联网之上产生的“网络效应”将远远大于传统市场。

未来的网络效应并不单纯是指用户体验，还指移动互联网市场中产品价值与用户数量的增长程度。这其中包含了市场需求、用户体验和企业实力等多方面的因素。这里提到的借助“网络效应”是指学习和借鉴。企业也许无法及时产生良好的“网络效应”，但是可以借鉴他人的优点。

3. 数字化免费模式需要紧抓移动互联网市场的关注点

可以说，市场中任何一个移动互联网热点都是免费商业模式所需的元素，市场中已经表现出了这种态势，尤其是在信息搜索网站上可以看到，所有商业活动之中都有各种网络热点的噱头。这与媒体界的炒作很像，但是炒作需要爆自己的料，而免费的商业模式中吸引用户眼球的是爆他人的料。

以上三点就是未来免费商业模式发展的特点。在数字化的发展方向上，结合以上几种特点，就可以打造出适应未来市场的免费商业模式。“甲之砒霜，乙之蜜糖”，这就是移动互联网时代的一大特色。

第二节　数字化企业的技术自主创新

一、数字化企业的自主创新与自主研发

自主创新研究源自发展中国家或者新兴工业化国家对技术创新道路的选择。在“自主创新”的概念明确提出之前，相关的概念主要有“本土创新”和“发展自主知识产权”等。有学者认为，“自主创新”其实等同于“技术创新”或者“创新”的概念。近年来，我国特别强调“自主创新”，是针对以前过多模仿引进而缺少自主知识产权和核心技术而言的。对于自主创新的内涵，尽管近年来已经有多种论述，但是仍然众说纷纭，存在一些争论。

（一）狭义的自主创新

早期，自主创新的内涵多从狭义的角度出发，集中在微观层面，如将自主创新界定为：企业主要通过自身努力攻破技术难关，形成有价值的研发成果，在此基础上依靠自身能力推动创新的后续环节，完成技术成果商品化，获取商业利润的创新活动，其主要面向技术吸收与改进后的技术发展阶段，强调一种技术学习。后来，自主创新的含义演化为企业积累和提高技术能力的过程或行为，自主创新、模仿创新、合作创新共同成为技术创新的构成要素。

傅家骥（1998）指出，自主创新是企业通过自身的努力或联合攻关探索技术的突破，并在此基础上推动创新的后续环节完成技术的商品化、获得商业利润，以达到预期目标的一种创新活动。后来一些学者认为自主创新不一定是核心技术的突破，不一定是技术领先，也不一定完全依靠自己，只要能够有自主知识产权，并能提高竞争力即可。

（二）广义的自主创新

随着认识的深入，有学者认为，自主创新不一定是技术方面的创新和突破。例如，倪光南（2006）认为，自主创新是在自主掌控下，利用一切可利用的资源，形成体制、机制、产品以及技术上的竞争力，并形成持续创新能力。李国杰（2005）认为，自主创新也不是鼓励从头做起，集成创新和引进技术的消化、吸收、改进也是自主创新的组成部分。提倡“自主创新”主要是指应尽量争取避免完全受制于人，减少路径依赖。

综上所述，本书认为，自主创新是指在创新中不单纯依赖技术引进和模仿，而是在以创造市场价值为导向的创新中掌握自主权，并能掌握全部或部分核心技术和知识产权，以打造自主品牌、赢得持续竞争优势为目标。自主创新不一定是单纯技术（新产品、工艺等）层面的，管理、制度、战略、市场、文化乃至商业模式等非技术方面都是自主创新的有机组成部分。

（三）自主创新的内涵与构成

自主创新主要包括三个方面的含义：①加强原始创新，努力获得更多的科学发现和技术发明。②加强集成创新，使各种相关技术有机融合，形成具有市场竞争力的产品和产业。③在引进国外先进技术的基础上，积极促进消化吸收和再创新。

二、数字化企业的自主创新能力

（一）自主创新能力的构成

关于自主创新能力，需要明确几个关键性问题：

（1）关于自主创新主体的问题。在国家与区域等层面，自主创新的主体是我国公民或创新的相关法人组织机构，它们是自主创新的核心利益攸关者。

（2）关于如何开展自主创新的问题。这里包含两个维度：首先是开展自主创新活动的个人或组织主导推进创新活动，最终通过利益攸关主体的参与，将创意转换成为创新成果，实现创新价值输出与回报的过程；其次是自主创新的主体通过投资其他利益攸关主体，并在一定的法律和规范框架内实现创新商业化，并获取价值输出和回报。

（3）关于自主创新程度的问题。自主创新的程度反映在国家与地区创新主体实施创新活动时，对自身及国外创新资源和能力的依赖程度。自主创新并非完全依赖自身的实力实现创新成果的输出。在网络化和开放式创新的背景下，技术引进、全球产业链价值链分工与合作、全球资源整合、跨国合作与并购等使得自主创新对外部资源的依赖成为必然。

以我国为例，国家发展尚处于工业化的初步阶段，研发经费占国内生产总值的比重无法达到发达国家的水平，重大创新和原始创新等活动的核心技术依然掌握在发达国家手中，大量的技术创新尚处于引进、消化吸收和再创新阶段。通过引进、消化、再创新，整合我国市场规模和经济增长的基本趋势，我国政府与相关创新组织依靠自主创新实现了自身对发达国家的技术追赶和超越，逐步提升了国家的创新能力。

（二）自主创新能力的提升途径

自主创新能力是指企业依靠嵌入自主创新过程中的核心技术知识，研发（独立研发或合作研发）、使用核心技术的能力。

从企业创新主体和创新流程角度来看，自主创新能力包含两个个体层面和四个组织层面的关键要素：研发人员个体的自主创新能力，领导在面向创新活动涉及的研发、生产活动中的个人能力；企业对自主创新活动的投入强度，企业面向自主创新活动中各类资源的联结和协调程度，企业信息获取和识别能力，企业通过自主创新转换创新成果的能力等。

随着我国改革开放和经济结构转型的发展，创新型国家建设和全球竞争优势的提升对自主创新能力的提升提出了重要的要求，也为自主创新能力的培养提供了机会和挑战。

基于我国企业自主创新能力提升的可行性和潜在问题的分析，研究面向中国企业自主创新的议题，形成了自主创新的路径讨论，主要表现在：

（1）进行思维创新，克服思维惰性和能力刚性，形成企业自主创新能力提升的基础。自主创新包含原始创新、集成创新、引进消化再创新三个方面，鉴于中国企业技术与人才能力储备的弱势，我国企业早期主要依赖集成创新和引进消化再创新两种途径提升自身的创新能力。在能力、资金、知识、人才的积累条件下，我国企业应当在思维上破除能力刚性，逐步强化自身的原始创新能力，逐步转型实现自身在研发和品牌两端的可持续竞争优势提升。思维和理念的变革成为我国企业自主创新能力提升的前提条件。

（2）加强组织学习和技术学习，打造企业自主创新能力提升的内在基石。组织学习和技术学习是我国企业吸收消化国际先进技术，同时实现自身技术再创新、技术跃升、组织技术能力提升、吸收能力积累等的重要手段。技术学习和组织学习的方法涉及反向工程、反向创新、模仿与复制、知识管理、信息挖掘、技术研发等手段，这些方法最终引导企业在长期的发展中逐步积累、提升自身的自主创新能力。

（3）继续加大研发投入，提升自主创新能力。技术研发及研发能力是自主创新能力的核心。加大研发投入是提升自主创新能力的最直接方式。加大研发投入，加大研发投入经费在企业销售收入中的比重，应当成为企业打造自主创新能力的基本定律。

（4）有效整合外部资源，以开放式创新带动自主创新能力的提升。开放式创新已成为企业提升创新能力和竞争优势的重要范式，依赖外部资源的整合，我国企业可以通过跨国兼并收购、雇用高技术人员、强化区域与国际战略联盟的合作、产学研协同创新、参股或控股目标企业等方式，进一步整合全球化的互补性资源，实现公司自主创新能力的提升。

我国学者陈劲和王方瑞（2007）进一步整合自主创新的机会选择、自主创新的战略决策、创新的市场选择结果，建构了面向中国企业自主创新的“渐进变革机会—拓展主导型决策—范式强化”“突破变革机会—开发主导型决策—范式变革”两条主路径，以及“渐进变革机会—开发主导型决策—范式变革”和“突破变革机会—拓展主导型决策—范式强化”两条次路径，强调中国企业自主创新的路径选择需要综合考虑技术成熟度、行业创新结构、市场集中度、企业技术能力累积性、外部资源联系等因素，并实现这些因素与研发投入决策、技术分散度、创新组织形式的匹配，最终引导企业市场份额提升和创新能力的发展。

三、数字化企业的自主创新模式与政策

自主创新不仅仅是简单的技术创新和技术研发，更是创新资源、创新模式、创新动力、创新价值的复杂整合，并最终在国家与区域层面实现经济与技术的良性互动。因此，自主创新是一项复杂的系统工程。

（一）自主创新的模式

传统后发国家与地区（如韩国和日本）的自主创新主要依赖“引进—模仿—创新”三步走战略，实现了短时间内经济和科技实力的快速提升。对于发展中的中国，社会在市场规模、文化基础、人口水平、民生议题等方面的差异使得学者与实业界认为中国自主创新的模式不能完全照搬相关发达国家的经验，必须探索自有的自主创新模式。

柳卸林等学者（2008）认为，中国本土企业由于在核心技术能力、设计能力和研发资金等方面有所欠缺，在国际竞争中处于相对劣势，实现自主创新，需要充分利用国内外资源，并可利用自主开发、合作创新、跨国兼并三种自主创新模式完成从本土市场向国际市场的跨越。

自主开发模式是在创新风险可承担的条件下，使研发人员与工程师参与新思想、研究与开发、设计与制造等一系列创新活动和问题解决的过程，通过显性知识和隐性知识的互动提升研发人员和工程师的学习能力和知识水平，从而掌握核心技术原理。合作创新是整合内部和外部创新利益的相关主体，通过风险与收益分摊的方式实现创新成果的溢出和价值的获取。跨国兼并模式有利于中国企业快速整合全球资源，快速获取国际创新互补性资产，提升本土企业的自主创新能力和全球竞争优势。

宋河发、穆荣平等学者（2006）提出，我国企业自主创新应当遵循“确立自主创新目标—自主创新设计—存量技术扫描—创新—获得自主知识产权—必要的知识产权引进—自主实施”。该模式将核心技术和知识产权置于自主创新的关键位置，强调专有技术获取性、自主创新要素（原始创新、集成创新、消化吸收再创新）、创新模式（合作创新、独立创新）之间的匹配，并通过技术知识产权的获取最终实现自主创新能力的提升。

陈劲、柳卸林（2008）提出，我国企业自主创新模式的关键在于推动企业自主创新决策转型，从短期、应急盲目的自主创新决策变革为平衡、规划的自主创新决策；同时，面

向我国制造业企业，整合市场结构、行业特征和自主创新决策之间的关系。陈劲和王方瑞（2007）总结了四种中国企业自主创新模式，即以中兴通信为典型的高市场集中度的科技型自主创新模式，以海尔、宝钢、中集集团为典型的高市场集中度的制造型自主创新模式，以吉利汽车为典型的低市场集中度的制造型自主创新模式，以正大青春宝药业为典型的低市场集中度的科技型自主创新模式。

（二）自主创新的政策

我国提出，自主创新的本质是在国家工业化与信息化及经济结构与社会转型过程中，国家科技创新面向发达国家实施技术追赶的一种策略的解释。这要求企业、政府、大学与科研机构等利益攸关主体实施协同互动，通过自主创新的政策驱动，以及多利益攸关主体的资源整合，在自主创新模式的引导下，实现知识溢出和价值创新，更好地依赖科技、经济、社会的多元互动，提升国家创新能力和国际竞争力。

然而，我国科技创新的系统化建设起步相对较晚，国家尚处于社会主义发展的初级阶段，国家层面科技投入占国内生产总值的比重长期低于全球发达国家水平，企业技术创新能力、产业竞争力和国家创新制度环境等方面较芬兰、美国等主要创新型国家有很大差距。在此背景下，我国政府在国家创新体系和自主创新能力建设的过程中一直扮演着重要的角色，承担了创新规则制定者和创新活动推动者等重要角色。创新政策也成为我国实施自主创新战略，建设创新型国家，在真正意义上实现创新驱动发展的重要手段。

在政策层面，我国政府面向自主创新政策体系搭建和创新型国家建设制定和实施了一系列自主创新政策，主要可分为重构科技体制（1978 年—1985 年）、建立研发投入机制（1986 年—1998 年）、促进科技成果转化（1999 年—2005 年）和全面构建国家创新体系（2006 年至今）四个阶段。创新政策也实现了四个转变，包括从不协调的、零散的政策制定方式向协调的、具有系统性的政策制定方式转变；从单一化的政策执行主体向多元化的政策执行主体转变；从内部评估的政策评估方式向外部评估的政策评估方式转变；从失范的政策终结行为向规范化的政策终结行为转变。

尽管国家自主创新政策的演进和自主创新政策体系逐步完善，当前我国创新能力提升和国际竞争优势获取仍然面临创新环境不完善、创新产出投入比重较低、企业与产业创新能力较弱、创新人才能力较低等问题。结合当前我国经济机构转型和深化改革的大背景，我们从自主创新的企业层面和国家层面提出了我国自主创新发展的政策建议。

在企业层面，陈劲和王方瑞等（2007）结合拉丁美洲、东欧、亚洲等国家与地区的工业化技术追赶成功经验，尤其是韩国、日本、新加坡等地的自主创新和技术追赶战略实践经验，提出了四方面的企业自主创新政策建议：

（1）制定自主创新决策，设置自主创新短期、中期和长期的技术和市场发展目标，解决企业自主创新的结构性和方向性问题。

（2）制订自主创新能力发展规划，培育自主创新阶段转型的能力基础。

（3）积极培育自主品牌，解决自主知识产权的载体缺位问题，推动价值竞争。

（4）建立开放性的技术创新体系，解决自主创新的资源不足问题，以国家公共创新平台为基础，建立包括产学研、价值链、跨职能的技术创新体系。

在国家层面，以陈劲和柳卸林（2008）为代表的研究学者结合我国发展的现实问题、创新型国家建设的目标导向，以及政府政策在国家创新系统中的基本定位，提出了系统化的国家自主创新政策建议：

（1）加强国家及行业科技发展规划，解决企业自主创新的方向性信息失调问题。

（2）制定科学的产业支持政策，重点解决我国企业技术引进、技术合作、技术产业化的问题。

（3）制定公平、有效的市场竞争政策，以知识产权、公平竞争为核心，规范本土企业与外资企业间的公平性竞争问题。

（4）积极推动公共创新平台建设，以创新过程服务、创新成果服务为中心，整合全国创新资源服务于我国本土企业的自主创新。

（5）制定与实施国际科技创新中心战略。

（6）改变科技评价体系，提高科技创新的效率。

（7）普及创新创业教育，改善我国的创新创业环境。

第三节　数字化企业的跨界创新与开放式创新

一、开放式创新产生的背景

传统的创新观念认为，创新是企业的灵魂，只能由企业自己单独进行，从而保证技术保密和独享，进而在技术上保持领先地位。内部研发被认为是企业有价值的战略资产，是企业提升核心竞争力和维持竞争优势的关键，甚至是竞争对手进入市场的巨大阻碍。

技术和资金实力雄厚的大公司，如杜邦、IBM 和美国电话电报公司（AT&T）等，雇用了世界上最具创造性的科技人才，给予他们优厚的待遇和完备的研发设施，投入充分的研发经费，进行大量的基础和应用研究。科技人员产生许多突破性思想和研究成果，企业内部独立开发这些研究成果，通过设计制造形成新产品，通过企业的营销渠道进入市场使之商业化，从而获得巨额利润。然后，企业再投资于更多的内部研发，取得进一步的技术突破，形成创新的良性循环。

对于这种长期以来发挥着重要作用的模式，美国的切萨布鲁夫（Chesbrough）教授称其为封闭式创新，其主要观点是成功的创新需要强有力的控制。公司必须有自己的创意，然后进一步开发、研制新产品，将产品推向市场，自己分销，提供服务和技术支持。技术垄断可以造成很高的行业进入壁垒，从而形成垄断地位。如果想要使强手让位，竞争对手就必须拿出足够的资源来建立他们自己的实验室。

但随着环境的快速变化，上述情况在20世纪末期逐渐出现了转变。一方面，尽管有发展前途的创意在不断地涌现，但是行业内部研究的效率较低，行业领先者的创新能力在不断下降。另一方面，即使全球闻名的行业领导型企业，如美国电话电报公司、西门子等也发现研究与发展投资的回报率越来越低；技术成果转移困难，一些辉煌的研究成果不适合现有的业务，大部分技术被搁置起来；突破性成果极少，更多的是渐进性创新。

令人惊讶的是，一些被丢弃的项目，后来却在其他公司发展成了颇有影响力的新产品。例如，许多从施乐公司帕洛阿托（Palo Alto）研究中心溢出的技术后来变得很有价值，取得了巨大成功，却没能为其母公司带来利润。此外，原有的领先企业遇到了众多新兴企业的有力竞争。不可思议的是，这些新来者几乎不具有基础研究的能力，却具有很强的创新能力。它们善于利用不同的方式获得进入市场的新创意，在其他公司研究成果的基础上进行创新。

以思科与朗讯为例，尽管思科和朗讯在同一产业中直接竞争，但是它们的创新方式截然不同。朗讯公司在脱离美国电话电报公司后，继承了贝尔实验室的大部分资产，继续对实验室进行巨额投入，探索研究新材料、高精尖的组件和系统，同时还进行基础性研究，试图在未来创造出更多新产品和服务。思科作为当时的一家新型企业，缺乏类似贝尔实验室的深层内部研发能力，然而它在产品创新能力方面却与朗讯并驾齐驱，甚至在市场竞争中偶尔会打败朗讯。

思科并不采用内部研发的模式。无论公司需要什么技术，思科都从外部购买。思科在世界范围内寻找合适的新创企业，并参与或投资有前途的新创企业。利用这种模式，思科保有世界最优秀的产业研发机构的研发产出，而自己并不用做太多的内部研发工作。

在个人计算机硬件和软件商业中，IBM在计算方面的研究成果几乎未对英特尔和微软设防。同样，在短短的20年里，当诺基亚在其前10年的木质纸浆和胶靴的低端技术产业经验的基础上全力进入无线电话的尖端领域时，摩托罗拉、西门子和其他工业巨头只能是无奈地观望。

然而，封闭式创新模式受到了越来越多的挑战，多种因素共同瓦解了封闭式创新的基础。随着知识创造和扩散速度的加快、高级人才的广泛流动和风险资本的盛行，公司越来越难以控制其专有的创意和专业技能，迫使企业加快新产品开发和商业化的速度；否则研究人员可能会利用风险资本创业，自行开发他们的研究成果，并使之商业化，而不再像以前那样，在企业内部等待开发人员把他们的研究成果开发设计成新产品。如此一来，企业内部的知识和技术免费流动到企业外部，企业巨大的研发投入将不能产生任何价值，原有的良性循环被打破。

在知识经济条件下，以前盛行的使许多企业获得竞争优势的封闭式创新范式已不再合适，而前述新创企业所采用的完全不同于封闭式创新的模式越来越受到关注。

二、数字化企业开放式创新的概念及其特点

2003 年，切萨布鲁夫教授提出了开放式创新的概念。

开放式创新模式是指企业在技术创新过程中，利用内部和外部相互补充的创新资源实现创新，在创新链的各个阶段与多种合作伙伴多角度动态合作的一类创新模式，企业内部技术的商业化路径可以从内部进行，也可以通过外部途径实现。开放式创新模式把外部创意和外部市场化渠道的作用上升到与内部创意和内部市场化渠道同样重要的地位。在开放式创新范式下，企业边界是可渗透的。创新思想主要来源于企业内部的研发部门或其他部门，也可能来源于企业外部。企业内部的创新思想可能在研发的任何阶段通过知识流动、人员流动或专利权转让扩散到企业外部。有些不适合企业当前经营业务的研究项目可能会在新的市场中显示出巨大的价值，也可能通过外部途径使之商业化。企业不再锁住其知识财产，而是通过许可协议、短期合伙和其他安排，设法让其他企业利用这一技术，而自己从中获利。

实际上，国际上许多著名企业已经成功地实现开放式创新，取得了持续竞争优势。例如，宝洁公司通过“联发”（联系与开发）这一全新的创新模式，与世界各地的组织合作，向全球搜寻技术创新来源，实现 35% 的创新想法来自公司外部。从“非此地发明”的抵制态度转变成“骄傲地在别处发现”的充满热情的态度，使宝洁成功地推动了持续的创新，使老牌公司保持创新活力。世界领先的制药企业默克公司一直以来很重视内部研发投资，但该公司在 2000 年度报告中指出：“在全世界的生物医学研究中，默克只占了 1%。为了利用另外的 99%，我们必须积极地与大学、研究机构和世界各地的企业联系，以便把最好的技术和最有发展前途的新产品引入默克。”苹果公司和 IBM 的创新模式也由封闭向开放转化，从外部资源里找到最先进的技术，与内部技术有效整合，为用户提供有价值的解决方案。

开放式创新要求企业在开发和进行项目控制的过程中，同步观察市场和技术的瞬时变化，创新发展成为一种全局性、并行性甚至是灵机一动的有趣活动。

开放式创新是一种新兴创新模式，改变了研发即创新的错误观点，改变了内部研发的封闭模式，提升了用户、供应商、风险资本家、知识产权工作者的地位，充分利用外部丰富的创新资源，构建创新的生态体系，实现开放状态下的自主创新。技术创新的实现基于多个利益相关者的协同努力，这对我国企业的创新资源配置具有重要的影响意义。

切萨布鲁夫教授描述了开放式创新的基本特点：通过合作，让企业内部和外部的所有聪明人都为企业工作；外部研发可以创造巨大价值，企业应当分享；企业并非靠自己的研究才能获利；建立一个能利用一切研究成果的模式比仅仅把自己的产品推向市场更重要；如果企业能充分利用企业内部和外部所有好的创意，就一定会取得更大的成果；企业可以从别人使用企业的知识产权中获利，同时只要有利，企业也可以购买别人的知识产权。

开放式创新模式改变了“非此地发明”的思维，企业必须充分利用外界丰富的知识技术资源，从外部寻找技术弥补内部创新资源的不足，将内部技术与外部技术整合起来，以创造新产品和新服务。在开放式创新模式下，外部知识作为内部知识的补充发挥着与内部知识同等重要的作用。同时，开放式创新克服了“非此处销售”（not sold here）的偏见，企业可以通过外部途径使内部技术商业化，使研发回报最大化，提供了创造和获取价值的新途径。

封闭式创新和开放式创新的另一个重要差异是，企业如何甄别、保护它们的创意。在任何一个研发过程中，研究人员及其管理者都必须将坏建议和好建议分开，采纳后者使之商业化，同时抛弃前者。封闭式创新和开放式创新都善于清除“假肯定”，即初看起来有市场前景但实际无市场价值的创意；但开放式创新还能集中能力挽救“假否定”（false negative），即因不适合企业现有商业模式，初看起来无市场前景但实际有潜在市场价值的项目。但是，过多关注内部的企业易错过许多机会，因为有些技术成果适于在企业现有业务模式之外发展，或需要与外部技术结合来释放潜能。

三、数字化企业的合作创新

国内外的相关研究对合作创新内涵的界定有所不同。国际上主要采用研发合作这一概念，认为其本质是基于分工的一系列创新活动。在创新过程中某一阶段存在其他创新行为主体的参与，就可认为是合作创新。由于研发在创新过程中处于战略性重要地位，因而西方学术研究也主要集中在研发合作方面。我国企业在技术创新的各个阶段都存在合作的可能性、必要性，因此使用合作创新的概念更适合我国国情。

（一）企业间合作创新的类型

获取互补的技术资源是研发合作最主要的动机。当前，技术发展日益复杂，不同学科技术领域之间的交叉融合趋势日益明显，技术创新常常需要跨越多个科学技术领域才能完成，但很少有企业具有广博的知识。合作创新将使企业获得互补性的科学知识和技术，形成技术组合优势和协同效应。

拥有丰富技术资源的企业与企业应进行合作，共担研究开发成本和创新风险，以发挥创新资本的协同效应和研发规模效应，实现技术突破。这种情况在技术密集的行业领先企业之间出现得较多。例如，在普拉特·惠特尼集团公司（Pratt & Whitney）与劳斯莱斯（Rolls Royce）的2500飞机引擎合作开发项目中，普拉特·惠特尼集团公司在热处理技术方面具有优势，而劳斯莱斯公司在风扇和压缩机方面具有技术优势，两种技术的融合可以产生突破性技术创新。

合作创新具有多种形式，但它们各有其适用条件和优缺点，没有绝对意义上的最佳形式。例如，荷兰皇家飞利浦公司（Royal Philips）常采用合资方式，ABB集团（Asea Brown Boveri Ltd）常采用收购兼并方式，而我国企业多采用产学研合作形式。这是由于合作的成功取决于很多因素，主要包括市场结构新周期、技术轨道和技术范式、企业战略和文化等。公司必须根据自身特点和需要，在平等互利的原则基础上考虑兼顾各方面的因素，因时因地制宜，采用合适的形式，与合作伙伴在技术、产品、市场或能力上达到优势互补。

1. 合同

在运用合同的方式中，有几种被实践证明有效的方式，如麻省理工学院的艾瑞克·冯·希伯尔（Eric Von Hippel）教授发明的“领先用户法”。通过利用领先用户提供的新产品设想和原型设计，并将它纳入新品研发的一系列技术创新过程中，企业可以有效地提高新产品的开发速度和质量。美国3M公司等广泛应用此法，取得了良好的创新效果。还有日本的“供应者—用户”合作模式，它是指日本制造商与供应商签订长期合作协议，供应商在制造商的支持下供应技术创新的器件，对制造商的产品创新提供强有力的支持。

2. 技术许可证

技术许可证为企业运用他人的知识产权提供了机会，一般是企业根据产品的销售额提供一定比例的费用。购买技术许可证有以下好处：降低开发费用、减少技术和市场风险、加速产品开发、缩短产品进入市场的时间。当然，使用许可证不可避免地存在一些缺点，如受到许可证转让者的条款限制；可能造成操作上的失控，如价格、产量和质量，以及在搜寻、谈判和采用许可证上的交易费用支出。实际上，运用技术许可证的费用与效益之比取决于技术和市场的性质、企业的战略和能力。对200家化学、工程和制药企业的调查表明，使用技术许可证的主要优点不在于降低费用而在于提高了创新速度。

3. 联合研究（发展）

联合研究（发展）是指若干组织在一个具体项目上进行共同研究（发展）。其优点是，企业可以互相利用稀缺资源和技能完成竞争前的研究和标准的设定，而且在研究开发过程中共同分担风险和费用。它有集中和分散两种形式。前者是指合作者在同一个工作环境中进行研究；后者是指合作者分散在各自单位进行研究工作，定期进行交流。美国企业大多数采用集中式，欧洲一般采用分散式，而日本则两者兼而有之。我国的产学研合作一般采用分散式，但一些国家和政府组织的攻关项目大多采用集中式。欧洲四国联合研制的空中客车、美国的微电子和计算机技术公司（MCC）都是成功的集中式合作创新的实例。

4. 战略联盟

战略联盟是指两个以上的企业（组织）间采用结盟的形式在投资、科研、生产和开拓市场等方面进行密切合作，以应对快速变化的外部环境和其他竞争对手的一种长远战略。其典型形式是两个或两个以上的企业（组织）间采用合约的形式进行产品或技术的合作开发。上述的联合研究（开发）形式着重于基础性研究（上游），而战略联盟着重于接近市场（下游）的项目。但是，战略联盟不同于较为正规的合资，战略联盟一般有特定的目的和时间进度表，而且在组织上也不单独设立公司。自20世纪80年代以来，由于科技的迅猛发展，产品的技术化程度越来越高，复杂化程度也愈加突出，同时全球性资源短缺日益凸显，导致战略联盟由产品联盟转向知识联盟。前者目的在于降低投资费用和风险，而后者以技术输出和成果共享为特征，从战略上保持、更新或创建新的核心能力。例如，谷歌公司与特斯拉公司联合研发无人驾驶汽车，而无人驾驶汽车的使用必将对传统的汽车产业形成巨大的冲击，改变汽车产业的既有格局。

按联盟对象划分，合作联盟可分为两种：①与竞争者的联盟为水平联盟；②与顾客或供应商的联盟为垂直联盟。按合作的具体形式划分，合作联盟可分为三类：①松散的合作关系，包括网络组织、机会性联盟等。②（非股权的）契约关系，包括分包经营、许可证经营和特许权经营等。③（股权的）正式的所有关系，如联营、合资企业等。

5. 合资

合资有两种基本形式：①由两个不同的组织出资建立一个新的公司，根据出资额的大小进行控股经营。②运用契约的形式进行合作，这种方式比较简单。它们的主要区别在于：有无股权安排和是否形成法人实体。空中客车是成功合资的典范，它最早是由联邦德国的梅塞施密特公司和法国航空公司于 1969 年建立的合资公司，1970 年西班牙航空公司加入，1979 年英国航天公司加入。这一合作不仅诞生了具有国际水平的中程宽体客机，而且参与其中的梅塞施密特公司和西班牙航空公司利用这一合作机会大大发展了它们的核心技术能力。

6. 创新网络

创新网络是一种很常见的合作形式，本质上是一个虚拟组织，是一种从科技层结构向市场过渡的形式。创新网络由许多节点组成，这些节点代表了企业、业务单位、大学、政府、客户及其他组织。节点之间相互连接、相互作用。企业在网络中所处的地位具有战略重要性，反映了它在网络中的力量和影响。这一力量的源泉包括技术、专长、信誉、经济实力和合法性。节点之间的连接或相互作用的数量、强度和形式决定了这个网络是紧密的还是松散的。随着时间的推移，网络节点间的知识和社会联系逐步发展增强，从而增加了信任、降低了交易费用，进而驱使公司在网络成员中购买或出售技术。例如，瑞士的钟表业建立了小企业间的长期联系网络，从而在机械精密加工方面具有优势，但是这种联系反过来使它们对日本电子表业的反应变得迟钝。网络的依赖关系可以是技术的、知识的、社会的或后勤的。网络对其成员的作用是各不相同的，成员可根据需要对网络进行调整。一个网络不可能永远是最优的。随着条件的变化，往往要采用不同形式的网络提供不同的学习机会。

总而言之，合作创新的优势在于：①可弥补自身在进入新行业时的资源和能力不足。②可获得“相乘”效果和可持续性竞争优势。合作创新的问题在于：①合作各方的动机并不相同，追求的利益不完全一致，可能会产生冲突。②文化和观念不同，缺乏信任。③有可能培养出比自己强大的竞争对手。

（二）产学研合作

1. 产学研合作创新的主要特征

在知识经济时代，作为利润主体的企业在寻求自身的进一步发展的同时，不可避免地通过自身的开放以求得外界资源，在获得发展动力的同时尽可能降低风险。以学术研究为主要任务的大学和研究机构理所当然地成为企业获得知识资源的合作伙伴。从社会资本的视角来看，企业开展产学研合作的实质是将企业的社会资本内化为企业的智力资本。

我国对产学研合作的研究开始于20世纪90年代。产学研中的“产”指的是产业;“学”指的是学校，主要是大学或学院；“研”指的是研究机构或研究所。产学研合作创新是指企业与大学或科研机构利用各自的要素占有优势，分工协作，共同完成一项技术创新的行为。大学和企业为了实现共同利益，以技术转移合约为纽带，在共同投入、资源共享、优势互补、风险共担的条件下，将高技术成果转化为现实生产力。

企业与大学是完全不同的系统组织，行为特性和目标亦不相同，产学研合作创新过程中存在诸多特殊性。企业和大学拥有的创新资源具有很强的互补性或相互依赖性。大学投入的创新资源主要是专业人才、科研仪器设备、知识及其产权、技术信息、研究方法和经验；企业的创新投入主要是创新资金、生产试验设备和场所、需求信息、市场营销经验等。大学知识扩散的需要和企业技术创新知识源的需要，构成了合作创新的供需市场。在各类合作创新中，产学研合作最能体现要素的互补优势、规模优势和重组优势。

大学和科研机构注重科技知识的前沿性，与市场终端有很大的距离，不会向企业提供现成的新产品和新技术。大学提供的前沿科技知识主要适用于开发全新产品创新活动的早期阶段，具有高度的技术不确定性和市场不确定性。因此，产学研合作具有高度不确定性、合作双方信息具有高度不对称性、合作具有高交易成本性等特征。

2. 产学研合作的动机

产学研合作的动机主要来源于企业与大学之间的能力“异质性”、节省交易费用、独占知识技术等三个方面。通过产学研合作，企业能够获得专家的技术支持，了解技术发展趋势。大学为企业提供接近共性技术和新兴技术的窗口。企业把公共的科学技术知识作为快速获取新知识、增强工程师对科学发展理解力的一种重要的外部资源。大学不是企业在产品市场的直接竞争者，企业与大学的合作不存在对新技术产品的利益独占性的问题，所以产学研合作是企业获取前沿科技知识的有效途径。

3. 产学研合作的影响因素

许多研究表明，企业规模和企业研发强度对产学研合作存在正相关的关系，即大企业更有可能与大学和研究机构合作，企业内部研发投入能显著地促进产学研合作。罗思韦尔（Rothwell）对170家企业的调查结果显示，大中型企业与大学合作的比重为75%，明显高于与小型企业的合作（36.5%）。

也有学者持不同的意见。洛佩兹·马丁内斯（Lopez Martinez）等人对59位大学和企业的研究人员的调查结果表明，中小企业比大型企业更容易与大学发生合作创新关系。但产生矛盾的真正根源是企业的吸收能力。吸收能力是根本性的影响因素。大企业往往具有较强的技术能力积累，具有在创新活动中利用大学科技知识所需的吸收能力。

4. 产学研合作的主要类型

按照合作的紧密程度，产学研合作方式可分为 4 种类型，分别适用不同的合作阶段：技术转让型、委托研究型、联合开发型和共建实体型。产学研合作的历史和现实表明，这四种类型既反映了产学研各方合作关系的紧密程度（技术转让型→委托研究型→联合开发型→共建实体型），又体现了技术创新的实现程度（从合作初期以技术转让为主到后期谋求共建，实体全程介入，共同发展）。

因泽尔特（Inzelt）和安娜玛丽亚（Annamaria）将产学研的合作按照合作双方的嵌入程度进行了划分，列出了 16 种合作方式。第 1 种到第 5 种属于合作双方交流的范畴，第 6 种到第 16 种属于合作的范畴。其中，第 15 种通过合同实现的正式合作和第 16 种通过联合成立公司实现的正式合作是所有合作方式中最复杂、合作程度最高的。

四、数字化企业的跨组织创新

网络组织是基于信息技术，由专业化联合的资产、共享的过程控制和共同的集体目的等要素构成，通过活性结点的网络连接；也是能够获得某种长期竞争优势的有机组织系统。网络创新模式与前述几种创新模式相比有着本质上的区别，它是完全开放式的，没有一个明确的边界。这种创新模式的代表是软件领域的开放源代码软件或自由软件的开发模式，如 Linux 和 Java 软件平台的开发。

1991 年，芬兰赫尔辛基大学毕业生林纳斯 · 本纳第克特 · 托瓦兹（Linus Benedict Torvalds）将自己编写的第一套 Linux 程序发布到了互联网上，由此揭开了开放源代码软件的发展序幕。Linux 开放其技术标准，使得全球对 Linux 技术感兴趣的研发人员都可以在前人研究成果的基础上参与软件的开发、修改和创新过程，形成了一个全球 Linux 技术开发网络，在互联网上汇集了数百万人才的力量。这种方式有效地促进了 Linux 的发展，造就了足以与微软抗衡的软件巨人。

雷蒙德（Raymond）最早运用了“Bazaar”（集市）这一词语来描述开放源代码软件的组织特征。他认为，开放源代码软件组织是分散的、以民主方式发展的组织结构，更像是“一个巨大的、有各种不同议程和方法的乱哄哄的集市”。网络组织边界是相当松散的，没有高度的严格性，缺乏稳定性和可靠性，但具有很强的生命力。借助全球化的信息网络，整个企业组织可以利用不同地域的资源，在运作过程中随时可能根据需要组成新的团队或解散某些团队，也会与外部企业组成联盟。

目前，网络组织模式的应用主要还集中于软件开发领域，其商业模式还不十分明朗。但已有证据显示，这种模式已经对其他一些传统行业产生影响，如电影等娱乐业和报纸等媒体。

第四节　数字化创新能力培养

一、数字化创新能力的构成

创新能力是组织的技术和知识的总和，体现在组织的人力资源、技术系统（主要是硬件设备）、信息系统和组织管理体系中。

技术创新是组织专有技术知识的最重要来源，因此必须改进技术创新过程尤其是研发过程中的知识管理。

（一）技术能力的内涵

技术能力是企业创新的基础，企业获得骄人的创新业绩并创造财富需要强大的技术能力作为支撑。提高技术能力是一个具有长远性的战略举措，是一些长寿企业不断创新的源泉。

技术能力是附着在企业员工、技术设备系统、技术信息和组织管理等诸要素上，并体现为各要素所有内生知识存量的总和。它是一个描述企业内在技术潜能的概念，是企业提高产品质量、提高劳动生产率、降低产品成本和实现技术创新的技术基础，也是企业全面提高经济效益、增强竞争能力的基础。

在实际调研中发现，企业技术能力不足会造成一些显著的负面影响：一是技术引进（包括购买硬件、许可证和专利等）过程中不能很好地消化吸收。②技术合作（包括合资、合作研发等）中得不到合作方重视，吸引不了优秀的合作伙伴。③自主创新在较低水平上重复进行，技术创新能力缺乏基础和后劲儿，影响了企业的产品和工艺创新。这些影响最终使得企业难以形成技术核心能力，技术战略缺乏支撑，不能支持企业实现战略意图，影响企业的竞争优势。

（二）技术能力的分类

一般的技术能力可按发展的层次与难度分类。

1. 技术监测能力

技术监测的意义在于它既是企业的一项经常性的信息工作，又是企业在获取技术前重要的先行工作。即使是研究与开发力量很薄弱的小企业，也需要设置专人从事技术监测，获取企业进行战略研究所需的技术信息。

首先，企业的技术监测能力取决于监测人员的数量和能力，没有足够的人员就无法进行多方面、多渠道的跟踪和探寻。监测人员的能力反映在其教育背景和职业经历上。监测人员既要有关于企业核心技术和辅助技术等方面的专业技术基础，又要有广博的科学技术知识，同时还应十分清楚企业的战略目标和发展方向。

其次，外部信息和知识网络是必需的，包括外部联系和内部和外部界面两个方面内容。企业与顾客、供应商、政府部门、大学、研究部门、行业协会、竞争者等的外部联系对形成一个广泛且有效的信息和知识交流网络是非常重要的，同时还要形成内部和外部信息知识网络的交互界面，使外部知识能够顺畅地进入企业。企业拥有优秀的“技术桥梁人物”会有助于建立这种界面。

最后，先进的信息设备是建立技术监测能力和提高效率的重要物质条件。技术监测人员在进行信息搜索、分析和处理时，离不开先进信息工具的帮助，特别是在国际信息网络（包括互联网）日趋发达的条件下，企业必须在这方面进行投资，不断完善其信息基础设施。

2. 技术引进能力

技术引进是一个广泛使用的概念，是将外部技术知识经过选择、评价和谈判引入企业内部的能力。技术引进的具体途径有很多，如购买成套设备、购买专利、购买许可证、购买设计技术、委托研发等。总的来说，技术引进可分为两类：购买硬件（如成套设备）和购买软件（专利、许可证、设计技术、委托研发）等。

提高技术引进能力，取决于：首先要提升技术监测能力，了解技术的进展情况，防止盲目引进落后、过时的技术；其次要增强技术选择能力，通过对不同备选方案的分析、比较和技术经济评价，最终选择既适合企业条件又不拘泥于自身落后状态的先进适用技术；最后要加强技术谈判能力，即能够与技术供应商进行迅速、有效的谈判，从而获得所需的技术。

因此，从根本上说，技术引进必须拥有精干的技术经济分析人员、谈判人员和项目管理人员。除此之外，企业建立与技术供应商如大学、研究所、国外企业等的良好外部关系也非常重要。

另外，一个企业的技术引进工作无可避免地受其资金供应能力的限制。企业如果没有巨大的资金投入，就无法购买一些大型设备和先进技术。在有限的资金供应条件下，企业如何进行最有效的引进，取决于企业的技术评价和选择的能力。

3. 技术吸收能力

技术吸收能力是指企业识别新的外部知识的价值，进行吸收，并将这些知识应用于商业目的的能力。它能将引入的外部技术知识经过应用整合到企业内部知识体系中，转化为企业自身能熟练应用的知识。理论和实践表明，技术吸收能力首先受先前已有的相关知识基础的影响。这种相关知识基础不仅使企业有能力去识别新知识、新信息的价值（技术评价），也使企业有能力应用新知识并将新知识整合进入自身知识体系（技术吸收）中。

为了培植有效的技术吸收能力，特别是解决问题的能力，企业必须通过大量的实践去解决各种各样的实际问题，即组织的吸收能力不能停留在获得和消化新信息上，而是要对消息加以运用。因此，企业要保证知识与信息在各部门之间的流动，建立起信息流转系统，加强企业与外界的联系，加强部门间的信息联系和组织内的信息联系。由于存在部门间的隔阂和同外界的隔阂，因而技术桥梁人物非常重要，他们能打破组织界限，促使信息流动。

企业的吸收能力在很大程度上取决于这批技术桥梁人物。

提升组织吸收能力的另一个方面是完善跨功能吸收能力。企业的吸收能力是建立在企业各功能部门协调一致进行工作的基础上，需要企业的中央研究发展部门与各下属经营单位的研究发展部门协同工作，也需要研究发展部门同设计、制造、工艺、营销、财务、供应等各部门协调一致。这就需要做好界面管理，企业需要有从事界面管理的人员和协调机制。从事界面管理的人员需要具有技术、经济、管理等多方面的知识及丰富的实践经验。

增强组织吸收能力的第三个重要条件是研究和开发的投入，这是吸收能力得以形成和发展的基础。研究表明，凡是从事研究和开发活动多的企业，其吸收能力就强，就能更好地运用外部的信息。我国企业的经验也证明：生产制造经验丰富的企业能够更好地吸收国外先进的制造技术；重视职工培训和教育的企业，一般其吸收能力也较强。

从组织资本的角度来看，必须把个人吸收能力转化为组织吸收能力，这是因为一个组织的吸收能力取决于组织中的个体吸收能力。组织必须大力投资发展其成员的吸收能力。

4. 技术创新能力

技术创新能力是指企业（组织）产生新思想（新概念），并运用研究、开发、营销和工程化能力实现新思想，以促进支持创新战略的综合能力。从知识的角度来看，技术创新能力就是将企业内部和外部知识激活，进行整合、创造并实现其价值的能力。

研发设计能力是技术创新能力最重要的组成部分，发挥着实现知识激活、整合和创造的作用。营销能力和工程化能力也是实现技术知识价值所必不可少的能力。技术创新能力具有独创性、商品化和系统性三个特征。独创性是创新能力区别于仿制和模仿能力的主要标志，越是重大的技术创新，其独创性越明显。商品化是技术创新能力的重要特征，意味着企业必须赋予创新产品一定的市场价值，技术创新必须符合用户的需要。商品化能力主要体现在市场研究能力和营销能力上。系统性是技术创新能力的第三个主要特征。

技术创新能力是需要多种功能相互配合的能力，其核心部分包括研发设计能力、营销能力、工程化能力（包括设计、工艺、工装、生产等能力）；其支撑部分包括创新资金筹措和运用的能力、关键人才的吸纳和凝聚能力、企业家精神和战略管理能力、以界面管理为重点的组织和协调能力。

5. 技术核心能力

技术核心能力是指在长期创新过程中形成的独特的、更为系统的、令竞争者难以模仿的技术能力。

（三）核心能力

自 1990 年普拉哈拉德（Prahalad）和哈默尔（Hamel）在《哈佛商业评论》上发表划时代的《企业的核心能力》一文以来，能力理论的一个分支核心能力（Core Competence）理论，引起了理论界的重视并得到了快速发展。普拉哈拉德和哈默尔认为，核心能力是指市场上一个企业拥有的不同于其他企业的资源、技术的协调组合。

一个企业的核心能力被普遍认为是那些在战略上构成差异的东西。核心能力绝不仅仅是核心技术。核心能力是企业几个不同的主要专业知识能力的整合。核心能力通常包括不同方面的能力，如市场界面管理（广告宣传管理和分销管理）、基础工作建立和管理能力（信息系统、物流管理）、技术能力（应用科学、工艺设计）。多种能力的整合使得核心能力难以被模仿，如索尼在微型发展方向的核心能力就是多种技术（液晶技术、半导体技术）的综合，并被应用到多个市场（电视机、收音机、个人数字助理等）。

一个企业的核心能力也依赖于不同职能、不同业务部门之间的密切联系。普拉哈拉德和哈默尔将核心能力比作根，依托它会长出许多核心产品，如主要零部件。在核心产品的基础上产生了业务部门，它的最后成果就是企业的各种最终产品。

作为一种整合能力，企业核心能力分为内部整合和外部整合两个方面，而内部整合又可以分为企业经营整合和技术整合。核心能力存在于企业能力、技术创新能力、技术能力之中，正是三种能力的整合。核心能力贯穿环境、企业经营、技术三个层次，与企业能力、技术创新能力、技术能力都相关。

企业能力、技术创新能力、技术能力中的能力成分要想成为核心能力，至少要满足以下三个准则：①具备进入各种各样市场的潜力。②能为用户从最终产品感知到的价值做出重大贡献。③竞争对手难以模仿的能力。

在建立了企业的技能、产品数据库后，企业可以利用信息技术，使技能到核心能力的过程实现计算机化，使核心能力的管理实现可视化。这为企业信息网络的应用开辟了一个新途径。

（四）核心能力的鉴别标准与特征

鉴别核心能力的三个标准是：①能提供范围广泛的潜在市场。②能使消费者在使用最终产品时得益。③使竞争者难以模仿。

核心能力的三个核心特征是：①独特性，是企业所特有的，是“独一无二”的。②增值性，能使企业为消费者提供更多的价值，使消费者在使用过程中获益更多。③延伸性，可以使企业衍生出一系列的新产品或新服务。

除了以上三个核心特征外，核心能力还具有：①动态性：核心能力并非一成不变，随着时间推移、环境演变、市场需求以及相应的战略变化，核心能力必须予以重建和发展。②综合性：核心能力不是一种单一的能力，而是多种能力和技巧的综合。从知识角度来看，它不是一种学科知识的积累，而是多学科知识在长期交叉作用中积累起来的。③不可模仿性，是用来识别核心能力和非核心能力的一个重要判别标准，也是规划建立企业核心能力的一项重要原则。

（五）核心能力和战略的互动关系

首先，核心能力是战略管理的基石。其次，战略必须促进和培育核心能力，以此为依据增强企业在市场上的竞争力，使企业不仅具有当前的竞争力，而且拥有未来的竞争力。

最后，核心能力注重长期培养。例如，飞利浦花了15年以上的时间来完善其光媒（光盘）的核心能力，日本胜利公司（JVC）在建立其录像领导地位上同样花了10多年的努力。

二、提升创新能力的方法与途径

企业必须根据自身特点，采用经济适用的技术创新能力积累途径，途径一般来说分为内部途径和外部途径两类。

（一）技术能力积累的内部途径

技术能力积累的内部途径主要是指内部研发设计。其作用有：①以重大或渐进创新不断完善现有技术体系，提高技术能力。②以重大创新成为新技术体系的开创者，提高技术能力。③在创新中有时会产生技术“副产品”，并且不属于现有的产品和生产技术体系，可独立成一个新的领域。④对引进技术进行模仿或改进性的研究开发，促进引进技术的消化吸收。

研究发现，内部研发设计对技术能力提升具有不可替代的作用。技术知识具有环境依赖性，企业放弃研发设计活动，就意味着失去新知识产生的环境，将严重损坏企业的创新能力，内部研发设计还要提供潜能去保护现有能力并且发展新的能力。因此，通过技术创新尤其是内部研发设计来优化和扩展企业的技术知识存量，是提升企业技术能力的重要途径。

内部研发设计要求企业具有较多的资源和较强的能力，并且研发通常是一个较为漫长的过程。因此，内部研发设计适用于产品推向市场的时间点并不是特别重要的情况下。但是，内部研发设计具有易于控制和熟悉的优势，能够很好地控制时间和进行判断，具有先发优势，并能够将技术和管理诀窍留在企业内部。不同企业的情况不同。例如，先发企业大多数是从内部研发设计开始的，因为该类企业是某领域内的技术领先者，只能依靠自身资源和能力来发展。对于多数企业来说，内部研发设计一般担负着完善现有技术体系的任务。

内部研发设计能有效提高企业的研发能力。因此，许多落后企业为加深企业对先进技术原理的理解和积累自身研发能力，不惜投入大量的人力物力，对成功者的先进技术进行重复性开发。同样，企业对失败创新项目的评价也必须考虑其对技术能力提高的潜在效应。

从战略意义上来说，内部研发设计可以使获得的新能力融合于企业原有的能力体系中，短期内难以被模仿。因此，内部研发设计是企业最具有战略重要性的根本的能力积累途径。

许多学者研究发现，内部研发设计具有几个明显的缺陷：①成本通常高昂。②难以发展完全不同于现存能力基础的全新能力。企业在具有相当不确定性的情况下，投入的不可取消性会阻碍其对内部研发设计的投资。③内部研发设计会遭遇由于核心商业外部影响因素造成的困难。外部的和制度上的影响因素可能通过强制其在已接受的行动和轨道之内的行为，限制企业的投资路径。④内部研发设计会遭遇商业组织内部影响因素造成的困难；

组织惰性可能限制企业现有规程集合的扩张，抑制企业在超越企业局部搜索的领域中发展其技术能力。

（二）技术能力积累的外部途径

近年来，随着开放式创新理念的日益流行，技术能力积累的外部途径日益受到人们的关注。

三、知识学习与创新

（一）知识学习的方式

知识学习主要有“干中学”“用中学”“研究开发中学”“组织间学习”等方式。

1.“干中学”和“用中学”

“干中学”和“用中学”主要体现在生产过程中重复操作效率的提高，是操作知识的积累。它们是程序化学习的两个著名特例。这两种学习构成技术能力积累的基础。与世界先进技术企业相比，我国企业尚处于技术能力积累的初始阶段，企业的研发能力普遍较弱。在此阶段，“干中学”“用中学”是我国企业学习的主导模式，对技术能力的提高具有特别重要的意义。

2.“研究开发中学”

“研究开发中学”则是在研究开发的创造性过程中进行知识吸收的学习过程。对“研究开发中学”的过程模型的研究认为，研究开发可分为四个阶段：发散（Diverge）、吸收（Absorb）、收敛（Converge）、实施（Implement）。其中，在发散阶段产生创新思想，在吸收阶段和收敛阶段产生解决方案，在实施阶段执行解决方案。与此对应，“研究开发中学”可分为连续循环的四个阶段：具体的体验、沉思的观察、抽象的概念化、积极的实验。该模型在研究开发活动和学习过程之间搭起了理解的桥梁，正是在此基础上，可以认为研究开发是一个学习系统，进行循环往复的持续性学习。

研究开发不仅是一个知识整合和创造的过程（发散阶段），也是一个对整合和创造后的知识不断再学习的过程。而且，研究开发所产生的新知识有许多是企业特有的隐性知识，是竞争对手所难以模仿的。对于这些知识的吸收和学习不仅企业使技术能力获得量的积累，也得到质的提高。所以，“研究开发中学”属于能力学习层次，对企业技术能力的提高比“干中学”和“用中学”更为重要。

3.“组织间学习”

与前三种学习方式相比，“组织间学习”具有更多的战略性，一般是在战略性合作的过程中，组织对合作伙伴进行知识的吸收，从而提高自身技术能力。“组织间学习”涉及的知识不仅包括显性技术知识，还包括许多隐性技术知识，因此能有效提高企业的技术能力。尤其是在战略性合作中，合作双方的相互吸收过程就是一个“组织间学习”的过程。

“组织间学习”的有效性取决于两个组织在以下几方面的相似性：①知识基础。②组织结构和补偿政策。③主导逻辑（文化）。合作者在基础知识、低管理正规性、研究集中、研究共同体等方面的相似性有助于“组织间学习”的进行。

对于发展中国家而言，国外技术的引进被认为是改善自主技术能力、调整产业技术结构和发展经济的有效方式。因此，发展中国家的技术发展呈现出从技术引进和吸收，到技术改进，再到自主技术创新的发展道路。陈劲教授研究认为，在这三个阶段中的学习主导模式呈现从“干中学”，到“用中学”，再到“研究开发中学”的动态转换特征。

事实上，无论是在发达国家还是在发展中国家，许多企业在其技术能力从弱到强的发展过程中，都要从外部技术知识引进开始，经过消化吸收，再经过自主创新，使技术能力的发展提升。并且，从战略的角度来看，为获取竞争优势，企业技术能力发展过程的最终目标是拥有难以模仿、具有独特性和战略价值的技术核心能力。

（二）探索性学习与利用性学习

自从玛奇（March）于 1991 年提出探索性学习（Explorative Learning）和利用性学习（Exploitative Learning）的概念后，这两种现象很快就成为研究的热点。

探索性学习是指可以用探索、变化、承担风险、试验、尝试、应变、发现、创新等术语来描述的学习行为，其本质是对新选择方案的试验。而利用性学习是指可以用提炼、筛选、生产、效率、选择、实施、执行等术语来描述的学习行为，其本质是对现有能力、技术、范式的提高和拓展。这两种学习对组织都具有重要的意义。

探索性学习和利用性学习越来越成为技术创新、组织学习、组织设计、团队建设、战略联盟、能力开发、竞争优势构建和组织生存研究的主要分析对象。探索性学习有可能导致组织偏离其现有的技术基础而涉足全新的隐性知识；相反，利用性学习的不确定性比较小，因为组织已经积累了相关经验和知识。因此，探索性学习的回报在时间、空间上比利用性学习更为遥远而不确定。

探索性学习和利用性学习的特点使得组织倾向于选择对现有方案进行利用性学习，而放弃对未知世界的探索性学习。只进行利用性学习的组织会产生技术惰性，过去的成功会导致组织在时间和空间上的短视，从而妨碍组织学习新思想，最终导致僵化，陷入“次优的稳定平衡状态”。而只进行探索性学习的组织需要承担大量的实验成本，它们往往拥有大量未得到开发的新创意，却没有能力开发全部的创意；或者由于缺乏足够的经验，无法成功开发这些创意，因此也就没有能力从新知识中获得回报。

因此，在知识获取过程中，组织不应该实施单一的探索性学习或利用性学习。组织能力的动态发展依赖于挖掘利用现有技术和资源来确保效率得到提高，以及通过探索性创新来创造变异能力。探索性学习和利用性学习的平衡是系统生存和繁荣的关键。

组织所面临的一个基本问题就是必须既要进行充分的利用性学习，深化和提升现有技术，又要投入足够的资源进行探索性学习以确保未来发展。

第五章　数字经济时代对财务管理的影响

第一节　数字经济背景下财务管理的转型

新时代下金融经济的数字化管理模式适应社会经济的发展，企事业单位的财务管理发生着巨大的变化。财务管理是在有整体目标的情况下，对企事业单位的投资（资产购置，目的在于升值、获利）、筹资（筹集资金，即资本的融通）、营运资金（主要指能够灵活运用的现金流量）、利润（投资等经济行为产生的回报）等进行管理分配的工作。当前社会已经进入数字经济时代，企事业单位的财务管理工作模式需要与时俱进。财务管理工作与计算机相结合，在计算机的准确运行中，能够有效地对企事业单位财务进行高质量管理。企事业单位财务管理的转型过程是对财务管理人员的一种挑战，同时也是企事业单位发展的重大机遇。企事业单位财务管理人员应不断加强学习，了解业务的新模式；高层人员必须通盘考量，顺利完成企事业财务管理的转型。

一、企事业单位财务管理转型中需要考虑数字经济发展趋势

数字经济有几个典型的发展趋势，对企事业单位而言，如果对这些趋势缺乏重视，则企业体量再大，也可能在短时间内“房倒屋塌”。

趋势一，随着消费者需求的不断变化、竞争对手层出不穷，很多产品以及配套服务的更新周期肉眼可见地缩短。因此，企事业单位必须在最短时间内对市场未来一段时间的整体发展走向进行预估，从而以最快的速度制定发展战略。例如，在2010年前后，由于对智能手机的发展前景做出了错误的预估，诺基亚全球第一大手机生产商的地位在极短时间内便被苹果和三星所取代。自此之后，诺基亚再不复昔日的荣光。在制定发展战略的同时，企业的相关财务信息需要在一定程度上向市场披露。例如，腾讯公司已经成为我国乃至世界的互联网巨头。在初期的“扩张阶段”，腾讯大肆收购很多中小规模的互联网企业，将诸多网络游戏、应用服务专利收归自己旗下，进而开发出相似的产品。面对此种情况，不乏知名人士预言“这种模式维持不了多长时间”，但真实的财报数据是不能骗人的。多年来，腾讯每个季度的营收情况、同比增收幅度等均面向社会披露。在经济总产值持续上涨的情况下，社会各界的投资者普遍对腾讯抱有信心，故腾讯的股价水涨船高。在几乎无须考虑

资金来源（投资者众多）的前提下，腾讯的商业版图已经扩展到多个领域。

趋势二，跨企业、跨领域之间的合作已经成为主流选择。得益于信息技术的发展，社会各界合作、沟通的信息成本已经大幅度降低，广泛、低成本的合作已经成为现实。在新的经营项目出现之后，企事业单位的财报数据同样应该有所调整，目的在于使社会公众产生诸如“这家企业的现代化、数字化建设程度较高且眼光长远，发展前景良好”的印象，最终在多个方面予以支持。例如，华为公司多年来坚持不上市，且其财报数据显示，每年应用于科研（研发完全由中国人掌握自主知识产权的高新科技）的资金占其全年总收入的10% 以上。这一结果令为数众多的消费者在同等价位的产品中选择了华为的产品。

综上所述，在数字经济时代，企业的眼光应该放长远，财务管理工作转型应该紧跟企业的发展，使财务工作具有“外向性”，帮助企业做大做强。

二、在数字经济背景下，企事业单位财务管理转型的路径

（一）全面提升对“财务数字化管理”的认知程度，明确转型目标，避免盲从

在数字经济背景下，企事业单位在进行财务管理工作转型之前，其高层管理人员应该全面提高对“财务数字化管理”的认知水平，必须十分明确转型之后应该在哪些方面有所提升。换言之，财务管理模式数字化转型的过程建立在“单位初期的准备工作已经全部就绪，当前先进的（数字化）业务开展模式与落后财务管理制度之间已经不再契合，必须完成财务管理模式的数字化升级”的基础上。如果这个前提不成立，那么企事业单位就不应转型，更不能“看到别的单位正在进行财务工作模式转型，我们也跟着转型”。盲从的后果只能是“一地鸡毛”，对单位的后续发展毫无益处。因此，企事业单位的高层管理者需要对数字经济时代的特性以及当前时代财务数字化管理的模式进行深入学习，对转型期间、转型后相关工作应该呈现出的面貌进行系统性的规划。具体而言，财务管理工作服务于企业的整体利益，即企业在进行数字化建设时，财务管理工作同样应该探索数据标准化、系统同构化、流程自动化、服务智能化的相关建设。其中，数据标准化需要结合云计算的相关要求，使企业多个部门、多个子系统的财务数据与总系统中的数据一一对应。此外，云端存储技术已经得到了广泛应用，各大企业都可以从互联网服务商处订购该项服务。在“云端”中，企业多个子系统上传的财报数据、企业发展相关信息均应成为标准化数据。且在综合考量企业发展情况的过程中，数据标准化的实现程度需要放在十分重要的位置。总体而言，企事业单位财务管理数字化转型的特征如下：第一，多个子系统之间的数据（特别是财报数据）应该在云端形成有效衔接，进而帮助系统更加集中，保证数据信息实时互通。第二，“业财一体化”是现代企事业单位数字化发展的必备体系，需要单位内部设有财务共享服务中心，取代传统的基于ERP模式的会计核算系统，进而在数据采集、展示、加工等方面完成全面升级。如此一来，企业财务管理方面的成本投入会降低、财报数据以及

资金的应用都会得到“追踪”，可有效提高工作效率。总之，企事业单位的财务管理工作转型并不是随随便便就能够成功的，需要全面考量、系统性地规划后，方可逐步“挺进”。

（二）围绕财务数字化管理转型期间可能出现的风险制订应对方案

1. 在转型期间，财务人员方面可能出现的风险

企事业单位财务数字化管理转型期间，面临的首要风险源于财务管理人员方面。数字经济时代的一个大趋势在于，跨企业、跨领域的多元合作会成为各大企业的必然选择。实际上，“跨领域”或者说“多领域融合”几乎无处不在。以财务工作为例，在传统的财务工作中，财会人员只需掌握少量的计算机操作知识（甚至仅仅是Office办公软件的操作方法），能够简单制作财务报表即可。但在数字经济时代，财务人员除了财会专业知识之外，还需掌握智能财会管理软件的基础操作和运维知识，能够在线上对企业总部、各个子公司的财报数据进行整合，且保证各数据互相之间严丝合缝。面对骤然增加的工作压力，财务人员可能出现诸多“不适应”。如果企业管理人员没有提前制定应对机制，未能帮助财务人员度过“转型期”，则企业财务管理工作的转型便有可能“中道崩殂”。

2. 财务管理工作流程转变导致的风险

企业财务管理工作转型应该具备全面性和系统性，如果在工作流程方面依然保持原貌，那实际上便是一种“换汤不换药”的行为，所谓的数字化转型只能停留在表面，没有任何实际意义。但如果要“伤筋动骨”，甚至是“大刀阔斧”般地改革，则必然伴随“阵痛”。例如，财务管理工作流程从用传统的纸质报表上传数据，改为经由智能管理系统实时向云端上传数据，如果因相关培训不到位而引发混乱，则在一段时期内，企业的财务管理工作极有可能陷入停滞状态，进而造成不小的损失。总之，企业必须做好面对财务管理工作流程转变带来的风险。

3. 知识层面及配套资金使用层面面临的风险

大数据、物联网、云技术、人工智能都是数字经济时代的重要技术，也许一夜之间，市场中便会出现新的产品。例如，智能手机全面取代传统手机并没有经过太长的时间。对于企事业的财务人员来说，可能一觉醒来，财务管理工作流程、使用的智能管理软件便又会更新换代。因此，现代企事业单位在转型的过程中，所有人员的知识储备量必须逐渐递增。为达到这个目的，定期的培训是必不可少的，而知识本身的传递以及配套设施的购置均价值不菲。基于此，企事业单位必须做好相关成本支出的预算编制工作，避免因资金不足导致数字化转型停滞。

4. 转型过程中，企业各级管理者决心方面的波动风险

管理者之所以成为团队的领航者，原因在于其具备普通员工不具备的远见卓识和决策魄力。特别是在关键的节点，管理者必须坚定自己的信念，必须抱定“我们一定会成功”的念头。但企业财务管理工作毕竟是重中之重，而数字化转型过程以及相关结果没有过多的参考方案（其他企业的成功案例不见得适用），一旦转型过程遭遇困难，管理者不可轻

易动摇决心。而为了尽量掌控转型的过程，企业各级管理者需要充分收集案例，对转型过程中出现的诸多困难进行深入了解，以便企业顺利地完成转型。

三、企事业单位财务在数字化管理转型过程中应该遵循的原则

（一）统一规划、分步实施

财务管理数字化转型过程的耗时存在“薛定谔性”，可能耗时甚久也没有效果，也可能经过短暂的调整便全面建成。其中的关键因素在于是否遵循“统一规划、分步实施”的原则。所谓“统一”指：①财务管理模式朝着数字化转型并不是单独进行的，而是需要与企业一道，共同转型。②财务管理数字化转型的目的是为了更好地服务企业正常经营业务的开展，使业务经营流程有配套的数字化、智能化财务支撑服务。

在明确上述要素之后，企业财务管理转型的方向及框架便搭建完成，之后需要逐步实施。首先，组织财务管理人员进行数字化作业培训，至少应该掌握智能财务管理软件、总系统—子系统的数据上报、汇总机制，并注意权限赋予之类的问题。其次，企业的部分财报数据需要定期面向社会披露，但这些数据不能涉及商业机密。因此，有关人员的操作权限、访问权限的设定均需十分精确，不可混淆。

（二）精简业务流程，优化管理

在业务开展方面，与财务管理有关的内容是，可通过引入全面预算管理体系等方式，重新界定业务开展期间的资金使用流程。例如，在一个项目通过审批之后，从放款开始到项目开展期间每一个环节的资金消耗情况，均需由专门的财务人员进行追踪。每消耗一笔资金，在智能管理系统中便需清晰记录。如此一来，传统财务管理工作中“模糊不清”的问题便可从根本上加以杜绝，企业的财务管理水平必定会提升。

（三）转变财务职能

为满足数字经济时代财务管理提出的各项要求，现阶段企业组织结构分别由线上和线下两种形态构成。从企事业单位财务管理角度分析，组织结构形态变化可帮助企业管理层更加全面地掌握企业实际生产经营情况，因此对企业实体经营和线上平台交易管理工作提出更高的要求。财务管理范围不仅涉及整个产业链，对其中的风险科学防控也要给予高度重视，因此，企事业单位的财务数字化管理转型需要遵循财务职能迎合时代转变的原则，为企事业单位加强内部财务管理和风险有效防控提供基础保障。与此同时，财务部门需要加强针对交易平台上资金流动情况的实时监控，特别是各种风险隐患，做好突发风险预案，将风险隐患诱发所产生的负面影响降到最低，避免造成严重的经济损失。

（四）财务手段信息化

企事业单位的发展必然产生大量财务数据，在一定程度上降低了财务信息收集与整合效率，无法体现交易数据利用的时效性。因此，企事业单位在财务数字化管理转型过程中，应遵循财务手段信息化原则，在财务工作中合理运用现代化信息技术，以加强价值管理为

重心，实现科学化、精细化财务管理，既能加快财务数据处理速度，也能及时反馈各种财务信息，为企事业单位决策提供参考依据，有效规避决策失误的风险。另外，财务手段信息化发展不仅能够缓解财务人员的工作压力，还能为会计核算工作提供便利，进一步凸显财务预测的实际作用和价值，提升财务管理工作效率和质量，全面管控财务数据，充分利用财务数据，分析企事业单位不同阶段的经营情况，为制定战略规划方案提供有价值的参考依据。

在数字经济时代，企事业单位财务管理工作全面转型是必然趋势，无论是主动转型还是被迫转型，终归要完成“财务透明化管理”的建设。此种情况之所以具有普遍性，原因在于数字经济时代的特性——在大数据分析技术之下，除了极少数机密之外，与大众息息相关的信息不公开、不透明的行为（如企业一个周期内的资金使用情况、收益情况等）都不会受到社会大众的支持。如果企业继续“头铁”，则必定会严重影响自身利益。因此，企事业单位必须顺应时代大势，提前做好全面准备，“体面”地完成财务管理工作的转型。

第二节　数字经济背景下企业财务管理模式创新

随着社会的不断发展，科学技术不断创新和发展，改变了人们的生活习惯和生活方式，给传统企业带来了挑战和机遇。一方面，信息化技术的不断发展使得企业的生产向着智能化、规范化发展，企业的财务管理也需要做出适当调整，以顺应时代的发展。另一方面，信息化技术的引入使得企业的工作和生产效率得到提高，而且打破了传统的销售模式，使得企业在经营方面更加便捷和开放；同时，信息技术的不断发展给企业财务管理的创新和发展带来了机遇和挑战。

一、数字经济对企业财务管理模式的影响

数字经济通过大数据的使用使资源得到合理分配，实现经济高质量发展，主要由数字化知识与信息两大基本要素组成，是信息技术发展的必然产物。数字经济的运用有利于企业提高生产效率。数据经济对于经济发展起着至关重要的作用，其中，数据是最为重要的一环。数据是企业的隐性资产，体现着企业的发展水平。信息技术的不断发展需要企业不断优化基础设施，使劳动者和消费者增强满足感。企业财务管理是企业的重要部门，是企业经营的必备活动。在数字经济时代，企业需与时俱进，调整企业管理模式，顺应时代的发展不断创新、积极进取。

（1）企业财务管理除了关注传统实体经济外，还应该提升对互联网经济环境的关注程度。企业财务管理在数字经济中，应正确对待数字资源；在财务管理活动中，不仅要对数字资源的获取、消耗和产出价值进行核算，还要加强对整个供应链实施过程的管理，从而提升其价值。互联网技术的发展催生了数字金融，为企业融资和投资拓展了新的平台。例

如，互联网支付、互联网银行、互联网贷款等数字金融平台，为企业资金结算搭建了一个高效、快速的网络平台，并且涌现出一大批互联网数字和数据生产服务企业。相较于传统企业，新型企业的组织形式发生了质的改变，企业结构灵活，生产经营和服务的中间环境建设扁平化趋势明显，这就需要企业顺应数字化经济发展，进行财务管理的变革。

（2）数字经济的背景使得企业的经营主体发生了改变，不再以实体组织为主，改为使用数字化管理，更加方便、快捷。数字经济下的财务管理主体不仅包括实体组织，同时增加了虚拟组织、线上与线下结合、平台化、生态化组织等模式。其中，虚拟组织与传统企业有着很大的区别。该类企业具有流动性、灵活性的特点，在运行过程中通过互联网、物联网和大数据平台等使各个企业或者企业联盟形成一个供应链体系。一些以数据生产、供应服务的企业不会从事实体物质产品的生产经营，仅依靠数字信息和知识技术创造价值。财务管理主体多元化发展使得财务管理模式也发生了转变。

（3）在数字经济下，财务管理的对象不仅包括传统的资金、物流，还包括信息流。在企业经营活动中，资金、物流和信息流三者要同时工作，企业经营者可以通过网络对财务部门的信息情况进行查看，便于企业管理。

（4）数字经济背景下财务管理更加信息化、网络化。企业的财务管理工作不只是利用计量和内部管理的方式进行核算，更注重和强调财务分析和决策。在传统财务管理模式下，主要由财会人员进行财务数据和报表信息整理，存在一定的人为因素，会导致财务分析和财务决策出现偏差。而且，个别企业甚至会出现造假的现象。在数字经济下，财务管理信息化、网络化，可以有效避免虚假业务，给财务管理工作带来便利。

二、现阶段数字经济背景下企业财务管理中存在的问题

（一）财务管理理念落后

在数字经济时代下，企业财务管理工作不能继续坚持传统的财务管理理念，需要发展变革。现阶段的财务管理工作正在向着多元化发展，不再是传统的单一核算职能，要确保在数据精准的前提下，对数据做出科学的分析，利用数据为企业提出合理的建议和理论依据，从而引导决策者做出正确、科学的决策，使企业得到较快的发展。现如今，仍有部分企业采用传统的财务管理方式，不能将资源合理分配，不利于企业的可持续发展，容易出现许多问题，从而制约企业的健康发展。

（二）财务管理人员的素质和水平仍有待提高

在数字经济发展的新时代，财务管理是企业发展的重要活动，企业对财务管理人员提出更高要求，要求财务管理人员不仅要掌握基本的技能、拥有强有力的专业基础，还要了解信息技术，并掌握基本的信息技术的应用。信息技术的应用有利于提高财务管理人员的工作效率。大数据技术可以为企业决策做出科学的数据分析，使得企业发展不再受到制约。

（三）信息孤岛

部分企业对于财务管理信息仍有所保留，不能很好地做到信息共享。一些企业只是做好表面工作，在信息交换方面仍存在一些问题，导致信息链接断裂，使得孤岛型现象出现。这一现象的出现原因为：①企业没有做到信息公开、透明。②企业不能恰到好处地与其他系统融化，缺乏自身的特色，辨识度低，不能很好地体现企业的文化特色，无法及时、有效地更新企业财务管理信息。

三、信息技术发展条件下财务管理的有效措施

（一）运用大数据进行企业财务管理

信息化技术的不断发展对于企业是双刃剑——机遇与挑战并存，企业要抓住机遇寻求发展。数字经济是信息化发展的必然产物，企业要想得到长足的发展，就要顺应时代的发展，依据企业的实际情况对企业财务管理做出调整，虚心学习数字经济，学习信息化技术，将网络资源的作用发挥到最大化。在信息化技术飞速发展的时代，企业要寻找自身的发展特点，找到自身的特色，有针对性地进行改革，将企业特色发挥到极致，给消费者留下深刻的印象。传统的财务管理模式存在弊端，需要消耗大量人力、物力，容易造成资源浪费，并且工作效率较低。数字经济减少了人力、物力的消耗，将资源合理地分配，使得企业的生产力水平得到提高。企业充分利用网络资源，将财务管理数字化，能够提高工作效率和精确度，节省人力、物力。企业要制定严格的规章制度，深入贯彻落实各项工作，从而带动企业高速发展。

（二）基于智能化的企业智慧财务管理

信息化技术的发展推动了智能技术的发展，使得企业数字化加快，推动了企业的发展进程加快。技术是企业的核心资源，是一个企业发展的不竭动力。企业将数字技术应用于新技术的开发，有利于节约资源，提高研究效率。同时，企业要改善管理模式，充分利用大数据技术，将大数据技术发挥到极致，对数据进行精确的处理，给出合情合理的分析，做出报告总结，帮助企业合理定位自身的发展。企业依据自身实践，调整管理模式，一方面应对企业内部的开销进行管理，节约成本；另一方面，有助于企业内部管理模块升级，实现财务数据共享，促进企业间的相互帮助，使得企业的工作效率提高，同时工作质量也有所保障。

（三）企业数据一体化财务管理模式

数字化技术的发展促使各企业都在寻找时机加快企业自身的数字化进程。财务管理是企业的重要环节，是连接企业各部门的枢纽，将企业各组成部分紧紧地联系在一起。企业应在各环节间进行智能协调，促进企业与其他企业间的联系，为财务管理的智能化奠定基础。企业财务管理数据化能够有效地满足虚拟经济的发展需要。线上获取数据更加便捷，

企业财务管理部门应通过物联网获取数据，将数据进行整理、分类，做出科学的计算，给出严谨的报告。数据是企业发展的重要影响因素，也是企业的核心竞争力，因此企业要不断学习，加大投资力度，优化企业管理模式，提高管理人员素质，最终使企业得到发展。

（四）创新企业财务管理模式的优化策略

新时代是科技不断发展的时代，是信息化时代也是数字化时代，为顺应时代的发展，企业需要改进财务管理模式，不断加强网络基础设施建设，只有完善的网络系统才能够支持数字化、智慧化财务管理工作。部分网络基础设施水平较差的企业，首先，应加大对软件和硬件基础设施的投入，初步实现财务数字化系统建设；然后，结合企业特色开发个性化企业财务管理系统；最后，建立全新的财务管理模式，在大数据、云计算等技术基础上，确保企业财务管理模式符合时代的发展要求。另外，在数字经济背景下，企业要消除贸易本土化壁垒。一方面，在数字经济时代，市场的开放程度越来越高，数据信息流动性强，企业应做好公共信息安全，确保个人隐私安全；另一方面，“无规矩不成方圆”，制度是企业发展所必需的，企业要制定完善的财务管理规章制度，改变传统的财务管理模式，利用财务管理系统为消费者提供舒适的服务，增强消费者的体验感和满足感，使企业得到长足发展。企业要始终确保网络信息的安全性。数字化技术、云计算技术的应用虽然能够大幅提升企业财务管理效率，提升财务管理成效，但是，一旦企业系统出现安全漏洞，将会导致企业重要信息泄露，导致企业损失惨重。因此，企业要重视信息安全，确保企业财务管理信息化数据安全。此外，政府应给予一定的支撑，无论是政策上还是资金上，引导企业科技创新；结合本地区的金融机构和信息技术机构给予企业资金和技术的支持，加快企业数字化转型。

企业的健康发展要顺应市场需求和社会发展，这就需要企业内部加强人才队伍建设，建立完善的培训机制，提升财务人员财务专业知识和信息化技术水平；同时，不断优化内部财务管理体制，结合数字化时代特色制定个性化财务管理体系，将大数据、云计算技术服务平台融入企业日常运营活动中，加强企业对信息流的管控。企业要加强网络安全管理，促进企业信息内部透明化、共享化，消除企业安全漏洞，降低企业经营风险。企业要贯彻和落实财务管理系统智能化、数字化建设，为企业的可持续发展打下坚实的基础。

第三节　数字经济时代商科应用型财会人才培养体系

一、数字经济对财会人员的新要求

数字经济是直接或间接利用数据来引导、实现资源的财会优化配置与再生，实现经济高质量发展的经济形态，其本质是信息化和数字化，即利用大数据、云计算、物联网、区块链、人工智能、5G 通信等新兴技术，服务于企业生产经营和运营管理的方方面面，包括制造、研发、金融、商事、财税、人力、法务、办公等，快速、规模化地支持和实现不同规模企业整体转型升级，帮助企业提升管理水平，降本增效。英国安永会计师事务所（Ernst & Young）对全球 750 家跨国公司总裁的调查显示，数据经济对财务财会职能在多个方面产生了颠覆效果。其中，58% 的受访者表示，他们需要加深对数字化、智能技术和复杂的数据分析技术的了解，数据交付和高级分析技术将是未来财务职能部门最需要的关键能力；57% 的财务主管认为，风险管理将成为未来的一项关键能力，也将越来越多地对支撑财务目标的相关决策的道德性负责。结合高校财会专业人才培养实际情况，数字经济环境下的传统财会人员要在知识、能力和素养方面满足诸多新要求。

（一）知识能力结构发生重大变化

传统财会人员严格遵照企业财会准则，通过相对准确合理的确认、计量、记录和报告工作，披露对相关利益者决策有用的高质量财务信息，同时履行责任受托义务。然而，与传统财会环境相比，数字经济环境下不断涌现的新业态和层出不穷的业务场景，使得财会人员面临高度复杂的业务处理环境，增大了财会决策的不确定性。财会人员不仅需要精通财管、财会、审计、税务、金融等专业知识，而且要熟悉财经法规、公司治理、经营管理、企业并购、内部控制，并且知晓信息技术以及本企业业务特点、生产工艺等方面的内容，从而逐步向复合型财务人才发展。

（二）信息技术成为重要和关键技能

数字经济要求财会人员不仅要学习和掌握新技术概念和内涵，而且要深刻理解新技术给企业运营和财会工作带来的巨大影响。财会人员要对流行的新型财务技术，如机器人流程自动化（RPA）、敏捷业务财务（ABF）、区块链（Block Chain）、高级分析技术（Advanced Analysis）、机器学习（machine learning）和人工智能（AI）等技术始终保持敏感性，能够熟练地使用先进信息技术解决工作中面临的现实财务难题，以大数据为中心熟练进行收集、存储、处理、分析和可视化呈现，从海量数据中快速并准确地挖掘数据内部的特征和规律，获得数据驱动的业务洞察力。

（三）重视团队合作与沟通能力

传统财会工作环境下，岗位责任分工明确，部门之间或部门内部的协同较弱。而在数字经济环境下，共享数据是最重要的生产资料，要求财务和非财务信息必须按照适当的方式，以适当的手段在适当的时间和地点被适当的人方便地获取。为了达成这种组织目标，除了企业结构设计以外，财会人员需要良好的团队协作精神。企业通过项目团队组织方式代替了传统职能型组织结构，通过创造跨组织和跨部门的数据流动，融合企业内部和外部人力资源协同完成企业目标。因此，数字经济下的财会专业必须研究如何将团队协作融合到人才培养过程中去。

（四）对潜在法律风险的切实控制

数字经济的平稳发展与和谐运行时刻离不开法律的保障。传统财会人员一般只要掌握如经济法、税法等相关知识即可，但在数字经济环境下，面对不断涌现的各种新技术应用场景，财会人员处理不当可能给企业带来巨大的经营和财务风险，同时触碰法律底线。例如，区块链能够以代码代表法律，通过可编码形式的智能合约约束、引导和规范人们的行为和交易，形成一种技术上和法律上的实质协同。因此，数字经济能够改变经济社会的运行方式，需要财会人员更新自身法律知识，充分了解企业经营与财务风险产生的新模式，为企业财务目标的实现保驾护航。

（五）提升开放思维与创新意识

数字经济具有强烈的全球化特征，不可避免地要在财会这种通用商业语言上留下印记。在数字经济环境下，财会人员不仅要熟悉本国的财会准则，而且要了解国际财会准则，清楚地知晓不同国家贸易法规、外汇汇率与税务政策之间的差异，并充分利用信息技术手段消除信息规模以及获取和传播时间和空间上的各种障碍，顺畅地从全球收集和分析财会数据，并向国际客户提供必要的财会服务。同时，财会人员要不断跟进国际财会先进的理论和技术，勇于创新，充分利用全球化制度差异的便利性，为财会目标的实现创造最优条件。

二、商科应用型财会人才培养的体系构建

数字经济对财会人员提出了若干新要求，明确了高校财会人才培养的基本质量特征。然而，行业特征、院校层次、人才类型、办学特点在财会人才培养上具有很大的差异性，导致研究应用范围不清。考虑到财会人员从业领域与性质，本节内容定位在商业领域本科院校，并以应用型本科财会人才培养体系为研究对象，呼应数字经济对财会人员提出的新要求，提炼和归纳商科教育新特征，重构财会专业课程模块，提出实践教学体系，初步构建“新商科”概念下应用型本科财会人才培养体系。

（一）商科应用型财会人才培养的特征

商科院校本科应用型财会人才培养要建立“新商科”理念，凸显“七个新”特征。①理论新，以习近平新时代中国特色社会主义思想为指导，基于数字经济理论开展应用创新，创造育人活力。②内涵新，要能全面反映新技术、新业态、新商业模式，对接市场需求，促进商科财会人才培养内容改革和创新。③思维新，财会人才培养注重开放、法治、创新和计算思维培养，并覆盖人才培养的全过程。④类型新，培养常规性、拔尖性、特长性三种类型应用型财会人才，凸显财会人才培养类别、规格的独特性。⑤课程新，构建“商科 + 技术 + 人文 + 法律”的财会专业课程体系，适应商业变革的应用能力培养。⑥资源新，充实和更新校内外实践资源，确保课程内容与职业标准相融合、教学过程与商业实践相融合、专业教育与创业教育相融合。⑦手段新，凸显新时代商科特色的教学方法、本领和学

业考核方式，实现“从教向学”的转变。

（二）商科应用型财会人才培养的课程体系

商科院校本科应用型财会人才培养体系的“七个新”特征具体落实在财会专业课程体系的改革上。本着“商科 + 技术 + 人文 + 法律”的多学科交叉建设特色，整个培养体系结构进行了凝练和提升，划分为通识课程、学科共同课程、专业核心课程、专业选修课程四个部分，并从改革理念、具体思路、能力定位、课程设置等角度进一步明确了各部分内涵。

通识课程目标是奠定扎实的数理、法律和外语基础，通过增加高等数学、概率论与数理统计等课程深度和难度，增加商务英语、《民法典》、应用商法等课程，为学生学科交叉融合和后续专业课程学习提供支撑。同时，通识课程扩大了信息技术类课程范围，增设了数据库原理及应用、Python 语言、人工智能基础等课程，以使财会专业人才能对商业前沿技术始终保持敏感，为后续技术课程的深入学习提供保证。

学科共同课程的教学目标是实现“一体化”。按照“一体化”要求，院校应统一框架，优化财会所属学科课程门数和学时，构建紧密衔接、相互配合的学科课程资源库，实行相同的教学大纲，保持深度、难度、进度同步，夯实学生的学科基础理论知识，提升学生的商业活动认知和理解能力。

专业课程的教学目标是实现“实战化”和“精品化”。院校对于专业核心课程，如基础财会、中级财务财会、高级财务财会、财务管理、审计学等课程，必须在国家一流课程建设标准下，对标学生的专业基础知识和能力，将课程思政建设、最新科研成果转化为教学内容、国内外优秀教育资源引入、职业标准对接作为核心课程建设的重要考评指标，扎实开展“金课”特色化建设；对专业非核心课程，提倡财会专业尽可能使用真实商业案例和企业现场数据，运用大数据、人工智能等技术，开展情境仿真、知识交叉、技能综合等理论与实践相结合的训练，提升学生岗位业务处理、专业分析和综合应用能力；同时，选择 2~3 门财会专业课程，增加课内的课程设计环节，强化学生理论与实践相结合。

专业选修课程的教学目标是实现“多样化”。针对专业限选、专业任选模块，院校应进一步增设反映新商业模式、新业态、新技术等内容为选修课程，扩充选修课程数量，促进与财会专业相关的多科知识深度融合，深入培养学生创新、计算、开放、法治等思维，强化对学生的新商科知识迁移、职业胜任、管理决策能力的培养，为应用型本科财会人才就业做好充分准备。

（三）商科应用型财会人才培养的实践教学体系

商科院校本科应用型财会人才培养体系的“七个新”也体现在实践教学环节，院校应重视学生应用能力培养的逻辑安排。在数字经济时代背景下，商科院校本科应用型财会人才培养实践教学的目标和内容，就是要使学生理解新技术对商业过程、形态、模式的重构和再造，从理论层面、技术层面、综合层面培养和训练学生的实践应用能力，完成对学生的基础知识、技术能力和综合素质的提升。

理论应用是对基础知识的实验和体验。学生通过沙盘认知建立商业理解能力提升通道，结合基础财会实战、财务财会综合实验，进一步深入财务管理、税务、审计等实践环节，并以跨专业综合实验形成对照理论课程的应用逻辑，有助于在提升财会处理技能的同时养成良好的职业判断。理论应用为技术应用做好了专业内容铺垫，增设机器人流程自动化财务机器人、ERP 与业财融合、财务共享服务、Excel 与数据分析进阶、Python 财务大数据分析、区块链财会、智能财会等课程，基本覆盖了数字经济环境下财会工作数据的采集、存储与处理、分析和呈现、场景应用等各个阶段，鼓励学生自由利用这些新技术在实验室中开展各种应用创新。如果补充数据库原理与应用、人工智能基础、大数据技术应用等通识课程，则可以构建出这些技术类实践课程的时序关系，以反映课程之间的前导与后续关联。

对财会基础理论和新技术的充分应用和全面掌握，保证了学生有能力应对大学四年的财会认知实习、专业调研、学年论文、专业实习、毕业实习直至毕业论文的综合应用压力，确保实践内容与职业标准相融合、教学过程与商业实践相融合，完成理论和实践的统一。

商科院校本科应用型财会人才培养实践体系的良好运转依赖校内外资源的更新水平。由于财会专业实践环境的特殊性，较少的校内外平台资源无法担负财会专业实践需求，必须依托政、产、企、学、研多方资源，通过教育部产学合作项目，依托商业领域对接优势，与企业开展深度校企合作，共同建设和打造联合实践基地；同时不断加强实践基地建设标准，为学生提供校内外实践教学和就业服务。首先，院校要紧密围绕商业领域开展实践教学，有的放矢地更新商业领域实践案例。其次，院校要加强实验课程标准，采用 CDIO 工程教育模式等开展实践教学，根据实验课程的训练目标、过程、结果，将实验课程划分为验证型、综合型、设计型、创新型，对实验教学进行分类指导，加强实验属性判定和可行性论证。再次，院校要引入“企业家课堂”等企业在线教学资源，校企双方共同开发实践应用课程。最后，院校要加强本科应用型财会专业实践教材建设，大力推进校内活页式实验手册的编写，阐述基本理论知识，反映新商业模式、新业态、新技术特征，对照企业职业能力培养标准，注重合作企业真实商业案例的实验教学应用，突出专业实践课程的实战性，并将实战效果纳入学院教学成果奖励体系。

（四）商科应用型财会人才培养的教学方法创新

为了提升财会人员解决实际问题的应用能力，商科应用型财会人才培养除使用体验式、引导式、研究式教学方法外，更加偏爱利用商业案例开展教学，引导学生通过对实际案例的阅读和分析来掌握案例原理和事实，代入情境深入理解行为和决策的优劣，发现问题的因果关联，主动寻找解决手段。但在传统教学模式下，案例教学法存在学时有限、师生交互不充分等缺点，教学效果不令人满意。

随着以互联网技术等信息化手段对教育教学全过程的支持，财会教学方法日益丰富，结合“线上”和“线下”教学优势，可以有效克服传统案例教学的缺点，形成独特的“以商业案例为中心的混合式教学”方法。利用“课堂派”“学习通”等在线教学工具，教师发布教学案例和任务要求，学生分组开展案例阅读和分析，并利用在线平台提出个人见解。然后，各组长组织线上视频讨论，学生充分陈述自己的观点，利用在线平台进行见解修正，形成各组统一意见。平台邀请企业管理人员就各组观点点评打分，教师给各组打分，小组之间互相点评打分，最终形成案例分析的成果评价。这个过程充分反映了民主集中原则、团队合作原则、理论实践相统一原则，利用信息化技术将案例教学与混合式教学的优势充分结合；同时，通过采纳反映马克思主义政治经济学、数字经济概念的商业案例，反映新技术、新业态、新商业模式的商业案例，反映市场最优资源要素配置的商业案例，以及真实来自商业领域工作现场的商业案例，最大限度地支撑新商科应用型财会人才培养的“七个新”特征，力求掌握新时代商科特色的教学方法，扎实培养学生的应用能力，实现“从教向学”的转变。

数字经济已成为我国经济增长的新动能，各种新技术、新业态、新商业模式层出不穷。在这种环境下，要求应用型本科财会人才必须成为复合型人才，完成理论储备、思维方式、技术理解、应用实践等各方面的快速转型。

第六章　财务人才的培养

第一节　智能财务人才的基因

随着人工智能创新技术日新月异的发展，人工智能对社会各领域的渗透日益深入，智能会计呼之欲出。英国牛津大学的一份研究报告称，英国目前有35%的就业岗位面临被自动化机器人取代的风险。在最有可能被取代的职业中，会计职业赫然在列。时代发展趋势的大潮无法违逆，那么，面对智能会计时代的到来，财务人才要如何转型升级才能与时俱进、稳立潮头呢？

一、人工智能在会计领域的应用现状

2016年3月，德勤会计师事务所宣布与人工智能企业Kira Systems联手，将人工智能引入会计、税务、审计等工作当中，引发会计行业对人工智能的关注。其实，在某些领域，人工智能已经涉入颇深，如机器人顾问已经成为金融服务从业人员的最佳拍档，而自动化的税务筹划也成为2016年美国报税季主推的一款应用程序。

财务、审计和税务自动化软件已被普遍使用，人工智能已经与这三大行业有了一定的接触。但从相关软件在这三大行业的实际应用情况来看，这些软件的应用范围还不是很广，应用层次同样不高，应用程度也不是很深，还仅停留在对机械、单一、重复的财会事项的处理上。

不过，可以预见的是，人工智能不仅会进一步夯实和拓宽其在财会、审计领域的应用范围，而且会向纵深和横向发展。例如，财务人工智能会将企业的财务管理与日常生产经营管理相结合，这不仅会大大提升企业财务管理的水平、拓展财务管理的功能，还会大大促进财务管理向管理会计的拓展和升级，促进企业的战略、业务和财务一体化，使企业各级管理人员能据此对日常发生的各项经济活动进行规划和控制，并帮助决策者做出各种专门的决策，从而更好地改善经营管理，更好地创造和维护价值，提高企业的经济效益。

二、人工智能将重塑会计、审计行业

随着大数据等基础人工智能技术的飞速发展，人工智能所需的基本框架已经搭建起

来，对会计、审计等行业的影响会越来越深刻。英格兰及威尔士特许会计师协会（ICAEW）联合上海国家会计学院举办了“大数据重塑财务与审计”论坛，与会学者预测：大数据将重塑财务与审计行业，不仅基层会计人员将大幅减少、业务会计界限逐步消失、专业会计机构高度集中，同时财会部门还将成为大数据处理部门。

（1）可以大幅度提高会计及审计信息的质量。现阶段我国会计及审计行业普遍存在信息失真的问题。这些问题产生的根源就在于对会计及审计信息的处理存在大量的手工编制、人脑思维和判断等人工操作，而人工操作不仅可能存在人为失误，更可能存在人为故意篡改或造假等舞弊问题。事实上，人为因素正是造成我国会计及审计信息失真的重要原因。人工智能不仅可以最大限度地降低因人工失误造成会计及审计信息失真的可能性，而且会在很大程度上减少人为篡改或造假财务资料等舞弊的可能，从而使会计及审计信息质量大幅提高。

（2）可以使会计及审计行业的工作效率大大地提高，使人力成本大大地降低。例如，企业使用财务软件不仅可以不必花费更多的人力和时间处理机械、单一、重复的财务事项，还会大大地提高会计核算的效率和质量；审计部门使用审计软件不仅可以大大地降低人力资源耗费，还会在对各类报表项目、交易和披露进行即时全面分析后，在更短的时间里对账面数据进行风险评估，找出可能存在问题的风险点，从而提高审计的效率和效果。

（3）可以更好地防范风险，提高企业竞争力。人工智能在挖掘数据的基础上不仅可以处理大量数据并建立数据库，还可以对数据模型进行持续跟踪分析，从而对企业的各类投融资和营利等重大事项进行预测。这相对于人类有限的信息存储量和计算能力而言，人工智能具有更加齐备的信息和更为高速的运算能力。同时，人工智能可以结合专家决策系统识别并消除金融危机给企业财务管理带来的影响；还可以通过建立风险预警模型，来识别财务风险，化解安全隐患，从而大幅度提升企业的竞争力。

（4）促进传统财务、审计工作模式的改进。现行企业财务核算大多按照基本业务流程来划分会计人员的工作职能。人工智能的引进不仅可以解决一些烦琐、程式、高频的工作，而且一定会在很大程度上打破以往对财务及审计工作的分工。在手工记账环境下存在的机械、单一、重复财务事项，在实行人工智能后，相关人工岗位可能会被取消或进行大幅度精简。精简的财务人员可能改为程序操作员或从事管理会计岗位，这就打破了以往对财务岗位的分工格局。人工智能对审计工作也同样会产生很大的影响，如打破原来按照会计业务的类别或性质进行分工审计的格局，这就需要增加精通财务软件和审计软件的技术人员，以适应人工智能下审计工作的需要；同时还要考虑在人工智能下企业财务可能出现的新情况、新问题，如新的舞弊形式和错误类型，以便更有针对性、实效性地开展审计工作。

三、智能会计时代的会计人才特质

未来人工智能将重塑会计行业，会计职能也将随社会及企业要求的变化而转变。企业需要的是对财会工作具有较高业务水平和胜任能力，而且在一个或多个相关领域出类拔萃的财务人才。会计人才要摆脱低端、纯粹的财务处理工作，进而将信任度、创造力、沟通能力、洞察能力、解释能力，以及对税法与传统簿记掌握能力置于优先考虑的位置。

（1）在智能会计时代全面数据化的大环境下，会计人必须成为确保数据安全以及软件正常运行方面的专家；在拥有更多的可用数据且历史数据越来越可靠的情况下，必须提高对风险的识别和分析，从而为商界客户提供战略性的预测模型和未来规划。

（2）伴随着智能会计时代会计处理全流程自动化、会计决策分析智能化和会计服务共享化等趋势的到来，一方面会计基础工作将更加专业化，另一方面大量程序性的会计基础工作将被会计信息系统所取代，从而导致会计人才从基础性、程序性、重复性的会计核算工作，转向更有价值、需要更多职业判断、基于大数据的数据分析和挖掘等会计管理工作，会计人才的管理职能和数据分析师职能将越发凸显。

（3）在智能会计时代，企业内部经营管理和外部生存发展都将产生重大变革，具体而言有十大趋势：业财深度一体化、处理全程自动化、内外系统集成化、操作终端自动化、信息提供频道化、处理规则国际化、会计信息标准化、会计组织共享化、风险威胁扩大化、处理平台云端化。这些发展趋势要求会计人才必须向复合型人才转型。复合型财会人才应熟练掌握财会理论和实务操作，擅长信息技术；还应精通资本运作、内部控制、管理会计、纳税筹划、金融保险等与财会相关的某一或多个领域的专业知识和实务操作，对本职工作所涉及的方方面面具有很强的应变和处置能力，能够在以财会领域为中心的较大范围内驾驭自如。简而言之，复合型财会人才要能够及时适应以下三个方面的变化和发展：①要能够及时适应财会专业及相关专业各方面的更新和发展。②要及时适应各种新生事物所带来的新思考、新问题、新变化。③要适应整个社会不断进步带来的各种变化和发展，要具有很强的适应性和应对能力。

四、会计行业如何应对人工智能的冲击

智能会计时代的到来是一场会计生产力的变革，必然引发生产关系的调整。会计行业应该从整体出发，充分认识技术进步给整个行业带来的重大变革。

（1）人工智能技术的提升与应用倒逼会计人才转型升级，对会计人才的能力框架建设提出了新的要求。会计行业需要对会计工作的性质和会计人才种类进行重新分类，一些传统、简单、重复等依靠手工进行的会计工作应该被采用新技术的新型会计工作取而代之。同时，会计人才的种类也应随会计工作性质的调整而调整。

（2）人工智能在给会计行业带来变化的同时，对企业内部和外部管理也有重大影响，包括企业信息化对风险、资产、人力资源的管理，以及外部审计监管等都会随之改变。故此，会计行业要未雨绸缪，在培养会计人才时不能只注重某一领域，应放宽眼界，统筹规划会计人才的职能，使其能够促进优化资源配置、精细测算成本、研判市场趋势、规划投

融资方式；能够支持绩效考评、平衡财务非财务指标，运用价值链分析更加全面、客观地反映企业绩效；还能够助力经营决策，推动资源合理使用，提升价值创造力。

技术一直在改变着会计行业，财务软件已经取代了很多记账的工作，而且毫无疑问，未来科技将继续改变今天的标准流程。智能会计时代的来临虽然是不可阻挡的大趋势，但人工智能缺乏人的思维和创造性，要全面取代会计人才的专业和道德判断还有很长的路要走。会计人才要积极转型升级，了解趋势、驾驭技术，与时俱进，稳立潮头。

第二节　财务数字化转型

随着数字化浪潮席卷全球，农业经济时代和工业经济时代已经逐步退出历史舞台，取而代之的是数字经济时代。面临市场环境的巨变，数字化转型席卷全球，甚至有人称之为“第四次工业革命”。在宏观层面上，体现为经济结构的转变及经济发展方式的转型升级；在微观层面上，体现为企业组织形式的变革、商业模式的创新与战略重心转移等。我国经过改革开放，经济已经开始由高速发展阶段转入高质量发展阶段，数字经济已然成为我国经济增长的主要驱动力。

自 2020 年以来，疫情给全球经济发展造成了巨大的冲击，各企业供销不畅，面临重大的问题。在此社会背景下，数字化信息平台使企业之间有效进行联通，推动企业完成精准对接，成了帮助各地因疫情受阻的经济能快速恢复的重要保证。2020 年 3 月的中央政治局会议明确指出，我国应该加快推进数据网络建设，加快落实数据中心的基础设施建设；国务院国有资产监督管理委员会于 2020 年 9 月颁布了《关于加快推进国有企业数字化转型工作的通知》。在此背景下，企业数字化转型已成为必然趋势。

一、财务数字化转型的意义

财务部门作为企业的核心部门，是企业的关键数据中心，囊括所有的交易行为和信息往来，因此，财务部门具有信息和数据汇集的先决优势，以财务作为切入点的财务数字化转型将成为企业数字化转型的起点。企业财务部门通过对数据的收集、加工、整理、分析，促进企业管理数字化，提升企业综合管理能力，进一步提升企业整体价值。

财务部是企业内唯一能够实现与内部各部门和外部所有利益相关者建立关联并进行效益验证的部门。然而，在企业传统财务管理模式中，财务职能侧重于核算和监督，以及在核算的基础上运用会计工具进行分析。财务部门与内部和外部门相互割裂，成为数据孤岛，所出具的数据分析报告也较为空洞，这些报告无法成为管理层决策的有效支撑值。而财务数字化转型后，将依托云计算、移动互联、人工智能、物联网区块链、大数据等信息技术，将制度、流程、表单嵌入信息系统中，通过观念再造、人员再造、组织再造、流程再造、系统再造，重构财务组织和业务流程，将企业集团范围内的财务职能集中起来，从而提升财务数据质量和财务运营效率。财务数字化转型后，能够使企业数据相互连接，实现企业内部部门连接数字化，增强了跨部门信息互动协同，使得财务具有向业务前端延伸的内在动力，促进业财融合，使财务走出封闭独立系统，实现财务职能前置，充分发挥了财务服务和管理业务的职能；同时，也将实现外部连接数字化，企业分别与客户、供应商、投资者、银行债权人之间进行数字化连接，实现产业链协同、生态圈共赢。

二、财务数字化转型的优势

财务数字化转型主要包括预算、核算、资金和财报系统四个方面，并贯穿整个财务管理体系。

（一）预算系统

在传统财务体系中，预算常见的问题如下：

（1）预算管理与公司发展战略脱节。

（2）职能定位不协调，预算管理流于形式。

（3）预算要素缺失，未形成闭环管理。

（4）预算规范程度不高，执行力不足；预算模型和系统工具落后。

（5）费用管控系统效率低下，传统报销存在流程断点，审核缓慢，报销回款慢，耗时耗力。

（6）预算系统不能适应外部快速变化的环境等。

为应对传统模式下财务预算体系的问题，在财务数字化转型后，全面预算应注重以战略为指导、以业务为主线、以预算为工具、以价值为基础。数字化技术使得一些功能得以实现，逐一解决了上述问题，具体优势包括：

（1）建立同时满足企业文化和科学管理的预算组织机构，明确各组织的职能和定位，同时辅以配套的预算管理机制。

（2）在编制预算时，平衡各部门的关键业绩指标（KPI）和资源状况，减少组织间的博弈和协作不力。

（3）增强预算分析和控制，监控预算执行状态，进行滚动预测和对比分析，提升预算对业务的指导作用。

（4）通过撰写预算管理手册，明确预算组织流程、机制和假设等预算规范，定期更新预算管理制度和配套规范，确保其与时俱进，将预算与绩效考核有机结合，提升预算执行力。

（5）建立实时化、场景化的费用管控模式，把控支付场景，费用预算管控由事后转为事前。场景化消费控体系能够支持企业实现费用全流程监控管理，通过费用申请预算、场景消费实算、费用报表分析及时发现存在的问题，确保预算真正落地。

（6）企业财务部门通过创建集成的预算模板或实施多维度的预算管理系统，有效提高预算管理效率，降低预算编制时间；通过图形或表格的形式展现多维预算分析、专题分析和预算控制效果。

财务数字化转型建立了科学的预算管理制度，明确了预算调整的前提和审批流程，利用滚动预算等方式提高了预算的灵敏度，由此便可搭建成熟、高效、全面的预算管理体系。

（二）核算系统

核算系统在数字化转型后有三大优势环节：

（1）交易环节：使用交易对账报表和交易平台帮助财务实现更为高效、便捷的对账工作。

（2）核算环节：通过财务共享平台，大幅降低手工记账比例，单据通过单据流的集成能够自动生成。

（3）控制环节：在控制方面做到事前管控和归集，保证了财务数据的及时性和公允性；通过各种各样的分析工具生成财务数据可视化展示表。

以上环节能够做到流程标准化、数字化的处理，并且通过构建多维数据存储，使得核算结果能够分别满足不同层级法人报表编制要求、不同层级管理报表合并要求、不同报告币种的合并要求、不同会计准则之间的合并要求，从而搭建财务流程数据化的核算体系，提升高效的核算质量。

（三）资金系统

财务数字化转型后，主要结合资金计划和预测，全面优化和提升资金计划管理效果。

（1）在资金计划方面。资金计划的主要功能有查看、预警和应用。查看功能主要包括多维度、多层级的结果查询、查询预测、偏离度查询等。预警功能主要包括流动性风险、外汇风险、大宗商品风险预警等。应用功能包括结算收付、投融资管理。

（2）在资金预测方面。资金预测主要包括预测数据、自动汇总分析、预测与实际自动匹配、预测准确性自动分析提示、提示联系投融资的操作等。

同时，集团型企业应当建立资金池，以满足集团管理需求，加强资金集中，发挥规模效益；设计出集团与子公司、各子公司之间的资金借贷利率规则，并设计自动计息和定期清算的原则；实现集团对下级成员单位当日上存下拨资金量和余额利息的统计，集团能够看到下级单位归集资金的明细。

（四）财报系统

在财务数字化转型后，报表体系将具有规范化、自动化、高效化和透明可追溯性的特点。

规范化体现在能够通过梳理会计科目体系和核算要求，规范集团下属公司的会计核算；通过建立全面的合并抵销规则，统一集团合并抵销口径；重新整合披露报表体系，规范披露要求，提升披露报告信息质量等方面。

自动化体现在通过统一的会计科目体系的实施和前端系统的优化，提升数据自动采集比例；自动进行外币折算，外币报表折算差异自动生成；搭建对账平台，提高关联交易对账效率和便捷性，根据不同差异在合并抵销时自动处理；建立全面的债权债务内部抵销规则实现自动抵销；优化股权抵销规则，实现股权抵销自动化等方面。

高效化体现在优化债权债务，内部交易，销售与采购抵销规则提升合并抵销效率；选择恰当的股权抵销算法，提升股权合并抵销效率；实现从系统采集数据化，加强数据校验，提升数据采集效率；实现合并报表自动出具。

透明可追溯性体现在提供完整的数据采集、手工调整准则调整及不同事项合并抵销的审计线索；明细化合并抵销数据；报表层级数据可直接贯穿取自凭证明细项目。

凭借财务数字化转型的各项优势，财务人员将从财务活动的简单、机械、重复性强的工作中释放出来，从逐笔做账到维护记账规则等；财务的日常账务处理职能也将逐步转为分析和决策支持，从而促使财务人员自我提升，逐步转型为分析、管理的角色，把更多的时间投入更有附加值的工作中去，打破传统财务工作的地域和空间限制，规范化、标准化地提供会计服务，更好地赋能企业，支持企业管理，辅助企业进行经营和经济决策，促使财务管理职能与核算职能相分离。财务数字化转型是一场财务革命，是财务会计向管理会计转型，深化会计职能的第一步。

三、财务数字化转型面临的问题

目前，我国企业财务数字化转型仍处在新兴阶段。在数字化转型的过程中，许多工作并没有达到理想的目标，大多数企业在转型的过程中仍存在诸多的问题。

（一）观念误区

许多企业刚接触变革，受原有习惯和固有经验的影响，员工难免产生忧虑不安、抵触变革的心理。传统企业财务偏重事后结果的计量和反映，而事后分析所起的参考作用十分有限，无法体现财务的服务职能。许多财务人员没有摆脱传统财务管理理念，认为财务的职能是会计核算和监督，从而使得利用管理会计创造价值、发挥会计服务的职能无从谈起。另外，企业重新再造组织流程和管理流程时，相关岗位的变动可能会触动某些员工的个体利益。而且，部分员工还担心数字化转型使得工作效率提升后，将会导致自己丢失工作。同时，某些部门的负责人为避免本部门利益损失，在共享信息资源方面有所保留，如销售部门不愿共享客户资源信息，以免损失本部门利润等，这就将导致数字化转型失败。

（二）缺乏战略意识

在我国许多企业中，财务数字化转型呈现飞速发展的态势。这一情况导致了很多中小企业在看到数字化转型给大型企业带来巨大利益后，也盲目跟进、照搬照抄，而忽视了企业自身的具体情况。由于企业量级差异较大，企业与企业之间受地域、文化等限制，经营理念差异也较大，且行业壁垒较高，因此企业在进行财务数字化转型升级过程中不能忽视自身的具体情况，而应该具体情况具体分析。一旦企业缺乏整体战略转型规划，就将导致财务数字化转型升级失败，进一步打击企业转型升级信心。

（三）数据信息风险

财务数字化转型虽能带来种种突破性的优势，但同时也会给企业增加数据安全风险问题。数据的安全性和保密性是企业首先要维护的问题。由于数字化信息大规模运用，一些舞弊行为将更难被察觉。与此同时，因流程不完善而导致工作失误，流程设计上的疏忽、某个节点的差错都将导致连锁反应，产生信息失真的重大损失。

四、财务数字化转型的策略与建议

（一）企业员工观念再造

员工是企业的核心资源，企业财务数字化转型变革管理需要员工的配合与支持。员工在刚接触变革时，难免产生焦虑甚至抵触的心理。此时，企业管理者首先应当加深自己对于企业财务数字化转型、业财一体化优势的了解，改变自己对于财务管理的思维模式，从而带动员工对财务数字化转型这一理念进行学习和理解，并营造财务数字化转型的企业文化，增强财务组织的学习能力，培养数字化财务人才和数字技术拓宽管理边界后转型的管理会计人才。企业管理者的重视和持续的宣传培训能逐步提高员工对于变革的适应能力，鼓励员工参与变革数字化转型实践，降低员工的负面情绪，减轻员工对于变革的心理压力，帮助员工更好地认识、应对变革。

（二）制定转型战略

企业在进行财务数字化转型的过程中，应当全面了解财务数字化转型的相关知识，根据企业自己的特点建立一个粗略的大发展蓝图，以便推测发展中将会面临的问题和挑战。在做好前期准备工作后，企业应结合自身情况，建立一个财务数字化转型团队。该团队可以是财务共享服务中心，其组织定位可以与财务部并行，也可归属于总部财务部。

（三）提升数据安全性

财务数字化转型是由数字驱动的，只有安全的数据治理才能保障财务数字化转型的成功。企业在信息技术实施的开始阶段就应确保数据的安全性，在初始设置中应当增加信息安全监控，注意数据留痕；应当要求操作者不能轻易删除数据，所有用户的操作都必须在系统里留有痕迹，包括数据和系统配置的更改。同时，企业需要对数据进行实时备份，以天为单位或以周为单位对数据进行不断地更新备份，并对信息进行加密。录入的数据经过复核，确认无误后，就无法被修改。如果要修改，就需要整个系统中多个层级确认后才能得以实现。以上操作和把控能够有效地防止数据造假和信息欺诈，提升数据安全程度。

财务部门作为企业的数字管理部门，随着数据量的发展，将由小数据中心走向大数据中心，财务的价值将被重新定义，财务人员也将从传统的财务模式中解放出来。将原本数据计量简单烦琐、业务量大、附加值低的业务交由数据机器人处理，财务人员的工作转变为数据的利用和价值创造，更多的工作重心前置于业务前端，能够实现深度业财融合，推动企业财深度一体化，发挥财务的管理价值，为管理层制定战略提供决策和支持，并且打通企业数据链，为企业整体数字化转型赋能。

数字化是财务工作未来的发展趋势，是财务转型的必然方向。财务人员应当紧跟当前数字经济时代的发展，把握数字化发展的机遇，面对数字化转型的挑战积极转型，向财务专业领域深化，向业务和管理领域延伸，使自己成为财务数字化转型过程中推动企业价值不断提升的中坚力量。

第三节　数字经济时代的财务人才培养

2021 年 4 月发布的《中国数字经济发展白皮书（2021 年）》显示，2020 年我国数字经济增加值达到 39.2 亿元，占国内生产总值的 38.6%，而且数字经济的增速高于国内生产总值的增速，由此可见，数字经济在国民经济中的重要意义和其不断提升的发展能力。对于财务工作者而言，数字时代更是给财务工作带来了翻天覆地的变化。

上海国家会计学院组织选出了影响中国会计从业人员的十大信息技术。数字技术的飞速发展、大数据技术的使用，使会计处理的数据变得多元化、复杂化。会计行业必须对这些新兴数据进行分析、挖掘和处理。人工智能技术的突破使得财务机器人可以轻易地替代基础的财务工作。会计行业应该积极地在财务会计的基础上逐渐向管理会计方向转型。数字经济的发展影响企业价值的维度扩展，使得企业价值不再仅仅由一些固定资产和无形资产来体现。会计要尽可能地扩展核算范围，以便更好地在财务报表上反映企业的真实价值，为财务报表使用者提供更加准确和透明的会计信息。本书在对近十年来北大核心期刊中相关文献的可视化分析的基础上，通过对数字时代中财会人员面临的难题和挑战做出分析，并提出具体的应对举措。

一、可视化分析

（一）数据选取

为保证选取的研究数据具有较高的学术水平和权威性，本书以北大核心期刊收录的期刊论文作为数据来源。北大核心期刊是我国人文社会科学文献信息检索的重要工具，在社会科学学术界中权威性和认可度都比较高，其收录的论文学术水平较高、影响较大，是各个地区和机构的学术、学科评价的重要依据。本书以“财务人才培养以及会计人才培养”为主题进行检索，对 2011 年至 2020 年发表的论文进行检索，并对检索结果逐条筛选，手动剔除与主题无关的数据，最后经整理、筛选、统计出 343 篇有效期刊论文，构成本书文献计量分析的研究样本。

（二）研究方法

本书借助陈超美教授基于 JAVA 程序开发的 CiteSpaceV 软件，运用文献计量学方法，对财务与会计人才培养相关的研究现状以及热点进行分析。本书分别从论文发表的总体趋势、时间分布、文献来源等维度梳理财会人才培养相关研究的基本现状，在了解主要研究成果和研究的基础上，绘制关键词共现图谱，对该领域的研究热点和研究脉络进行可视化分析，得出财会人才培养研究的热点话题。

（三）研究设计

1. 文献总体趋势分析

发文量的时间分布能够反映出领域的不同时期的研究情况和发展趋势，本书统计了 2011 年至 2020 年北大核心收录的财务和会计人才培养的相关论文。2011 年至 2020 年，相关领域的发文数量总体呈下降趋势，在 2019 年达到最低；近年来研究趋势有所回暖，2011 年至 2020 年，年均发文量为 34.3 篇，说明相关领域的研究还有很大的提升空间。

2. 关键词共现分析。

（1）高频关键词。通过对相关论文中的高频关键词进行识别和统计可以进一步了解我国财会人才培养的主要研究主题。

虽然在高频关键词分析中，与数字化相关的关键词“人工智能”一词出现频次只有 4 次，但是通过关键词分析可以发现，“大数据”“数据决策”“智慧财务”“互联网”“数据治理”“智慧会计”等体现数字化时代特点的关键词也有所涉及。

（2）研究热点。对财务与会计人才培养相关文献的关键词进行聚类分析，并将试图调整为“Time line view”（线条视图）得到关键词聚类时区图的知识图谱，2011 年至 2020 年财务与会计人才培养文献的关键词一共得到 9 个聚类标签。本书在后面部分将基于以往学者的研究和知识图谱的分析，对研究热点中的关键要素进行分析。

（四）研究结论

本书以 2011 年至 2020 年北大核心收录的 343 篇财务和会计人才培养的期刊论文为研究对象，运用 CiteSpaceV 可视化软件结合文献统计分析方法，对相关文献的研究现状、研究热点和研究趋势进行了分析，得出主要结论如下：

（1）从研究现状来看，财务与会计人才培养的相关文献较少，年均发文量为 34.3 篇，涉及的学科主要是经济与管理科学和社会科学Ⅱ辑等，表明相关领域的研究偏向于人文经管类。文献的下载被引率表明相关文献的质量还有待进一步提升，相关领域的研究文献不足，这对于学科的整体创新和进步有一定的阻碍作用。

（2）从研究热点来看，2011 年至 2020 年，围绕财务与会计人才培养的主要研究涉及人才培养、培养模式、管理会计、人工智能等方面。由此可知，随着数字时代的到来，财务与会计人才培养的方向正在向大数据、信息化、人工智能等领域转移，研究主题趋向于智能财务。

本书接下来将从2011年至2020年相关文献的高频关键词入手，针对研究的热点问题和内容进行分析，结合时代背景，分析数字时代对财务人员的影响和挑战，并提出相应的对策，以此来扩充财务人才培养的相关文献，并提出人才培养的可行性方案。

二、数字时代对财务人员的影响和挑战

（一）财务人员和财务部门的职能改变

会计的职能有核算、监督、参与管理、预测发展等，当前企业会计主要侧重于核算职能。但是，在数字时代下，传统会计的核算职能将逐步由智能财务机器人和自动化办公软件所取代。随着数字经济的深入发展，会计工作的内容将不仅仅局限于常规核算业务，复杂经济业务将逐渐增多，不可避免地需要用到数据分析和算法设计，会计信息的输出也由生成一般信息转变成特殊信息。企业会计人员将由单纯的会计师转变为管理会计师，甚至是数据分析师和算法工程师等。会计部门将由简单财务部门逐渐转型为大数据处理部门和信息分析部门。

会计学科将会与信息技术等学科有更深入的交叉融合，数学、统计学和计量经济学将越来越成为会计专业教育的基础，数据分析能力将成为财务人员的必备技能。所以，企业财务人员不仅要熟悉会计核算工作，还要注重培养自己的数据分析和解释数据的能力，积极学习新型数字技术。例如，利用数据挖掘技术，通过一系列算法进行数据处理，从海量数据中筛选有价值的信息，为企业经营决策提供支持。

（二）会计确认的要素范围扩大

在工业经济时代，生产要素主要有土地、劳动力、技术、资本，会计确认与计量的资产主要包括有形资产和无形资产，会计确认与计量的资本主要包括实物资本、金融资本和产权资本等。而在数字经济时代，随着数据资源成为新的生产要素，会计确认与计量的资产和资本范围将进一步扩大，分别包括数据资产和数据资本。

在数字经济时代，数据资产的经济价值规模巨大，预期未来会给企业带来经济利益的流入。数据资产一般来自企业过去的交易行为，目前数据确权问题没有明确规定，尚在研究讨论之中。数据资产一般可以认为由企业拥有或者控制，所以数据资产基本满足资产确认的定义。同时，数据资产也具有资产的一般特征，但对于具体的计量和测度问题需要进一步地探讨和研究。数据资本与实物资本、金融资本一样，能够给企业创造价值，满足资本的一般特征。

（三）智能财务促使财务人员的角色定位发生转变

一直以来，会计的主要功能是核算和监督。如今，数字技术爆炸式发展，依靠智能财务技术研发的财务机器人面世。财务机器人主要从事一些技能要求较低，重复性和程序化较高的工作。它执行的会计工作不仅精确度高，工作效率也高，节省了很多时间，降低了

人力成本。财务机器人的工作与一些基础的财务人员的工作相重合，甚至比人力做得更好，机器人必然会替代一部分基础财务人员。财务人员单纯地对已经发生的经济活动进行确认、计量、记录和报告已经不能满足人工智能时代的需要。

自 2014 年以来，财会行业越来越重视管理会计的作用，强调要对未来从事的经济活动进行预算和计划安排的重要性。财务要走在经济活动之前，为会计主体创造价值、降低成本，从而提高收益。具体来说，财务就是要应用大数据技术收集有用信息并对收集到的信息进行挖掘、分类、汇总、整合，在此基础上，对大量数据进行分析从而为企业管理层制定下一阶段的决策提供坚实的基础。财务人员的工作不只是算账这么简单。财务人员已经开始逐步向管理会计方向转变，承担一些财务机器人不能完成的、需要财务人员主观判断的复杂的任务，逐渐转型为高级的数据分析师和管理会计师。

（四）财务人员现有知识框架不足以有效应用智能财务

在数字时代下，财务人员从以“核算反映型”为主向以“智能决策型”为主的转型已成必然。现有的财务人才培养方案和财务人员的知识结构不能与时俱进，这将会造成财务人才培养与社会需求的矛盾更加突出。

此外，还有部分财务人员凭借现有知识框架不能高效地应用信息化、数字化智能财务工具，导致智能财务的便捷性和高效性无法得到展现。

（五）人才培养机构课程设置不合理，培养方案未能与时俱进

部分院校课程设置未能与时俱进，基础课程和专业课程开设失衡，过于重视传统财会课程的灌输，存在缺乏对信息技术相关技能的培养，多学科融合课程欠缺，专业课程存在重核算、轻管理，以及课程体系设置不严密等问题，难以适应数字时代人才培养的新要求。

三、数字时代下财务人才培养的探索

（一）推动财务人才职能观念转变

在数字经济时代下，传统会计核算职能将逐步被智能财务机器人和自动化办公软件所取代，财务工作的具体内容将转向操作层面的数据分析，具体表现如下：①核算类工作逐渐减少，该层面工作主要是处理企业常规经济业务，这些工作将逐渐由计算机系统、智能机器人代替。②管理会计的作用将日益增大，该层面主要承担非常规业务。③数据分析相关工作将增加。④对于掌握各种算法技能的要求不断提高。

在财务人才培养过程中，需要帮助财务人才从变化的外部环境中找到角色定位，向数据分析师和算法工程师逐步转型。除具备基本的会计专业知识外，财务人才还要掌握数学、统计学、计算机相关知识，具体包括学习数据挖掘技术，如数据挖掘算法、机器学习算法；熟练使用各种数据分析软件如 Python、Stata 等；学习区块链技术原理、财务云技术、财务机器人等相关知识；学习模型与算法开发等知识和技能。只有具备这些技能，财务人员

才能成为数字经济下的跨专业复合型人才，适应时代的发展要求。

财务人才不仅要熟悉财务核算工作，还要培养自己的数据分析和解释数据的能力，实现向数据分析师和算法工程师的逐步转型。

此外，财务人才还要树立互联网思维。互联网思维的树立主要体现在以下四方面：①财务人员要具备用户的思维。在用户思维模式下，财务工作要实现由事后向事前、事中转变，由静态化向动态化转变；数据的产生方式由层层上报向一步到位转变。②财务人员要具备社会化的思维。这要求财务人员胸怀大志，从企业内部的小数据向外部大数据转变，积极从企业业务、行业态势、竞争伙伴、政府相关部门发掘数据，并进行数据信息分析，为企业决策提供具有价值的信息。③财务人员要坚持共享、开放、共赢的原则，树立平台思维。财务人员需要善于同外界沟通、实现跨界沟通，开放自己，集思广益，促进自身发展壮大，实现互惠共赢。④财务人员要树立跨界思维，打破部门隔阂、分工界限。一方面，财务人员可以积极参与企业的日常业务运营和生产活动，了解企业运作流程，实现业财融合，降低企业成本，提高企业绩效；另一方面，财务人员还要与时俱进，积极利用大数据进行分析决策，提升企业的风险管控能力、经营分析能力和预测决策能力，实现企业价值的提升。

（二）引导财务人才重视数字经济要素价值

从经济社会发展来看，我国已经由农业经济、工业经济进入数字经济时代，数字经济已经成为国家经济高质量发展的重要支撑。近年来，数字经济已经上升到国家战略，财务人员要顺应时代的发展要求。在数字经济时代，数据资源成为一项新的生产要素，日渐成为核心资源。数据能够通过提供服务产生价值，发挥着越来越重要的作用。数据资产和数据资本也将纳入会计确认与计量的范围，这对财务人员提出了新的要求。在人才培养过程中，财务人员必须认识、重视数字经济蕴含的价值和重要地位，积极学习数字技术，摒弃单维数据观念，如财务人员要定期参加新型数字技术培训，培养数字素养等。

（三）引导财务人才找准角色定位，培养具有综合素养的人才

高校财务人才培养应该注重数字技术和数字素养等方面要引导财务人才积极学习数据挖掘和数据分析技术，从而能够根据目标进行数据的搜索、收集、整理、筛选、分析，为企业信息使用者提供更多的多维和非结构性数据信息。在数字经济时代，数字素养对于财务人员来说是一种基本的工作素质，也是企业财务部门对财务人员的工作素质要求。

高校还应帮助构建财务人才跨领域的知识体系。现代财务人员已经由过去的“账房先生”发展为现代大工业化分工的作业人员，常年围绕财务、税务、预算等某一领域进行大量工作，已经具备很强的专业能力。但是，在智能时代财务管理的视野极大地打开，智能财务的发展要求财务人员提高知识深度、打破财务边界，能够形成跨领域协同创新的知识体系。在智能时代，财务人员不仅要具备财务专业知识，还要具备金融计算、信息技术等一系列相关知识。适度地纵深理解、横向拓宽，这是智能财务的新要求。

此外，自2014年起，为贯彻落实党的十八大和十八届三中全会精神，深入推进会计强国战略，财政部会计司就开始大力推进管理会计体系建设。如今，针对我国国情建立的管理会计指引体系建设已经颇具成效。在对2011年至2020的北大核心期刊收录的财务人才培养的相关文献分析中，通过关键词共现分析，可以发现其中一个高频关键词便是管理会计人才。因此，在人才培养过程中，高校要引导财务人才向管理会计转型，加快促进业务与财务融合，提高财会专业人员专业素质等。

在数字时代，财务软件和财务机器人在会计行业的应用使得一些财务人员面临着失业的危险，低端传统的会计岗位正在逐渐消失，取而代之的是一些新型的岗位。从表面上看，企业对会计核算人员的需求也越来越少，导致财务人员的工作机会好像越来越少，但是，财务共享和业财融合为其提供了更加广阔的思路。财会人才培养应将工作重点放在财务数据分析以及企业决策和管理工作上，以应对社会对这方面人才需求的增加。

（四）推进财务人才知识框架更新，创造智能财务产学研合作新形势

在现有研究中，财务人员供需矛盾已经突显，因此，高校要着眼于推进财务人才知识框架与时俱进；此外，还应推进产学研深度合作、继续发展。智能财务发展促使对数据的应用力度和效率大大提升。在数字经济时代，财务人才和复合型财务人才是社会所急需的。财务人才的培养研究应从内容、模式和技能方面转变，将教学与研究和企业数据结合是智能财务时代产学研合作的发展趋势。在对财会人才培养的研究中，“共享服务、全球化、专业认证、全球趋同”等都是“人才培养”这一关键词聚类标签中的相关索引，因此，高校应积极转变财务人才培养方案，充分利用会计电算化、ERP系统等实验教学系统，帮助财务人才建立丰富的数字化财务知识体系，发展新型数字化培养理念，落实与高校合作的教改科研模式和学科交叉模式，深入推进财务领域的产学研合作与业财深度融合等。

（五）加快学科创新、人才培养方案改革和师资队伍建设

在数字时代，智能财务对会计学科产生了很大的影响。但是，目前会计学科建设呈现滞后状态，只有少数高校设置了与大数据和人工智能相关的专业，且大多数高校教师缺乏相关的知识储备，这将直接导致向社会输出的会计高端人才匮乏。因此，高校应加速推进学科创新，设置与大数据和人工智能相关的课程，加强师资队伍建设，增强学科交叉融合，在会计信息系统或电算化会计等专业课程中融入财务机器人的原理和方法，结合大数据和人工智能的相关技术，持续改进现有的会计电算化等实践课程，为学生提供更多的大数据和人工智能情境下实践操作的机会。

数字经济、人工智能、大数据、区块链和云计算等现代信息技日益发展，但这些技术能够取代的只是一些简单、重复的会计工作，却无法替代那些主观能动性强的会计工作，如决策和管理工作等。现代信息技术的这一特点使得财务会计不得不向管理会计转型，将更多的精力放到决策和管理的工作上。另外，这些现代信息技术在会计行业的应用有效减少了人为误差和会计信息失真，大幅提升了会计数据的处理效率，减少了财务人员的工作

量，使他们不必忙于基础性的会计工作，从而有更多的时间观察和分析财务数据，提供可靠的基础财务数据支持，为企业的管理和决策提供依据。财务会计向管理会计转型是数字经济时代下的必然趋势。

高校应及时修改和完善人才培养方案，与时俱进，推进财务人才培养课程体系改革，增加实践教学、案例教学，适当减少一部分拘泥于课本的落后的财会专业课程的设置；要将基础理论、典型案例与学科前沿相结合，在财务人才培养中，让学生第一时间了解行业动态，确保财务人才培养适应经济、社会和科技的发展变化。至于特色模块，高校要根据自身的愿景、规划和培养方案进行设计，要最大限度地体现自身人才培养的特色和亮点。现阶段，高校应积极结合“大智移云”、业财一体化、管理集成化开展人才培养交叉融通、复合创新，围绕国家战略、区域发展、学校特色和优势资源设置特色选修课、特色方向班，或针对特定行业和用人单位进行个性化定制培养等。

此外，教师队伍也应与时俱进。高校应鼓励教师走出课堂、走进企业、贴近社会；并开展继续教育，让教师深入企业了解新时代的财会工作现状和财会工作技术，深入社会了解当今的财会人才需求缺口，参与培训和继续教育以更新教师的知识结构。只有教师队伍质量提升了，高校才能更加清晰地向学生传递社会的新需求、未来工作的新发展和新形势。

本书通过运用 CiteSpaceV 软件，对 2011 年至 2020 年北大核心期刊收录的财务人才培养相关的期刊论文进行文献计量分析，得出两点结论：①财务与会计人才培养的相关文献较少，且质量有待提升。②在此期间，相关文献研究主要涉及教育改革、业财融合、会计信息化、人工智能等方面。由此，本书从文献计量的高频关键词入手，针对研究的热点问题和内容进行分析，通过结合时代背景，分析了数字时代对财务人员的影响和挑战，并提出了相应的财会人才培养建议。

“工欲善其事，必先利其器”。财务人员如果想在专业知识领域、在实际工作中做得更好，就必须先具备充足的知识储备和技能储备。当前，财务人员除了面临挑战之外，还面临着环境变化带来的方方面面的影响。因此，数字时代、智能财务等对财务人才培养来说是一个重要的改革机遇，更是高校实现自身创新发展的必要过程。在数字时代，在财务工作创新发展的过程中对财务人才的职能和角色进行拓宽和升级是时代的必然要求。在数字经济迅速发展的今天，财务人才培养的转型与改革是大势所趋。

第七章　智能财务对人才培养的要求

第一节　智能财务赋能经济高质量发展

2020 年 9 月 18 日至 19 日，中国会计学会第十九届全国会计信息化学术年会在华中师范大学召开。会议收到投稿论文 70 篇，采用大会主题报告、分论坛学术报告等形式，围绕“智能财务赋能经济高质量发展”主题进行了深入研讨。

一、关于新技术赋能经济高质量发展的研究

《会计改革与发展“十三五”规划纲要》（财会〔2016〕19 号）提出，要通过现代化的信息化手段，充分实现会计和业务的有机融合。区块链、机器学习、知识图谱、数据挖掘等新技术不断应用于会计领域，助力实体经济高质量发展。因此，新技术在会计领域的应用成为年会持续关注的话题。

（一）新技术与会计的融合

美国阿肯色大学的弗恩·理查森（Vern Richardson）提出，技术革新给会计行业带来改变与融合，数字化变革给会计专业人员带来了就业冲击，会计人才应建立数据分析思维和提升诊断性分析能力，赋能经济高质量发展。金蝶软件（中国）有限公司的张鄂豫指出，在业务与技术驱动方面，创造价值是财务管理的终极目标，平台赋能是云服务化平台的核心能力，并强调持续迭代会让业务和财务更加高效。

（二）区块链带来的会计变革

清华大学的罗玫认为，区块链作为分布式共享账本和数据库，具有去中心化、不可篡改、全程留痕、可以追溯、集体维护、公开透明等特点。其中，私链可用于会计信息系统技术升级，联盟链能使审计流程更加方便，并可服务于会计信息披露平台。西藏民族大学的乔鹏程提出，数字经济的分布式账本（区块链）技术使会计记录内容变得丰富和虚拟化，会计处理流程发生变革，这深刻影响着会计信息本身含义、核算方法和财务呈报方式等会计理论。

（三）区块链电子发票系统构建

上海国家会计学院的刘梅玲等人分析了区块链技术应用于我国增值税发票管理系统的

可行性，设计了基于联盟链的区块链电子发票系统工作机制，描绘了多链区块链电子发票系统的网络关系图谱，并围绕数据安全、共识安全、隐私保护和智能合约安全等构建了区块链电子发票系统安全体系。

（四）机器学习提升企业成本管理

重庆理工大学的郭奕君等人提出，通过建立基于大数据机器学习算法的成本预测机制、项目管理平台，改进成本管理方法和项目控制手段，能够掌握准确的成本及项目信息，为企业管理提供支持，最终实现提质增效的目标。

（五）知识图谱的财务管理应用场景

上海国家会计学院的吴忠生等人利用Python的Jieba工具和知识图谱建模工具Protege，对费用管理数据进行知识抽取和建模，验证了知识检索应用与技术操作的可行性，并就知识图谱这一新兴技术如何在企业的财务管理领域获得应用提出建议。

（六）数据挖掘构建智能财务分析与决策模型

合肥工业大学的张超等人提出，数据挖掘技术可以通过插述性分析、诊断性分析、规范性分析、预测性分析对会计进行动态反映，形成大数据融合的智能财务分析与决策模型。

二、关于智能财务赋能企业价值创造的研究

2020年2月18日，工业和信息化部办公厅发布文件，推动企业加快数字化、网络化、智能化转型，赋能高质量发展。因此，从智能财务角度赋能企业价值创造，推动企业高质量发展，成为本届年会探讨的重点。

（一）智能财务的理论思考

中国财政科学研究院的杨周南认为，智能会计以会计管理活动论思想体系为理论基础，基于智能化环境而产生。在智能化技术的推动下，智能会计重新定义会计内涵，强化反映和监督职能，推动传统财务会计和管理会计、企业会计与宏观经济的融合。中国财政科学研究院的周卫华等人，以会计管理活动论作为价值网会计的理论基础，凸显会计的反映和管理职能，以REA模型构建价值网会计信息系统，让信息系统的使用者能够通过共享的数据对价值网进行管理。

（二）智能财务带来的企业会计信息系统重构

郑州经贸学院的白晓花等人从技术后台数据搜集、数据中台加工整理、业务前台智能呈现三个方面，构建大型企业智能财务信息系统建设方法，并认为高质量的智能财务信息系统应以传统财务核算为基础，以管理会计为中心，以人工智能辅助决策为目标。福建省鸿山热电有限责任公司的方宇亮等人将业务信息化系统与财务共享服务平台结合，通过预算管控、资金管理与风险控制平台，构建智能财务信息化系统，为企业价值创造提供了保障。

（三）智能财务在企业稽核中的实现场景

中国烟草总公司的黄虎等人设计了单据自动稽核、业务自动稽核、凭证自动稽核三类系统自动稽核，以及属地人工初核、属地人工复核、智能财务中心人工抽核的三级人工辅助稽核，构建“同台共库、人机协作”的智能稽核，并从定制化开发、稽核规则标准化设定、业财数据数字化对接、文本书件数字化转换四个方面研究企业智能财务建设过程中智能稽核的实现基础。

（四）智能财务带来产学研合作新趋势

新加坡国立大学的柯滨认为，智能财务发展促使数据、算法、算力的重要性提升，当前企业缺乏大数据专家与复合型人才，大学教学与研究应从内容、模式和技能方面转变，将大学教学与研究和企业数据结合是智能财务时代产学研合作的发展趋势。

（五）智能财务的“四化”演变

中兴新云陈虎认为，财务发展趋势是信息化、自动化、智能化、数字化，应通过集成一体化、机器人流程自动化（RPA）提升财务流程自动化水平，通过光学字符识别（OCR）技术、自然语言处理（NLP）技术、知识图谱和智能审核的应用实现财务智能化，进而提高企业财务数据采集和信息加工能力，助力企业价值创造。

三、关于智能财务赋能政府服务提升的研究

自 2019 年 1 月 1 日起，我国开始实施《政府会计制度——行政事业单位会计科目和报表》，逐步建立科学、规范、统一的政府会计制度体系，为政府财务转型的推进提供制度保障。云计算、大数据、人工智能等技术在政府会计领域的应用逐渐增加。因此，智能财务赋能政府服务提升成为与会专家探讨的热点。

（一）智能财务提升政府服务效能的理论和路径

华中师范大学的李闻一等人认为，政府财务管理长期以来面临着组织庞大、运行成本高、管理效率低等问题，在政府部门建立财务共享服务中心成为选择。对智能财务进行理论推演和实践总结，能够为智慧政府建设、政府行政管理效能改善等提供理论支持和最佳实践，最终有利于提升政府治理能力，实现国家治理能力现代化。

（二）智能财务助力政府数字化转型的实践

平安国际智慧城市科技公司的温勇认为，将企业财务管理理念应用于政府财政，从优政、兴业、惠民三方面为国家、企业、大众提供智慧财务服务，利用新技术打造智慧财政、智慧国资和智慧决策平台，能够提升财政资源配置效率和可持续发展能力，促进区域经济稳定和发展。

（三）智能财务促进智慧财政建设

沈阳建筑大学的栾世红等人认为，智能财务能够推进政府财政信息化发展。政府部门会计信息化应建立预算绩效一体化的“智慧财政”信息系统，借助信息化手段建立对基层单位的预算绩效管理体系，促进财政信息资源共享，从而推动政府财务综合报告体系的建立，提升国家综合治理能力。

（四）智能财务推进高校基建财务优化

广西医科大学的黄鲜桃等人结合新政府会计制度和信息化建设管理要求，提出应建立以“建设项目预算”为主线的基建财务信息共享系统，整合工程建设工作业务流程和财务业务工作流程，强化职能部门对基建项目协同管理，实现工程建设项目从立项到费用支付、结转固定资产等全过程的信息化共享管理，规避和防范廉政风险，为管理决策提供更为可靠、系统的数据支持。

四、关于财务共享赋能企业价值创造的研究

在《企业会计信息化工作规范》（财会〔2013〕20号）、《财政部关于全面推进管理会计体系建设的指导意见》（财会〔2014〕27号）的指导下，更多企业建立财务共享服务中心，国内财务共享建设和应用快速发展。财务共享促使企业财经体系变革，如何赋能企业价值创造，成为与会专家探讨的热点。

（一）财务共享的信息功效

北京大学的王立彦认为，新技术推动了组织变革。财务共享服务中心作为数字化时代财务转型的中介，通过共享服务和管理会计，提供财务报表、管理报表等服务于价值管理的信息产品，有助于推进业财融合，促进企业高质量发展。

（二）财务共享的影响因素

西安邮电大学的刘飞等人研究发现，技术因素和内生组织因素对上市公司实施财务共享有显著正影响，而外生组织因素和环境因素具有显著负影响。政府管理部门应加大互联网基础建设，加快发展大数据产业，上市公司应提升自身的创新能力，发挥要素互补协同效应，为企业财务共享提供保障。

（三）财务共享的质量管理模型构建

中央财经大学的刘俊勇等人运用扎根理论的研究方法，从质量计划、质量控制和质量改进三方面构建了数字化背景下财务共享中心的质量管理模型，并通过财务共享服务中心质量管理推进业务操作标准化，控制财务共享风险，提升企业价值。

（四）财务共享带来的企业资金管理价值

中南民族大学的苏亚民等人从财务成本、资金使用效率、资金监控力度、预算及决策

准确性四个方面进行分析，发现财务共享中心的建立有助于企业资金集中管控，提高资金管理效率，规避企业运营风险。

五、关于智能审计赋能经济高质量发展的研究

新技术与智能财务的发展影响着审计，使财务舞弊和审计监督都出现了许多新现象。智能财务如何推动审计发展，成为与会专家关注的新问题。

（一）智能审计的理论研究和应用场景

上海国家会计学院的黄长胤提出，现有关于智能审计的理论研究在构建大数据审计平台的基础上，进一步向审计模式、具体审计技术方法深入；现有关于智能审计的应用研究开始关注大数据审计实施过程中的非结构化数据问题。华中师范大学的李闻一等人指出，应加强审计信息化建设，向智能审计方向发展，建立信息化审计平台。

（二）智能审计的价值

福州大学的王冰等人通过研究发现，人工智能技术的进步，一方面使财务舞弊出现新手法，另一方面通过科技监管使强化会计信息监督职能成为可能。

（三）数据挖掘技术提升审计效果

上海国家会计学院的刘笑然运用人工神经网络算法等数据挖掘方法，研究发现大数据挖掘能够为审计提供海量数据和数据分析，显著提高了审计效率，控制了审计成本，并减少了主观判断，降低了审计风险。

（四）地理信息技术改进了自然资源资产审计

山西财经大学的郭宗文等人以领导干部自然资源资产离任审计为例，通过地理信息系统（GIS）、遥感（RS）、全球导航卫星系统（GNSS）技术等地理信息技术获取海量信息，解决审计中自然资源资产覆盖面广、种类过多、审计时间跨度大、审计指标等难以衡量的问题。

（五）可视化技术实现了自然资源资产审计的多维分析

首都经济贸易大学的王凡林等人将可视化技术应用于自然资源资产审计，并参照审计署“五层两翼”设计原则设计林业资源资产可视化审计系统框架，利用可视化多维分析、趋势分析、关联分析、多元分析等众多模型分析地区总体特征信息，制定审计评价指标。

（六）机器人流程自动化技术在审计中的应用

重庆理工大学的聂琦等人基于审计目标、审计风险与机器人流程自动化技术相融合的思路，利用机器人流程自动化可重复操作的技术特点，构建了基于机器人流程自动化的主营业务收入审计实质性程序软件机器人。

六、关于智能财务赋能人才培养创新的研究

国家发展改革委员会发布的《“互联网+”人工智能三年行动实施方案》(国发〔2015〕40号)鼓励相关研究机构、高等院校和专家培养复合型人才，注重人工智能与其他学科专业的交叉融合。高校会计教育对会计人才的培养路径和教学模式的创新，再次引起与会专家的高度关注。

(一)智能财务转变会计人才培养方案

新道科技的刘锦认为，数智化人才成为中国产业现实刚需，应发展“数智、商业、环境”的数智化培养理念，落实与高校合作的教改科研模式和学科交叉模式，以及云化应用、全面财务共享、业财深度融合等方面的财务数智化应用全景。

(二)智能财务人才培养的实践

湖北省财务共享服务学会的周奇兵介绍了财务共享服务体验中心的组织架构、岗位设置、知识体系及其与普通实验室的区别，并探讨了在财务共享服务体验中心进行业财税融、全程可视化、电子发票平台的创新实践。中央财经大学的卢闯从会计电算化、ERP系统、财务共享实验教学系统等方面诠释了新技术驱动的管理会计信息化实践教学。

(三)智能财务人才培养模式的创新

中国海洋大学的王舰等人认为，会计人才培养应转变模式，要培养学生数据分析能力和无代码编程能力，打造“计算思维”的培养模式，要培养自包型财会人才。嘉应学院的雷虹等人认为，我国会计教育应从课程创新与人才培养紧密结合、课程建设考核紧紧围绕学生展开、加强校企合作、升级人才培养目标、树立学生会计管理意识五个方面进行高校会计教育人才培养创新。

(四)智能财务的会计教学探讨

浙江财经大学郭德贵在研究中设计会计信息化教学模型，使会计假设、会计核算方法体系、凭账表的会计数据处理过程可视化，并启发学生进行案例分析，引导学生思考业财融合。嘉兴职业技术学院肖敏知等人认为，Excel是会计专业人员必须掌握的一项重要技能，应从贯穿Excel技能于会计核心课程中、鼓励专业教师到企业实践等进行Excel教学改革。

七、关于其他问题的研究

此外，与会者还对资本结构与企业创新、企业内部控制等内容展开了探讨。

(一)关于资本结构与企业创新的研究

厦门大学的王婧云等人研究发现，担保物权制度改革后，债务融资和商业信用的增长

对企业创新有显著的促进作用。桂林电子科技大学的谢海娟等人从代理成本的视角切入，研究发现，企业资本结构与其创新绩效呈显著正相关，且企业资本结构对其创新绩效的影响效果随着社会责任履行水平的提高而显著上升。

（二）关于企业内部控制的研究

湖北工业大学的孙德芝等人认为，引入阿米巴管理模式，从组织机构、预算管理、供应链管理、绩效管理、风险控制五个维度构建内控运行核心体系，有利于优化企业内部控制、提高企业运行效率。

在不确定性时代，在会计与智能技术融合赋能行业转型的大背景下，财政部大力发展会计信息化，建立健全会计信息化标准和法规，推进会计信息化标准法规的实施应用，为智能财务赋能经济高质量发展提供了数据基础。

第二节　智能财务对财务领域人才培养的转型

在大数据信息化背景下，企业的经营管理模式发生了重大变化，其中较为重要的是财务会计向管理会计的转型，即管理会计工作通过与大数据、信息化、人工智能等技术相融合，借助信息技术为财务管理工作提供高效的工作界面。但在转型过程中，需要注意的是，财务管理工作要建立切合企业实际、顺应当下的优化管理体系，并在实际工作中充分发挥其功能价值，改善企业管理质量。

一、概述

（一）智能时代

在智能时代，互联网技术和计算机技术得到了广泛应用。计算机技术不再局限于数字统计、计算的初始功能，已经进一步发展成具有独立学习和决策的能力，以及接近人类智能并应对人类智能的能力。人工智能技术被广泛应用到医疗、交通、企业管理等其他领域。而随着语音和图像识别技术的发展和应用，人工智能逐渐增强了人们的深度学习能力，可以参与并很好地完成越来越多的工作，涉及的技术也越来越先进。人工智能甚至可以完成一些人工不能保证成功率的精确实验。人工智能技术对人类的工作和生活产生了不可忽视的积极影响，充满了正能量。未来，它还将被继续应用到更深层次的领域，加快人类社会发展的步伐。

（二）智能财务时代

1. 财务数据整合

人工智能的信息数据处理和存储功能较强，能够高精度地处理信息数据，代替了数据采集、整理、记录和运算等基础性的工作，进而提升了财务的分析处理的质量和效率，缩短了财务工作的时间，在一定程度上减少了财务人员的劳动量。人工智能的普及会淘汰财务行业中具有初级会计证及只会简单操作财务工作的人员。但是，在处理与应变上，智能机器的运转终究是固化和机械的，不可能完全超越人类。而且，财务人员也要经常处理一些人工智能无法处理的问题，这些问题需要财务人员相互间商讨、决议才能完成。财务人员的思考和有意识的工作是加强部门之间交流、沟通的一种方式，是企业文化的一种价值体现，也是人工智能无法替代的。

2. 运行处理与信息存储

人工智能的数据信息存储功能是人类无法比拟的。企业经营管理数据以及竞争对手的运营管理数据对维系企业的正常经营是非常重要的，人工智能在处理和存储数据信息等方面为企业的经营决策提供了精准的数据保障，如预测业务、智能收集、整合与运算处理财务数据。相较于人工财务工作而言，人工智能在这方面的精准操作具有较大的优势。

二、智能财务时代财务领域的人才问题

（一）思想意识不足

思路决定出路，思想意识决定行为气质。财务人员在接受相关专业教育时的侧重点仍然是对专业知识和技能的训练，而对业务融合、参与经营管理能力的强调相对不足。长久的工作实践让财务人员形成了自己独特的思维体系、行为理念和工作方式。我国大部分企业的财务部门在工作开展过程中依旧停留在做好“记账先生”和“报税员”的阶段。实际上，账务记录只是财务会计工作的一项基础工作，财务数据的运用和管理与企业的经营管理有着紧密关系。传统的观念和认知已成为财务人员转型路上的拦路石，不易被发现却阻碍着财务人员的进步。

（二）人才要求增高

传统的会计工作常年与凭证、账簿和报表打交道，部门对财务工作的分工也相对固定，财务人员的工作内容基本没有变化，互相也很少交流，工作相对单一。现在，这类工作逐渐被财务机器人替代。企业需要财务人员在日后更加偏向于综合性的工作，比如管理会计就是今后的发展方向。管理会计要求财务人员对财务资料进行理解，通过对数据的分析，结合自身的经验参与企业管理，为企业的决策提供意见和建议。同时，信息的共享使得财务工作不再局限在财务部门，而是需要多部门的配合，这对于财务人员的沟通能力亦有一定的要求。目前，我国财务人员的素质参差不齐，有的只有初级或者从业资格证，有的具有中高级职称，还有的具有注册会计师等资格；参加工作的门槛也不高，很多大学甚至专科毕业后取得从业资格的人员即可从事财务类工作，他们对于凭证、账簿和报表之间的关系并不了解，对企业如何规避风险也不知道，与人工智能时代财务人员的职业发展规划不匹配。

三、智能财务时代对财务领域人才培养的转型策略

（一）增强人员思想意识

现阶段的财务人员要想更好地发展，实现财务转型，首先要转变过去“记账先生”的思维，树立财务转型意识，重新认识会计工作的价值和内容，建立“大财务”思想，确定转型方向。财务人员需要在掌握会计核算基础知识的基础上，增强参与管理的意识，树立全局意识和战略眼光，将工作重点转向战略管理、预算管理等财务增值方面；将工作节点向前移，在事后监督的基础上更加注重事前预测分析和事中过程管控，让企业的财务信息变成企业管理层的高价值参考资料。

（二）明确智能财务时代人才要求

只有明确了智能时代对财务人员的培养要求，财务人员的培养目标才能具体化，进而培养出适应力强的财务人员。

（1）培养财务人员拥有较强的学习能力。近年来，随着国家增值税改革的快速变化，会计政策特别是税收政策层出不穷，财务软件层出迭现，数据处理技术发展迅速。财务人员在入职前，作为学生在接受金融专业培训过程中所学到的知识和技能如果落后于经济和网络信息技术的发展，就很容易成为“过去时”。财务人员要有较强的学习能力，不断更新知识和技能，从而能跟上智能时代的发展。

（2）除了金融知识的培训外，还要注重对财务人员数据分析处理能力的培养。在智能金融模式下，互联网信息技术、人工智能等已广泛应用于金融工作领域。训练有素的财务人员应适应这种工作模式，熟练运用各种智能系统，拥有更高的专业素质，从而做出合理的财务管理决策。

（三）注重复合型人才的培养

随着科技和信息化的飞速发展，计算机应用于企业财务领域的范围越发广泛。计算机学科与经济类学科的交叉已经成为这个时代发展的必然趋势。新型财务领域的人才不仅需要具备财经类的专业知识，还需要掌握计算机技术方面的专业知识，进而成为更好地服务于当今社会的复合型人才。例如，大数据技术在财务工作中的应用体现了计算机与财务工作之间的深度融合；数字化在将生产资料数字化的过程，需要借助信息与通信技术。这些生产资料数字化之后，将以数据为中心，展开生产、经营、组织构架、营销管理、商业模式等各个方面的变革。企业对财务大数据分析能力的需求包括数据采集能力、数据清洗能力、数据挖掘建模分析、数据呈现能力、数据分析工具操作、数据应用与决策分析。可以看出，企业对财务人员的数据处理能力提出了很高的要求，新型财务人才具备大数据采集与清洗工具的操作能力，企业投资内部和外部竞争分析，企业资金运转、费用成本、销售分析和预测能力，数据洞察并提出企业经营决策建议，以培养计算机和财经双融合的复合

型人才。

（四）构建完善的会计工作模式

会计工作模式的转换可从具体的工作内容入手，在具体管理中通过数据分析进行预测和决策。例如，结合现有的数据分析情况，积极探索行业发展的趋势和规律；结合企业当下的财务情况，对投入成本和回收利润的关系等进行分析，预测经济活动的销售情况和收益情况。另外，会计工作必须追求时效性，在设置绩效考核制度的过程中，结合内部和外部的具体情况，将定性与定量分析相结合；在进行绩效考核时，注意考核结果的公平性和有效性，确保员工的利益，促进企业的发展。

总而言之，新事物的产生对相关行业的发展起到了极大的促进作用。人工智能为财务行业提供了重要的技术力量，促使财务人员向智能化时代转型。未来是人工智能的时代，财务从业人员准确定位自己的工作价值、抓好时代发展的先机、努力提升自己的财务业务水平，是帮助企业提高财务管理质量和运作效率，保障财务决策和数据的分析和处理能力的关键。

第三节　智能财务会计专业教学方法的转变

在智能时代，人工智能技术被逐步推广和应用，其中，多种云智能财务软件、智能财务机器人的出现为会计工作注入了新鲜血液，可以极大地提高财务工作效率，保证财务数据的准确性，同时对财务工作者的素质水平提出了更高的要求。培养适应新技术、新时代、新变化的智能型财务人才迫在眉睫。因此，对智能财务时代会计专业教学方法的转变研究具有重要意义。

一、智能财务对会计专业教学的影响

（一）财务技术趋向智能化

智能财务，是指主要建立在物联网、云计算、大数据等先进技术下的财务技术，完全打破了以往财务业务的工作方式和业务流程等，促使财务工作更加精准、智能、实时化。但从国内一些企业财务工作实际情况看，部分企业的财务工作依然停留在手工记账、会计电算化阶段，这导致部分高校会计专业教学和实训部分为了迎合企业需求，依然采用手工记账、电算会计等方式，虽然符合实际情况，但对于未来财务则表现出明显的不足。这是因为智能财务需求的是智能财务人员，对财务人员应用智能化财务技术水平提出了要求，高校会计专业在实际教学过程中也要向这一目标发展，进而促使高校各方面的教学条件向智能化发展。

（二）工作职能发生巨大变化

在以往的财务核算下，根据核算工作内容划分，财务人员主要分为出纳、成本会计、工资会计、总账会计、税务会计等，这些岗位和职责都有明确的划分。经过不断地工作，财务人员的职业规划可以向着会计员、主管、经理、财务总监的路线发展，在职位上逐步晋升。随着智能财务时代的到来，一些基础性的核算工作将会被取代，而财务人员的实际工作将会更加偏向于管理会计，如战略会计、规划会计、决策会计、执行会计、评价会计等。在智能财务共享平台的作用下，财务人员改变了以往的一人一岗模式，可以通过运用智能系统实现一人多岗，并且促使每个财务人员地位呈现平等化。这就需要高校会计专业教学的教学内容、教学模式、培养目标适时进行调整。

（三）财务人才需求量将会减少

在进入智能财务时代后，财务机器人会通过技术人员提前设定好的程序，实现会计信息化、自动化运作，取代人工核算业务。这种智能财务共享平台的建设导致企业中一些较为基础的岗位会被取代，所以对相应的人员需求也会逐渐减少。但国内各大院校会计专业的人数非常多，这对学校专业教学提出了更高的要求。目前，会计专业更加侧重于培养能够具备基本财务工作能力的人员，但是这些人员在未来的工作并不能适应智能财务人才的需求，再加上以后的财务就业岗位会越来越少，无疑会增加就业压力，导致一个岗位有无数优秀的人去竞争。因此，高校有必要正确地面对智能财务人才需求，并结合时代背景，不断促进会计专业进行转型升级。

（四）对人才素质和能力要求非常高

现阶段，高校会计专业教学的主要培养目标是保证学生具备必要的财务核算能力。在智能财务时代，财务人员除了具备基本的素质和能力之外，还需要具备财务分析、财务预测、财务管理能力。除此之外，在业务与财务融合下，财务人员还需要具备较好的沟通能力、职业素养，可以快速适应新技术，能够不断提升自身技术水平。未来的智能财务时代需要的是复合型人才，因此，高校会计专业的培养方式和手段需要进行改革。

二、智能财务时代会计专业教学方法的转变路径

（一）培养目标向管理会计人才转型

传统的财务会计工作主要是会计核算，而财务机器人的工作更多的是会计核算基础业务。因此，会计人员如果想长久发展，就需要向管理会计转型。这需要会计人员具备一定的管理会计思维，在掌握历史情况的基础上，用发展的眼光看待未来发展。

对此，高校在会计专业教学中要顺应行业需求制定全新的人才培养目标，通过有效教学使学生具备相应的报表编制、成本核算等能力，培养服务型、复合型、实践型的人才，从而更好地为企业生产、管理、服务第一线提供高素质人才。高校会计专业在制定人才培

养目标时，需要与教师在社会对会计专业人才需求情况的基础上，结合本校情况，分析相关企业的实际经济活动，通过预测、分析等进行有针对性的教学。

（二）调整会计专业课程，实现向综合型转变

从高校会计专业课程设置实际情况看，课程以会计核算业务为主，如初级会计实务、中级会计实务等课程、会计信息化实务、税费计算与筹划等。此外，高校为了促进就业，开设了管理会计、业绩评价与分析等课程，这些主要是针对某个财务岗位而开展的课程。根据有关数据统计，会计专业基础财务类课程占60%以上，而有关业务财务、战略财务的课程占比还不到40%。但是，在未来智能财务发展下，战略财务将占有更大的比例。因此，高校需要调整课程比例。

高校会计专业课程应当从核算型向管理型转变，在培养学生基础技能的同时培养学生的综合能力；根据现阶段财务业务流程和实际工作过程，提取其中必要的技能、知识、技术等融合到课程建设中，构建业务与财务相互融合的课程体系。高校可以通过多种方式丰富教学形式，在实际教学中合理利用网络和社会资源，不断创新会计教学。例如，高校可以邀请有关专家到校开展讲座，也可以开展相关的财会实践活动、社会调研活动等，全面提高学生会计综合素质和能力。在智能财务中，财务人员需要利用智能财务系统，结合核算、金融、法律等相关的知识和技能，辅助整体业务流程。

三、积极改革教学模式，实现智能化发展

在智能财务时代，为了有效培养智能型财务人才，高校会计专业教学模式需要顺应行业发展进行调整，构建出实岗型、全仿真、云端化的智能会计教学模式。

（一）实岗型教学

实岗型教学模式主要是在教学中模拟企业化方式，同时充分融合企业的相关内容，如企业文化、财务制度、岗位职责、管理方式等，以此来创新教学内容和管理方式，如按照企业绩效考核标准评定学生的成绩。此外，高校可以充分发挥自己的人才、技术优势，成立智能财务共享中心，根据实际情况与企业财务业务进行对接，为学生提供实岗操作的机会，将理论知识与实践有效结合。

（二）全仿真教学

各大高校可以根据自身的情况，对企业实际运行进行全程仿真模拟。例如，在第一学期模拟企业刚成立，主要让学生掌握企业的日常工作内容，促使学生在实际学习过程中初步形成相应的财务管理的能力；在第二学期和第三学期模拟企业成长为中型企业，不仅要培养学生的基本核算业务处理能力，还要培养学生财务分析、业绩评价、成本管理等业务的处理能力，提高学生在中型企业承担财务工作的能力。以此类推，在后期学习过程中，不断提高学生的财务能力；并通过后期与企业的顶岗实习，帮助学生更快地适应企业的实际工作。

（三）云端化教学

为了进一步适应智能财务时代，高校在培养学生的过程中可以全面实行云教学，在互联互通作用下，构建智慧校园并实行智慧教学；然后学生模拟企业员工，利用智能仿真财务共享云中心进行每天的工作。教师则在云中心给学生布置工作任务，并在此过程中给予学生适当指导，根据学生实际工作成果实施有效的任务评价。例如，讲到“会计信息处理”时，教师可以将课上的教学视频上传到互联网上，便于学生在课后复习和巩固会计知识。此外，教师可利用平台布置作业、审查作业，并给予学生在线解答帮助，有效改善教学方式，激发学生的学习积极性。

四、建设高质量的师资队伍

智能会计教学主要以业务为中心，这需要融合各学科知识和能力，对会计专业教师的综合能力提出了更高的要求。为了更好地培养智能财务人才，高校需要建立一支全科型师资队伍。

为此，高校需要提高对全科型教师的培养，通过轮岗教学、轮岗实践，提升每位专业教师掌握各学科知识的能力；在此基础上，通过顶岗实践全面提升教师综合实际业务的处理能力和知识运用能力。此外，高校要全面了解各个专业教师的学科短处，为教师提供进修的机会。

智能财务时代在给学校会计专业教学带来发展机遇的同时也使其面临着一定的挑战，希望以上分析可以帮助会计专业教育工作者更加充分地认识智能财务发展，从多维度提升教学质量，积极进行改革，从而使培养出来的财务人才更加适应时代发展。

第八章　智能财务人才培养的创新与实践

第一节　财会专业人才培养的改革创新

随着大数据、人工智能、云计算等技术的应用和发展，基于商业智能和新兴技术的智能财务兴起，给传统财会行业带来了巨大的冲击，或将导致传统财会工作模式的彻底颠覆。人工智能技术的崛起是人类经济、社会发展面临的重大机遇，但也可能是最大的挑战。

科技改变教育，而教育也应顺应时代。新兴技术的广泛应用必将对教育模式产生巨大影响。从现有研究来看，学者普遍认为，在智能财务背景下，财会专业人才培养模式需进一步提升，传统的会计专业人员要向管理会计转型。数字素养已成为当代大学生的基本要求，在财会专业人才培养中应加大融合数字素养教育。也有学者从市场需求角度出发分析了财务人员的转型需求，对中小型企业财会人才需求的调研结果显示，中小型企业对财会专业学生的专业实践能力、数据分析能力、创新思维能力都提出了新的要求。总之，智能财务时代对于学生的专业知识、实践操作能力提出了更高的要求，高校人才培养模式亟待改变。

目前，由于缺乏对企业人才需求的了解，致使高校的人才培养脱离了社会需求，学生毕业即失业的现象普遍存在。对此，要促进人才培养供给侧目标向产业需求侧要求靠拢，发挥企业在教学活动中的主体作用，加强校企合作，深化产教融合，逐步提高企业在高等学校教育教学改革中的参与度。产教融合教学模式能够将校企双方的人力资源与物力资源有效结合，将人才需求与供给对接，帮助学生全面发展，有助于构建以需求为导向的人才培养模式，填补当下智能财务人才需求缺口。正是基于以上背景，本节对开展智能财务发展环境下的高校财会专业人才培养模式改革进行了探索，以培养适应智能化时代的“人工智能＋财会专业”复合型人才，构建基于产教研融合的全新财会人才培养模式为目标，对财会专业人才培养模式提出了相应的改革建议。

一、智能财务的内涵与发展趋势

（一）智能财务的基本内涵

智能财务是一种新型的财务管理模式，其基本内涵可初步理解为“人工智能＋财务流程处理”，是人工智能技术与财会专业知识深度融合的产物。它基于先进的财务会计管理理论、工具和方法，同时借助人工智能技术构建人机一体化的混合智能系统，借助智能财务技术完成财务分析、预测和决策，从而使业务流程标准化、高效化和智能化。

（二）我国智能财务的发展历程

我国智能财务的发展始于20世纪80年代，微型计算机的引入使得企业进入会计电算化时代。“互联网+”的兴起和财务共享中心的建立标志着财务智能化时代的正式到来。智能财务根据在不同时间段的技术特点可以大致分为三个发展阶段：第一阶段是电算化阶段（1979年—1997年）。1979年，长春第一汽车制造厂收到政府部门500万元的补助后，开始大规模设计并实施信息系统，成为我国会计电算化发展过程中的一个里程碑。第二阶段是信息化阶段（1998年—2015年）。1999年4月，在深圳召开的“会计信息化理论专家座谈会”上，与会专家首次提出了会计信息化的概念。随后，随着金蝶、用友等软件公司推出的ERP软件的广泛应用，我国开始全面进入网络财务时代。2005年，中兴通信建立中国的第一家财务共享服务中心，标志着中国进入财务共享阶段。第三阶段是智能化阶段（2016年至今）。随着大数据、人工智能、云计算等技术的不断发展，2016年3月10日，德勤与基拉系统公司（kira systems）联合推出财务机器人，正式将人工智能引入企业财务工作中，智能财务开始迈入一个全新的时代。

（三）智能财务的发展趋势

智能财务是一种业务活动、财务会计活动和管理会计活动的全功能、全流程智能化的管理模式。目前，大数据、云计算等技术日趋成熟，已基本解决计算智能化问题，计算机视觉、语音识别、智能机器人等技术也正在解决感知智能的问题。智能财务未来需要重点突破认知智能技术问题，让机器能理解、会思考，通过人机协同，助力智能决策，推动财务工作的行业性变革。未来的财务机器人应能够进行规划、控制、预测和分析，给企业管理层提供更加精准、及时的决策分析依据。在智能财务蓬勃发展的背景下，财会人才需求正发生巨大改变，低端财会人才将面临淘汰或转型，高校和企业都应做出积极应对。

二、智能财务人才的需求特点与培养现状

2018年8月，《人民日报》对10个人数最多的本科专业进行汇总分析的结果显示，会计排名第一，财务管理排名第五。在我国财会从业人员中，拥有会计从业资格证的低技能财务人员达1000余万人，拥有初级资格的会计人员为577万人，拥有中级资格的中级管理人员为217万人，而拥有高级资格的高级财务人员仅为18万余人，人才结构呈典型的金字塔形状。智能财务的出现将打破现有的金字塔结构，大量低端财务人员将被替代，高端财务人员才是未来财务发展的主要人力资源。

（一）人才需求特点

在智能化模式下，大规模的人工作业将被机器替代，尤其是能够被高度规则化的作业将由财务机器人来完成，规模价值将完美展现。很多行业有望实行人机协同办公模式，这意味着未来的工作在结构上会发生根本变化。2019 年 1 月，中国总会计师协会与英国皇家特许管理会计师公会（CIMA）联合发布的《CGMA（全球特许管理会计师）管理会计能力框架 2019》指出，管理会计应当同时具备商业技能、技术技能、人际技能和领导技能，必须具备信息和数字素养，能够解决数字难题，具有数据分析能力。目前，市场需要既懂业务又懂技术的复合型人才，即需要具备跨领域复合知识，拥有财会专业、大数据、人工智能、计算机背景的交叉型、复合型人才。

（二）人才培养现状

在“大智移云”时代，智能财务系统已经在企业中普遍应用，财务人员必须顺应时代潮流向更高层次的复合型人才转变。根据教育部阳光高考网统计数据显示，全国有 662 所本科院校开设了会计学专业，723 所本科院校开设了财务管理专业。此外，加上专科院校，高校每年可向社会输送约 100 万财会人才。但是，仍有很多企业表示无法找到对口的“适岗人才”。这表明人才培养与人才需求对接有偏差，目前的财会教育水平还不能完全满足智能化科技的要求。

目前，我国开设智能财务专业的高校及研究机构主要有上海国家会计学院、中国财政科学研究院、西南财经大学、浙江大学、南京理工大学、山东财经大学等。

三、产教融合人才培养的必要性与优势

近几年来，政府部门积极提倡产教融合，出台了多项相关政策。2016 年，中共中央印发的《关于深化人才发展体制机制改革的意见》要求建立产教融合、校企合作的技术技能人才培养模式，促进企业和高等院校成为技术技能人才培养的“双主体”。2017 年，国务院办公厅印发的《关于深化产教融合的若干意见》明确提出并要求持续深化产教融合、推进校企合作，逐步提高行业、企业在高等学校教育教学改革中的参与度。

（一）智能财务时代产教融合的内涵

与以高校为主的传统办学模式不同，产教融合是由教育部倡导的一种新型的办学模式，强调高校与企业“双主体”协同培养。产教融合是指教育链与产业链的融合，其本质是教育与产业的一体化。

在智能财务时代，大数据、人工智能、移动互联网等技术的应用，可对产教融合人才培养模式进行全方位的提升；依托大数据技术、远程教育实验室、产教融合服务平台和线下智能财务实验室等对人才需求层次进行精准分析，对企业业务处理进行实时展示，对人才培养效果进行实时交流，对学生实操进行线下指导，从而实现人才需求与供给的无缝对

接，这对提高高校财会人才培养质量有着至关重要的作用。

（二）产教融合人才培养的必要性

现阶段高校财会人才培养模式普遍比较落后，课程设置仍然偏重于基础核算，管理会计、决策会计等价值创造型财务课程设置较少；同时，实验设备达不到智能化水平，实践培养效果较差，培养的毕业生无法满足已经进入智能财务时代企业的需求。在智能财务的背景下，财会人才不仅需要具备扎实的财会专业知识，更需要掌握综合性的跨学科知识，懂得如何将新技术运用于财务流程处理。传统的培养模式不能满足智能财务发展的需要，而产教融合可以深化高校与企业之间的联系。高校通过与企业的沟通交流了解企业最新的人才需求特点，进而有针对性地培养人才，从根本上解决现有人才培养脱离社会需求的问题；同时，加强产教融合，发挥企业在教育中的重要主体作用，促进人才培养供给侧和需求侧的有效对接，有利于加快建设先进人才队伍，填补人才需求缺口，为企业智能财务发展提供有力支撑。综上所述，产教融合是智能财务时代高端财会人才培养的必然选择。

（三）产教融合人才培养优势

产教融合是指高校与企业在人才培养、技术研究、成果转化等多个方面密切合作，把学校办成集人才培养、科学研究、科技服务为一体的产业性经营实体。产教融合人才培养需要高校发挥主导作用、企业发挥主体作用、政府发挥支撑作用，形成“三位一体”的人才培养体系模式。产教融合培养机制充分融合了供给与需求，强调联合培养、互利共赢，解决人才培养供给侧与需求侧的不平衡问题。高校拥有优秀的师资团队，企业拥有先进的技术和雄厚的资金实力，校企合作可以实现信息共享、人才融合、共享研究成果。

1. 有利于高等院校学科专业的动态调整

国务院办公厅印发的《关于深化产教融合的若干意见》（国发办〔2017〕95 号）中明确指出，要建立完善的需求引导性人才培养模式，注重企业的人才需求标准、人才评价标准，把市场供求比例、就业质量作为学校设置和调整学科专业、确定培养规模的重要依据。在智能财务背景下，高校应充分把握财会行业发展现状趋势、企业财会人才需求状况，及时调整人才培养目标与人才培养方案，加强智能财务相关课程设置，完善智能财务学科建设；借助企业前沿信息，将最新的研究成果、实际案例编入教材，建立适应产教融合的课程体系，建立现代化的实训、实践基地，模拟企业真实场景，培养学生实践能力。

2. 有利于扩展学生的实践场所，提高学习质量

在产教融合的培养环境下，企业与学校可以共同建立实训基地、智能财务实验室等，为学生提供实践场所。与传统教育模式不同，学生可将理论知识与实践相结合，真正做到学以致用。实践基地可以模拟企业场景，使用真实的企业案例培养学生的思考能力和动手能力，全面提升学生的工作能力。

3. 有利于建立“双导师”培养方案

产教融合有利于高校与企业的人力资源整合。高校教师与企业高级技术人员、管理人

员共同建立“双导师”制度，导师之间的相互交流将提升师资团队的专业素养。高校教师传授专业理论知识，企业导师传授实践经验、行业前沿知识，以及企业文化、职业素养、职场礼仪等直接与工作相关的知识，夯实学生的财会专业知识，并提升他们的实践能力。

4. 有利于满足区域行业企业人力资源开发的需要

产教融合人才培养模式实际上是需求导向型人才培养模式，企业参与人才培养，根据自身需求与高校合作培养人才。在复合型高端人才缺乏的情况下，该模式能够以较低的成本获得更多的符合企业要求的人力资源，有助于提升企业的竞争力。

5. 有利于提升企业形象和创新能力

企业与高校合作有助于企业提升自身品牌形象，提高社会公信力。企业与高校合作。能够实现一线骨干技术人员的技能提升、管理人员的学历提升、普通员工的技能培训，提高企业整体员工的综合素质水平，从而提升企业创新能力。

四、产教融合人才培养体系建设

产教融合人才培养体系建设要充分发挥企业的主体作用，将企业的人力资源、经济资源充分分配到人才培养上，人才培养的全过程要与企业紧密联系，在人才培养环节、就业指导环节、就业毕业环节深化产教融合，充分利用校企资源。

（一）完善教学基础设施

高校培养学生的基础条件是学习环境的完善。高校要培养具备创造力、思维活跃的现代化高端财会人才，建设具有创新性、灵活性、开放式的新型教室和创建完善的在线学习环境是必不可少的。所以，高校应加强校园硬件设施条件改造，通过校企合作重构智慧教育教学环境。

对于线下学习环境的改造，高校应该借助企业资源完善智能财务教学环境的信息化基础设施，打造信息化教室，改善教学环境。此外，高校要加强基础设施建设，改造教室、实验室等外部环境，通过环境的优化影响学生的思维方式。

对于线上教学平台改造，应强化网络教学的一体化、个性化、数据化、智能化特征。首先是一体化，线上教学可以作为线下教学的有效补充，因为线下教学总是有不完善的地方，应通过线上的正式和非正式的学习进行互补，实现线上与线下一体化教学。其次是个性化，线上教学可以根据学生个人的兴趣爱好和发展特点打造量身定制的课程体系。再次是数据化，高校通过数据挖掘和大数据分析，可以挖掘出隐藏的教育信息。最后是智能化，高校要利用现代科学技术，如将人工智能的语音识别、图文识别等融入学生培养方案中。

（二）重构课程体系

国务院印发的《统筹推进世界一流大学和一流学科建设总体方案》中明确指出，培养拔尖创新人才是“双一流”建设的主要任务之一。智能财务需要具有学科融合、学科交叉背景的学生。因此，在课程体系建设时，高校要考虑多学科课程的交叉融合。

对于教学课程安排，高校应该在财会专业课程的基础上，增加大数据、云计算、人工智能方面的课程，如与大数据技术相关的Python基础、概率与统计、大数据技术平台、数据可视化、机器学习等。高校要培养学生数据挖掘、大数据分析与管理的能力，为今后的人机协同工作打下基础。同时，结合云计算、人工智能的技术和方法，高校要充实和完善现行的会计信息系统类课程。

对于教学方式安排，高校应适当减少课堂教学，强化实操环节，实践课程不得少于教学课时的50%；同时，采用“线上＋线下”教学模式，充分利用线上和线下教学资源，创造便捷的学习环境。

对于教学模式安排，高校应采用“双向流动”教学模式。企业可以邀请学生进入企业内部参观、学习、实践等。高校可以邀请企业的高级技术人才和管理人员进入校园定期开设职场课程，或者举办实操讲座、求职讲座等。

（三）打造优质师资团队

拥有高端财经人才、高质量的师资团队是高校不可或缺的重要因素。高校应当加强与企业的合作力度，高效利用产教两侧优秀的教师资源，打造高质量师资团队。在产教融合办学条件下，高校的专业教师团队应与企业的高端技术人才、管理人才深度融合，建立一支高水平的师资队伍。高校教师提供过硬的专业理论知识，企业高管技术人员传授前沿专业技术知识。企业管理人才的加入可以培养学生的管理能力、组织能力和综合能力，还可以开阔学生的视野，使学生与企业接轨。

（四）加强实践平台建设

在智能财务背景下，高端财会人才必须熟练掌握现代信息技术，还必须能够熟练运用这些技术，并在工作中实践。现代化智能财务实验室或会计实验室是培养学生能力的重要场所。为培养具备会计数据分析能力的智慧型、创新型的应用复合型人才，高校可与企业合作共建“智能会计实验室”或者“实训基地”，争取使培养的毕业生可以胜任大中型企业、行政事业单位的现代会计分析工作，能够运用智能化工具发挥管理会计的规划、决策、控制、评价职能，为管理决策者提供会计辅助决策信息，更好地满足智能财务人才需求。高校还应结合人工智能和大数据的原理与技术，借助合作企业的支持，持续改进现有实验、实践条件，为学生提供人工智能和大数据情境下实际操作的机会。

（五）建立信息共享机制

校企双方可以利用云计算、大数据、移动互联网等技术手段建立产教融合信息共享机制。信息共享包括高校信息和企业信息两个方面。一方面，企业通过信息共享平台提供线上教学、实践实操演示视频等，也可以在平台上及时发布行业前沿信息、企业内部活动、企业招聘等信息。另一方面，高校可以将学校的教学视频、科研成果分享至共享平台，为企业员工在职教育提供帮助。

信息的内容一般分为五大模块：①在线学习模块。在该模块中，高校将提供校内课程以及其他与财会专业相关的教学视频。在校学生可通过在线学习，丰富自己的专业知识；企业员工可在线完成继续教育课程，弥补自己理论知识不足的问题，同时可获取更高的学历。②在线演练模块。在该模块中，由企业提供实践、实操演示视频，并设计仿真模拟试题。学生可在移动端观看实操演练，完成实操试题，置身于实际场景中，提高自己的实践能力。③在线交流模块。学生、教师、企业导师三方可通过该模块直接联系，进行互动交流，快速帮助学生解决疑问；同时也有助于教师了解行业的实际发展情况，从而实现研究成果的快速转化。④求职招聘模块。企业可通过该模块定期发布暑期实践招聘、毕业生专项招聘等信息，为学生提供实习、求职渠道，实现企业与学生的信息互通，帮助学生完成就业。⑤行业信息模块。该模块主要发布行业前沿动向，推送智能财务相关讲座、会议以及公司实际案例等相关内容，让学生了解行业前沿，开阔学生的视野。

总之，高校要以“优势集聚、资源共享、互惠共赢”为基本原则开展产教融合人才培养模式。在这种模式下，高校可以利用企业资源完成学生的学习环境及实验、实践条件的提升。这对学生的学习、科研、实习、就业等都能够起到很大的帮助作用。同时，企业也可以利用高校人才优势帮助自己解决实际问题。

科技的发展推动了财会行业的变革与创新。财会行业对高端人才的需求巨大，人才需求侧与供给侧严重失衡。现有的高校财会专业人才培养方案与现实要求严重脱节，产教融合成为高等院校培养新型财会人才的必然选择。本节从智能财务人才特征与需求现状出发，结合国务院办公厅印发的《关于深化产教融合的若干意见》，提出推进产教融合，实现校企双方在课程设置、师资队伍、实践环节等多方面的深度融合，协同育人；同时，从完善教学基础设施、重构课程体系、打造优质师资团队、加强实践平台建设、建立信息共享机制等方面入手，提出基于产教融合的人才培养体系建设方案，希望能为推动我国高校财会专业人才教育教学的改革提供借鉴。

第二节 财会专业人才培养的教学实践

“大智移云物区”等现代信息技术迅猛发展，将掀起新一轮产业变革，财务领域也正在发生翻天覆地的变化。2017 年，国际“四大”会计师事务所相继推出了财务机器人，如金蝶推出的财务机器人“小 K”、用友研发了“财务云”。传统会计行业的变革慢慢拉开了序幕，财务行业正在步入智能财务时代，智能财务已成为财务领域新的发展方向。在智能财务时代，会计职业能力要求发生了重大变化，会计工作转型势在必行，企业对会计人才提出了更高的要求，高校会计专业人才培养要能满足企业的需要。会计实践教学是会计人才培养的重要环节，亟待进行改革与创新，以便使学生具备新时代变化下的岗位胜任能力。

一、智能财务时代高校会计专业实践教学改革的必要性

（一）适应会计转型升级的需要

随着人工智能技术在财务领域的应用，大量基础性、重复性的会计核算工作将由财务机器人来完成。会计人员要向管理会计、分析决策方向转型，工作重心要转移到价值创造上。会计实践教学迫切需要改革原有培养只懂软件操作人才的教学体系，以适应会计转型升级的需要。

（二）适应企业对会计职业能力新要求的需要

在互联网时代，知识加速更新，会计工作不断变化，企业对财务人员的能力要求也在提高，会计人才除了要掌握专业知识和技能外，还要具备很强的学习能力、信息数据处理与分析能力、智能技术的应用能力。会计专业实践教学关乎学生的职业胜任能力。为了适应未来工作的需要，学校应当改革传统会计实践教学体系，帮助学生加深对智能技术的理解和学习，提高学生运用智能财务软件的水平，以适应会计职业能力的新要求。

（三）适应会计工作业财融合的需要

目前，学生使用的各个会计实践教学平台基本上都是独立的。一个实践教学平台只能解决某一方面的问题，没有体现财务转型后的业财融合与财务信息共享。学生缺乏整体分析问题、解决问题的能力。在实际工作中，了解业务是财务核算和管理的基础，财务人员只有基于对业务深刻的理解才能做出正确的财务判断。学校需要对会计实践教学体系进行改革，让学生理解并适应会计工作业财融合的需要。

二、当前高校会计专业实践教学中存在的主要问题

（一）实践教学目标脱离企业实际岗位需求

有些高校将会计人才的培养目标定位于培养能够从事出纳、财务会计、成本会计等会计核算岗位的高素质技术技能型人才。这造成了以会计核算能力为核心的初级财务人员比例过高，而掌握智能财务技术且具有财务分析综合能力的人才比例过低的结果。会计实践教学目标与企业的实际需求匹配程度不高，仍然定位为会核算、懂操作，层次不清晰，没有形成体系，缺少分阶段实施的实践教学目标。

（二）实践教学课程体系缺乏整体规划

目前，高校会计实践教学课程缺乏系统规划，没有形成立体化的实践教学体系，主要是单一实验实训课程，由各门会计专业课相对独立的实验项目组成，以“理论＋实验实训”的课程形式普及率较高，各专业课程之间的实践环节缺乏有机联系，课程之间有重复设置的实践内容，实践内容没有明显差异，专业综合实践课程比例较低，学生的综合应用能力

培养方面体现不足。

（三）实践教学课程内容滞后于企业应用

高校的会计专业课程内容仍是以会计核算的基础知识为主，缺乏财务大数据分析和管理决策类课程；实践技能还是以基础性会计技能为主，注重软件的简单操作，没有结合企业的业务背景和流程设计教学内容，导致学生只会操作，不懂软件系统应用的逻辑，且教学使用的平台是企业正在淘汰的传统信息化软件。企业所使用的财务软件已经在更新换代，逐渐以财务云平台或智能财务软件为主，教学内容没有紧跟智能财务背景下所需要的最新知识和技能的革新步伐。

（四）实践教学环境与设施陈旧落后

实践教学环境比较落后，还是以传统的实验室机房为主，缺少真实的会计岗位工作教学环境，智能财务应用、财务共享实训、财务大数据分析等会计智能化实践教学设施和环境并未建立和形成。

（五）实践教学师资力量不足

目前，许多高校的会计教师的理论水平较高，实践能力欠缺。部分高校会计专业一线教师的调查结果显示，只有约 15% 的教师有企业工作经验，约 85% 的教师都是毕业后直接进入高校从事会计教学，会计实战经验不足。很多教师不能敏锐地感受到会计行业的变革，没有及时掌握会计智能化技术，实践指导教师的实战经历和业务能力直接影响了会计实践教学的效果。

三、智能财务时代高校会计专业实践教学改革的建议

（一）重塑智能财务背景下高校会计实践教学目标

在智能财务背景下，为适应会计人才转型的需求，会计实践教学目标要适应智能财务时代会计工作环境和方式的变化，以企业对会计人才的职业能力要求为出发点，把会计实践教学目标定位在职业综合素养和专业综合能力两方面。职业综合素养目标主要包括塑造工匠精神、培养职业素养、拥有良好的战略思维和创新能力，兼具团队合作、沟通交流、环境适应及终身学习等多项综合能力。专业综合能力目标主要包括掌握会计核算、数字化管理会计、会计信息系统、智能会计技术与应用、财务共享服务业务处理、财务大数据分析等知识和技能，专业技能目标与岗位实践技能需求相匹配，形成分年级、分课程、多层次的体系化实践教学目标。

（二）构建智能财务人才培养实践教学课程体系

高校应基于企业视角和行业标准，以会计岗位能力需求为出发点，构建分阶段、分课程、多层次的智能会计人才培养实践教学课程体系。整个教学体系分为职业素养实训、专业基础实训、专业核心实训、专业综合实训四大环节。其中，“职业素养”阶段主要是在

一年级融入创新创业通识教育的素质训练，着重完成会计人才自我认知、会计职业与岗位认知，了解企业经营运作流程。“专业基础”阶段主要是在一年级和二年级开设基础会计、财务会计、成本会计、税务会计、财务管理等系列课程，以先进的理实一体化平台为依托，全方位地塑造高度仿真的实训环境，完成本专业基础课程的知识和技能积累。“专业核心”阶段主要是在二年级，以智能财务岗位的工作任务和工作流程为课程主线，重点开设会计信息系统、财务共享服务、数字化管理会计、财务大数据分析、智能财务技术与应用等实训课程，加强智能财务和共享服务模式的会计岗位实训，将业务与财务、核算与管理、会计与新技术深度融合，为学生适应企业财务转型打下坚实的基础。“专业综合”阶段主要是在三年级，以跨专业综合实践教学平台为依托，营造虚拟的商业社会环境，让学生学会综合运用管理类相关专业知识进行仿真业务经营，从而训练学生的决策分析能力、团队协作能力，培养学生的战略思维、全局意识和综合职业素养。

（三）更新和创新实践教学课程内容

会计实践课程内容的更新和创新可以通过如下途径实现：①更新现有实训课程内容，现有的理实一体化实训课程不局限于完成实训资料中的任务，而应设计真实的工作场景，让学生去开展真实的会计岗位工作，及时了解国家现行的各项财税政策变化。对于会计信息化实训课程，不是教师先演示，学生只是机械地练习，而是可以通过抛出企业诉求或工作任务，引导学生去思考，去尝试满足企业的业务或管理诉求。②增设新课程，如财务共享服务、数字化管理会计实训、智能财务技术与应用、财务大数据分析，这些是智能会计中出现频次最高、应用性最强的课程。③实践课程与职业素养相融合，开设会计职业性格认知、会计职业与岗位认知、企业经营管理沙盘、创新创业通识教育等课程。

（四）搭建虚拟仿真的实践教学环境

根据重构的会计专业实践教学体系要求，改造和整合现有的会计专业实验室资源，全新规划建设智能财务实践教学示范基地，下设职业素养培养中心、会计专业能力训练中心、财务共享服务中心、智能财务实训中心、财务大数据分析中心、财务综合能力训练中心。实践教学的软硬件设备主要是匹配实训室课程，适应现代学生的学习特点，采用分组式课桌，计算机设备采用先进、环保的云桌面，配置数据展示大屏、增强现实感知设备、机器人流程自动化设备、财务大数据分析平台、财务共享服务平台、智能财务实践教学平台等仿真训练的软硬件设备，构建仿真的智能财务中心工作环境，实现会计实践教学的虚拟仿真与虚拟现实相结合。

（五）提升会计实践教学师资能力

为提高会计专业实践教学质量，让会计专业学生具备较强的实践能力，高校需要打造一支高素质的“双师型”教师团队。①应定期组织教师参与有关智能会计的培训，掌握最新的智能会计领域知识和智能会计技术的应用。②积极鼓励一线高校会计教师在寒暑假到大型企业的财务部门进行顶岗实践，深入了解智能财务时代的企业会计人才需求，将企业真实的智能会计应用案例引入课堂，丰富教学内容。③聘请有丰富的智能财务平台建设经验的企业财务部中高层管理人员担任高校实践教学的企业导师，促进校内会计专业教师与企业实战导师的交流，进一步提升高校的会计专业师资水平。

新技术不断推动会计行业的发展。随着智能化时代的到来，会计人才需求、岗位职责等方面发生了变化，会计专业实践教学必须顺应智能化时代发展潮流，构建创新型智能会计人才实践教学课程体系，与时俱进地更新实践教学课程内容，在学生职业综合素养和专业综合能力的培养上下功夫，培养新时代适应经济发展的智能财务人才。

第三节　智能财务人才培养与浙江大学的探索

在数字创新和智能化变革的冲击下，智能财务人才培养已成为一个热门话题。创新人才的培养首先需要明确服务的对象，界定社会活动的性质、发展逻辑及未来需求。智能财务的产生与发展是新一代信息技术主导的智能化变革在财会工作场景的重要体现。财务人员对智能化变革技术基础及其智能应用的深入了解，将有助于其准确研判财务智能化实践发展的性质和演进逻辑。科学的财会教育改革和人才培养创新，需要在科学认识财会工作历史发展规律的基础上，深入洞察智能财务的内涵并构建新时代智能财务人才能力框架。基于上述认识，浙江大学会计学专业在校、院两级的支持及其育人理念的指导下，积极开展了智能财务专业建设和人才培养创新探索，在明确培养目标的基础上，发展了智能财务人才培养体系的建设原则，为我国高校创新智能财务人才培养积累了宝贵经验。

一、智能化变革的技术基础及其对财会工作的影响

（一）“智能 +”变革与财务智能化的演进逻辑科学技术是推动社会进步和经济发展的根本性力量

当前，新一轮科技革命和产业变革正在蓬勃发展，以大数据、人工智能、移动互联网、云计算、物联网、区块链等为代表的新一代信息技术已快速、广泛地应用于人们的社会生活和经济管理相关领域。新技术与社会经济的深度融合正在深刻改变着人类社会的活动方式，促进消费升级，催生新兴产业，推动管理转型，数字经济呈现出高频创新的发展态势。数字经济的本质是智能经济，数字化转型的实质是智能化转型。我国从 2015 年提出“互联网 +”过渡到 2019 年“智能 +”，仅仅用了 5 年的时间，“智能 +”已成为激发传统产业革新发展的重要力量、赋能制造业转型升级的重要手段、推动管理创新跃迁的重要工具以及我国经济发展新旧动能转换的关键“催化剂”。中国工程院院士、原浙江大学校长潘云鹤教授指出，智能化技术及其应用正在全球范围内蓬勃发展，促进了人类社会生活、生产和消费模式的巨大变革，为经济社会发展提供了新动能，推动了经济社会高质量发展，并

加速新一轮产业的智能化变革。从智能化变革的技术基础来看，算力、数据和算法构成了人工智能发展及其技术应用的关键三要素。在人工智能应用领域，算力是新基建时代最具创新性的核心生产力，芯片技术、云计算、边缘计算等技术的飞速发展，为智能化应用提供了强大的算力保障。新一代信息技术快速突破，人们能够从场景中获得更广泛和更高质量的数据，促进了算法、模型的不断迭代和优化，进而为最佳决策提供了更强大的支持。智能化变革将更好地促进业务发展并持续反哺数据获取环节，最终形成有效的正向反馈循环。当前，在算力、数据和算法三大关键技术支撑的智能化变革浪潮下，商业活动正在形成“一切业务数字化，一切数字业务化”的发展态势。

对上述智能化变革的深入理解构成了准确研判财务智能化实践发展及演进逻辑的技术基础。财务智能化的出现及其发展并非自然沿袭会计电算化、信息化的发展路径，尽管它在时间和系统层面具有一定的继承性，但在技术基础和演进逻辑上却是崭新的。财务智能化依赖算力、数据和算法的技术进步和正向反馈循环，是智能化变革在管理应用上的集中体现，更具有创新跃迁的特征。

（二）智能化变革对财会工作的影响：多层面的辨析与历史规律性认识

财会工作通常包括微观组织，特别是与企事业单位财会审税活动规范、组织、管理和决策相关的所有方面。因此，财务智能化在实践层面的应用相当广泛，既涵盖在组织管理和实施层面利用自动化、数字化和智能化技术更高效地完成财会审税工作，也涵盖在职能作用和目标层面利用数字化转型和智能化技术发展机遇更好地发挥和拓展财会审税的职能作用，以科学地帮助组织进行价值管理，进而更精准、更高效地实现其价值创造的目标。当前，财会行业内对智能化变革的观点存在分歧，需要我们持续地从多层面对其加以认识和辨析。财会审税等广义财会工作的核心是会计系统，本质是如何准确地反映人的价值创造活动并清晰地界定归属于不同利益相关者的经济权益。在人类所有的社会活动中，经济活动是最主要的方面。会计活动伴随着经济活动出现并使之有序进行，反映了特定经济财产制度下人类经济活动的价值创造过程，以及利益相关者的经济权益归属。因此，在经济层面，会计首先是一个价值反馈系统，通过分析和记录人类经济活动的价值影响来洞察商业行为背后的利益关系实质。会计的管理和决策职能只是该价值反馈系统功用的自然延伸。在制度层面，会计制度是人类经济制度至关重要、必不可少的组成部分。在不同经济财产制度下，规则制定者通过会计系统建构价值确认计量和分配的基本规则、指导和规范经济活动的秩序，进而建立经济信任机制。笔者认为，不管智能化变革如何进行，只要人类的经济活动和利益诉求持续存在，并在可预见的未来沿着更大规模、更加复杂、更为广泛的趋势发展，会计作为价值反馈系统和经济制度的重要性就将依然如杨纪琬先生所言：“经济越发展，会计越重要”。

从技术基础来看，智能化变革对财会工作的影响主要体现在系统工具、组织管理和职能作用等实践层面。在此基础上，财会工作的模式可能会发生巨变，向着管理智能化、深度融入业务和助力价值实现的方向进化。举例来说，电子发票虽然越来越普遍，但其本质上只是一种经过交易验证数字的可视化形式。因此，凭证和账簿等传统的会计流程工具在未来都有可能消失。

财会工作的历史演进历程能够提供更加清晰的规律性洞见。技术进步和工具应用都在其中扮演了关键角色，每一次都极大地提升了会计对于社会经济活动的重要价值，可谓“技术越发展，会计越重要”。根据技术进步的影响力，可将财会工作的演进脉络大致划分为手工会计、会计电算化、会计信息化、财务共享与自动化智能财务等五个大的阶段。手工会计的历史非常悠久，2000 多年前我国算盘刚一发明出来就被迅速应用到财政商业领域作为计算工具，极大地提高了财会工作效率，被视为传统会计的象征。500 多年前的欧洲，意大利数学家帕乔利在其著作《数学大全》中介绍了复式记账法，记账技术的进步同样成了近代会计发展的关键动力。计算机在 1946 年问世，很快被应用于工资计算等财会工作中，从此手工会计被带入了会计电算化阶段。20 世纪 70 年代末，信息系统和网络等技术在管理领域的应用进一步推动了会计信息化的发展，特别是制造资源计划（MRP Ⅱ）和企业资源计划（ERP）的出现，极大地促使会计信息系统成为企业管理信息系统的核心。

20 世纪 80 年代，跨国公司、集团公司的迅猛发展和互联网等信息技术的进步推动了大型企业财务共享的发展。在财务集中模式下，高频、同质业务的处理和流程标准化进一步使得流程自动化应用于财会工作成为可能。财务自动化的出现极大地提高了工作效率，推动财会向着工程化的方向发展，为财会工作流程实现敏捷高效、互联互通，进而步入数字化和智能化奠定了基础。

自 2010 年以来，企业面临的内部和外部环境的复杂性和不确定性与日俱增，对提升管理精细度和降低不确定性的要求不断提高。新一代信息技术在商业和管理领域迅速得到应用，商业数字化、智能化的加速跃升极大地推动了财务智能化发展。2016 年，美国德勤和 Kira Systems 联手宣布将人工智能引入财会审税等工作中。我国的用友、金蝶等财务软件厂商相继推出了智能财务的相关产品。2017 年，德勤推出第一款通用财务机器人，随后以“四大”为代表的会计师事务所和财务软件厂商均提出了财务机器人方案。在将智能财务产品不断投入应用的同时，我国众多的大型企业、上市公司也积极探索智能财务体系建设路径，以华为、联通、平安、海尔等为代表的企业结合自身业务特点及发展需求，已初步建立起智能化财务体系。随着新一代信息技术在财会领域的广泛应用和有益探索，数字化服务平台和智能化管理决策支持系统得以发展，进一步提升了财会工作的效率和效果，极大地拓展和提升了财会的职能和战略价值。

二、智能财务人才的培养现状和发展趋势

财务智能化的发展是经济发展需求与新一代信息技术智能管理应用相结合的自然产物，对专业和技术能力兼备的复合型财会人才的需求很大且相当急迫。尽管当前财务智能

化的发展仍处于初级阶段，但实践的迅猛发展和智能化变革的演进逻辑表明，财会行业的未来发展将在专业引领和业务需求的指引下，由场景、数据和技术驱动，重视“用数据来管理、用数据来决策、用数据来创新”，因而迫切需要兼具扎实财会专业能力和对信息技术具有认知、应用能力，并能够在面对技术驱动的数字经济发展和愈加不确定的内部和外部经营环境时，利用智能技术工具和智能财务系统进行高效商业分析并支持决策的跨界复合型人才。然而，当前国内外高校财会类人才的培养目标仍以培养“专业型”会计人才为主，对现代技术、工具和业务、流程的要求偏低，对现代管理会计人才培养的重视不够。目前，国内外教育界对智能财务人才的培养尚处于摸索阶段，迫切需要加快对财会专业培养目标、培养模式和课程体系等的系统改革和创新。

改革开放 40 多年来，我国财会教育界和实务界在理论与实践、人才培养等方面成绩斐然，为我国的财经人才培养、经济腾飞、社会进步和国家治理做出了重大贡献。当前，智能化变革在财会领域的应用呈高频创新态势，对传统人才培养既构成挑战亦带来重大发展机遇，财会相关专业求变创新正受到学界和业界的高度关注。从国外高校来看，商科相关专业愈加重视对商业数据分析能力的培养。2016 年，美国麻省理工学院（MIT）开设商业分析（Business Analytics）项目。该项目由麻省理工斯隆管理学院和麻省理工学院运营研究中心（ORC）合办，主要培养学生运用和管理数据、科学解决商业实践中所遇到问题的能力。除麻省理工学院外，美国还有包括哥伦比亚大学、杜克大学、芝加哥大学、得克萨斯大学奥斯汀分校在内的数十所学校开设了商业分析相关专业，并相继在原会计专业中增加了相当多的商业数据分析课程。新加坡管理大学会计学院于 2018 年推出了亚洲首个财务大数据分析硕士（MSA with Data and Analytics）项目，致力于培养既懂财务又懂数据科技的复合创新型人才。该项目旨在让学生掌握最流行的大数据分析工具（包括数据管理语言 SQL、数据抓取工具 Python、数据分析语言 R 等），并将数据科技与财务知识结合起来应用于实务场景中，如财务预测、管理会计决策、税务会计、价值投资和金融工具分析等。

我国高度重视人工智能赋能相关专业的创新和人才培养。2017 年国务院印发了《新一代人工智能发展规划》，强调要“重视复合型人才培养，重点培养掌握‘人工智能 +’经济、社会、管理、标准、法律等的横向复合型人才”。2018 年教育部出台的《高等学校人工智能创新行动计划》，进一步明确了“人工智能 +X”复合专业培养新模式，要求建设“人工智能 +X”复合特色专业。2021 年财政部发布了《会计改革与发展“十四五”规划纲要（征求意见稿）》，要求“切实加快会计审计数字化转型步伐，为会计事业发展提供新引擎、构筑新优势”。在国家政策及发展规划的指引下，高校陆续开始了智能财会本科教育改革探索。例如，浙江大学创设了竺可桢学院智能财务班，中国人民大学和山东财经大学开设了智能会计方向，哈尔滨工业大学设立了大数据会计方向，西南财经大学开设了会计学大数据实验班等。这些学校创设的智能财会专业方向虽在称谓上存在差异，但教学方向大体一致，均高度重视新一代信息技术、分析工具及其在财会领域的应用。

2020 年 1 月 6 日，为积极回应当前智能化和新商科实践的快速发展，共同研讨智能化趋势对财会学科未来建设和人才培养的重大影响，由浙江大学主办、浙江大学管理学院承办的“中国会计、财务、投资智能化暨智能财务专业创新研讨会”在浙江大学紫金港校区隆重召开。本次大会是我国首度召开的探讨如何融人工智能于会计、审计、财务和投资等专业教育和人才培养的全国性研讨会。浙江大学副校长周天华在开幕式上指出，为顺应全球科技创新趋势和国家战略需求，用人工智能技术赋能传统专业和教育模式，培养面向未来的复合型人才已是大势所趋，本次大会的召开对促进新商科建设和财会专业人才培养创新具有重要意义。来自全国200多所高校财会学科的300多名专家学者、学科负责人、教师代表以及业界专家参会，在充分研讨、集体商议的基础上，共同发布了《重视AI技术发展 共商共创专业未来》倡议书，提出了师资队伍建设、课程内容调整、课程体系构建、人才培养模式改革、教材与案例编写、产学研合作等六大倡议，呼吁全国高校相关专业的教师面对人工智能技术发展的挑战应积极探索促改革、主动创新谋发展。

三、对智能财务内涵的认识与智能财务人才能力框架构建

智能财会相关专业建设和人才培养的创新探索，需首先明确两个问题：一是智能财务的内涵是什么，二是应该培养什么样的人。前者明确了专业方向的内容和边界，后者明确了人才培养的能力框架以指引培养方案和课程体系设计。

（一）智能财务的定义与内涵

依据智能化变革及其应用的演进逻辑，结合当前财务智能化实践和未来发展趋势，笔者认为，智能财务是将以人工智能、大数据、云计算、区块链等为核心的信息科技和数字资源与会计、财务管理等融合，通过构建或利用数字化服务平台和智能化管理决策支持系统提升会计、财务管理的效率和效果，实现和拓展财会职能及其战略价值。

（1）信息技术的发展及其在财会领域的应用是智能财务产生和发展的前提。这些技术必须与海量、多构型的数字资源相结合。在大数据时代，数据已经成为新的生产要素，财务智能化离不开企业数字化和数字经济的发展。

（2）技术和数据必须与财会审税活动的组织、管控和决策场景相融合，否则技术和数据的应用将失去应用目标和服务对象，不能为企业所用。

（3）财务智能化的实现途径和载体由数字化服务平台和智能化管理决策支持系统两大部分构成。其中，数字化服务平台是企业数字化和财务数字化的关键；智能化管理决策支持系统依托数字化服务平台，为财会审税的组织、管控和业务决策提供工具和系统支撑。根据成本效率原则，上述两大部分既可以自行构建，也可以利用第三方服务。

（4）智能财务的发展由专业引领并提出需求，通过人工智能等信息技术赋能财会专业工作，目的在于更好地发挥和拓展财会的管理作用和决策价值，进而促进信息反应、监督控制、决策支持和价值实现。

（二）智能财务人才能力框架构建

根据上述内涵，新时代的智能财务人才同样将被赋予有别于传统会计的新定义。传统财务部门的金字塔式人员结构正经历着重大变革，基础会计核算将逐步被财务机器人替代，决策支持和业务财务将在企业战略和决策制定中扮演着越发重要的角色。当前以交易处理和核算为主体的财务人员结构将会转变为以管理控制和决策支持为主体的人员结构。能适应未来数字商业社会的财会人才，不仅需要具备扎实的财会审税专业基础，同时也需要兼备技术创新和数据分析的理论基础和应用能力，能够利用智能化技术和系统敏捷、高效、精准地服务于专业需求、业务需要和战略决策。智能财务工具和系统的大范围应用将使得数据的收集、信息的加工与传输、决策支持能力变得更强、更有效率。用数据来管理、用数据来决策、用数据来创新，将会使智能财务中心成为财务、技术、业务的跨界沟通者、企业及利益相关者的信息和价值中枢，以及组织管控和决策的数字神经网络。

在智能化变革的背景下，财务智能化的发展对财会人才的素质和能力提出了新的要求。创新迭代能力随着新时代的到来将成为复合能力框架的核心，也将持续驱动智能财会人才在复杂环境和多元需求下，提供更高效的财经专业服务、更强大的战略洞察支持、更精准的数据分析利用、更敏捷的业务协同支撑和更友好的沟通协作配合。基于上述判断，本节构建了包括六大能力的智能财务人才能力框架，并提出了相应的培养要求。

1. 创新迭代能力

该能力是智能财务人才能力框架中的最关键内核。在智能财务当前和未来的发展中，持续的创新迭代扮演着最核心的“发动机”角色。财务智能化发展中的创新包括批判性思维、跨界思维和场景化思维的创新。新型财会人才需要持续学习并运用批判性思维在传统、常规性的业务中发现问题、痛点和机遇，运用跨界思维融合技术工具和方法，运用场景化思维将新技术、新方法在这些痛点场景中进行创新性应用或优化，即“新方法—新思维—新理论—新场景—新应用”，通过反馈信息不断审视和迭代优化应用，最终实现正向反馈循环。

2. 财经专业能力

该能力是指财务人才提供财经专业服务、洞察商业实质进而运用财会专业知识解析并重构规则的能力，是智能财务人才能力框架中的专业基础。财务智能化的发展对财务人才的财会专业知识和专业能力提出了更高的要求。现有的大量会计从业人员主要集中在基础核算领域，专家型的财会人才非常缺乏，财务人员的构成难以适应当前财务智能化的发展要求。技术的应用需要财务专家识别需求、解析场景并指引相关平台和系统的发展。同样，智能财务体系需要财务专家对会计规范、法律规范、会计政策以及企业专门知识和流程等进行研究，建构或重构规则，充分挖掘该系统的专业潜能并最大化其价值。

3. 数智技术能力

该能力是指财务人才应具备较高的数字、信息技术素养，以及对智能化工具和系统的深入认知，以解决智能财务人才能力框架中对智能化变革的认识和新工具方法的应用问题。无论是较为复杂的决策支持、管理控制工作还是最基础的交易处理工作，都离不开财务人才对数智化技术的了解和认识。数智技术能力包括数据的采集、管理和挖掘，流程的标准化及其自动化的实现，数据分析与可视化，智能化场景挖掘，智能化体系建构等维度，不同职能对各个维度的数智技术能力提出了不同的要求。财会人才需结合岗位和工作要求提升自己相应维度的能力，运用数智技术赋能管控、分析和指导相应的专业需求。

4. 业务协同能力

该能力是指财务人才对业务性质流程的深入理解，以及与业务人员协同配合进而支撑业务达成业绩目标的能力，是智能财务人才能力框架中业务与财务合作的基础。与传统模式中业务与财务相割裂不同，智能财务体系下的业务与财务必须进行深度合作和交流，以直接支撑企业业务发展和业绩目标的达成，这是企业数字化转型的必然要求，也是财务智能化职能拓展的必然结果。在智能财务逐步向中高级阶段发展的过程中，财务人才不仅可以支持和指导业务活动，还可以成为业务方案的设计者和经营全过程的管控者，真正完成从事后反映向事前预测、事中控制、事后监督的角色转变。

5. 战略洞察能力

该能力是指财务人才对企业战略、商业模式与战略一致性、行业风险、市场机遇等的评估和洞察能力，是战略财务人才需要具备的一项重要商业技能。长期以来，财会活动因紧扣业绩目标并面向价值活动的全过程而具有战略价值。财务智能化的发展在数据层面进一步打通了财务活动与业务活动的联系，在智能技术层面进一步深入管控和决策的各个领域，将有助于更有效地提升财务人员的战略洞察能力和战略反馈价值。

6. 沟通协作能力

该能力是指财务人才和企业其他部门人员及利益相关者进行有效沟通、良性协作的能力。这一能力决定了智能财务人才的工作方式。财务智能化的发展依托企业数字化建设，在实践层面将自然成为企业数字化的核心。企业数字化水平的提高将有力地推动业财一体化、服务共享化，在提升财务人才沟通协作能力的同时也对其沟通协作水平提出了更高的要求。在智能财务体系下，敏捷、高效的沟通协作将大幅提升企业整体工作效率，是智能财务体系的“润滑剂”和“加速器”，能使其最大限度地发挥效用。

综上所述，“一大核心能力＋五大基础能力”共同构成了智能财务人才能力框架。核心能力持续驱动五大基础能力成长，六大能力彼此联系、相得益彰，形成了一个有机整体。需要强调的是，该能力框架只是对智能财务人才能力维度的提炼，并非要求培养全能力均衡齐备型人才。实际上，针对不同职业发展和职能定位，考虑智能财务的发展阶段和社会需要，智能财务人才的能力培养应当有所侧重，应体现差异化需求和特色。例如，决策支持型的战略财务人才应具备出色的战略洞察能力和数智技术能力，管理控制型的业务财务人才应更着重发展业务协同能力和沟通协作能力，于交易处理型的共享财务人才应更注重财经专业能力和数智技术能力。但是，新时代的智能财务人才都必须具备核心的创新迭代能力，通过学习和创新持续保持战略应变能力，以适应技术进步快速推进的商业变革和更加不确定的内部和外部环境变化。因此，建议各高校在设计智能财会相关专业培养体系时，应依据市场需求和专业特色对人才培养目标进行精准定位，基于此再结合不同的培养目标进行有针对性的培养体系设计，以培养多层次的智能财务人才。

四、浙江大学智能财务人才培养的探索

浙江大学的智能财务人才培养由该校管理学院发起，以 2019 年 5 月竺可桢学院智能财务本科班（会计学）（简称“智能财务专业”）的设立为标志。至今已完成两届招生，共计招收本科生近 40 人，招生录取分数线连续两年位居浙江大学各专业榜首。

（一）智能财务专业设立的背景：新文科建设与“商学 +”

浙江大学智能财务专业的创设与校、院两级的专业创新发展思路和政策鼓励有紧密联系。在学校层面，智能财务专业建设积极响应浙江大学基于“人工智能 +”的新文科建设发展战略；在学院层面，智能财务专业创新是管理学院着力建设的“商学 +”人才培养生态系统和教学改革实践的重要体现。

长期以来，浙江大学始终将学科建设规划与国家发展战略和重大需求、民族振兴和社会进步紧密结合起来。作为一所全国领先的综合类高校，浙江大学学科门类齐全、专业技术优势突出，是国内最早研究人工智能并具有显著学科优势的高校之一。顺应全球科技创新趋势和国家战略需求，2018 年浙江大学发布首个“创新 2030”专项计划——脑科学与人工智能会聚研究计划，积极推进基于“人工智能 +”的新文科建设。在国家政策号召和学校战略布局的推动下，管理学院在原会计学和财务管理专业建设的基础上，于 2018 年底开始着手筹划“人工智能 + 财会”的跨界复合型人才培养方案。

浙江大学管理学院在跨学科融合理念和新商科创新发展思想的指导下，积极推进“商学 +”人才培养生态系统的教学改革实践，突破学科人才培养边界，凸出“强基础、宽口径”内核，倡导“商学 + 人文 + 科技”的跨界融合。工商管理和管理科学与工程两个领先一级学科融合发展是管理学院的显著特色和优势。会计学和财务管理专业因袭了上述融合发展优势，特色建设经验丰富，始终是管理学院最受欢迎的本科专业。上述种种，使得财会学科创新发展和智能财务专业建设具备了得天独厚的学科优势、技术优势、区位优势和后发优势。在此基础上，管理学院先行先试并积极支持财会学科开展专业创新探索，遵循“商学 +”发展理念，紧跟科技引领的商业进步和财务智能化发展趋势，围绕“会计财务 + 人工智能 + 大数据”的深度融合，坚持专业引领、基础宽厚、跨界复合的建设思路，学院和学科通过横向构建跨域协同创新的知识体系，确立了学科交叉、智能领创的专业创新方向和鲜明特色，积极创建智能财务专业并于 2019 年开始招生。加入了智能财务创新特色的新会计学专业，也因其传统与时代兼备、专业与特色并举，从浙江大学校内专业选拔中脱颖而出，成功入选 2020 年国家级一流本科专业。

（二）智能财务人才培养目标的确立

秉承浙江大学及其管理学院人才培养理念，依据智能财务人才能力框架，浙江大学智能财务专业初步确立了基础宽厚、跨界复合、特色鲜明、引领未来的人才培养目标。智能财务人才应做到在通晓财会专业知识和经济管理规律的同时，通过加强基础知识学习和能力培养，兼备技术创新能力和数据分析能力，能够在面对技术驱动的商业变革和高度不确定的商业环境时，保持从容的专业、技术应变能力和持续学习能力，成为财务、技术、业务之间的跨界沟通者和价值中枢，具备数字创新时代价值再造和流程重构的敏锐洞察力，胜任智能财务系统的开发、管控和决策，成为行业未来发展和变革创新的引领者。

（三）智能财务人才培养体系的建设原则

（1）遵循“知识、能力、素质、人格”并重的KAQ2.0全人教育模式，构建通识教育、国际教育、专业教育和交叉培养并举的专业育人综合体系。专业人才的培养首先是育人，特别是本科教育。自21世纪以来，浙江大学在三次教育教学大讨论的基础上形成了全人教育共识，强调知识传授、能力培养、素质提升、人格塑造的有机结合。智能财务人才能力框架以创新迭代能力为核心，与KAQ2.0的育人理念高度吻合，更加重视宽厚知识学习基础上的能力习得、素质提升和人格健全。智能财务人才培养更加强调“专业应超越专业，财务应超越财务”，将专业育人置于智能化变革、数字创新、商业进化和全球变局的大背景下，很多基础技术和素质课程已不可能再由一个专业或一个学院单独承担并完成，通识教育、国际教育和交叉培养由此变得分量更重，第二课堂、第三课堂、第四课堂的作用也变得更大。

（2）围绕“会计财务 + 人工智能 + 大数据”的深度融合，塑造协同创新的专业课程体系。当前，浙江大学智能财务人才培养的本科专业课程体系设置，以快速迭代求先行发展，重视基础课程开设，强调知识能力优先，以坚厚的基础迎接未来发展和变革。专业课程具体包括财会类课程、以人工智能和大数据为基础的技术类课程，以及“会计财务 + 大数据 + 人工智能”的融合类课程。

财会类课程仍以传统财会专业核心课程为主干，旨在培养学生的财经专业能力，特别强调对专业规则、流程和场景的理解和洞察。人工智能、大数据课程主要包括信息技术、数据分析及思维类课程，如Python程序设计、数据挖掘与机器学习、数据结构、数据库技术等系列课程。这些课程并不强调编程能力，而是更注重对技术原理和工具方法的理解和应用。为了加强对专业与技术之间融合的理解，初期融合类课程包括智能财务导论、人工智能与商业分析、实践前沿与专业实训等系列课程。笔者认为，初期融合类课程的占比以较小为宜，这是考虑到该课程开发需要以客观深入的实践研究和理论研究为基础，应当经过严格的论证，是一个跨学科协同创新的过程。此外，智能财务的实践发展尚处于初级阶段，尽管在方向上具有共识，但对具体过程尚难准确判断，这也要求融合类课程的开发应在反映实践和着眼未来之间慎重权衡。

（3）坚持“专业引领、教研并重、产教协同”，与时俱进，打造产学研贯通的财会育人新模式。“技术越发展，会计越重要”，专业的存在来自市场需求和社会价值，技术为专业服务并赋能拓展专业向更高层次发展。浙江大学的智能财务人才培养始终坚持专业在智能化变革中的引领地位，强调技术应用、智能化变革的初衷和目的是更有力地促进财会专业发展，更好地挖掘和释放专业潜能，更大地发挥专业的社会价值。与此同时，智能财务实践的发展日新月异，要求传统的财会专业教育做出积极回应，科研育人、实践育人已势成必然。

（4）通过“坚持自主培养、积极交叉引智、激励共同开发”，创新智能财务师资队伍建设。当前智能财务人才培养的难点在于教材与师资，其中师资的匮乏是最大的制约因素。从长期来看，智能财务师资队伍建设必须坚持专业自主培养，这就要求现有的师资应积极深入实践，准确地把握财务智能化的发展趋势，同时学校应积极引进具有复合知识背景的青年财会教师以优化师资结构。在基础和综合能力培养上，学校应当坚持积极交叉引智的方式，聘任人工智能、数据科学等方向的师资以及实践专家兼职。此外，在融合类课程的开发中，学校需要建立跨学科师资团队共同开发的激励机制。当前，依托学校和学院的综合学科优势，浙江大学智能财务人才培养的核心课程主要由财务与会计学系、数据科学与管理工程学系、计算机学院、大数据科学研究中心的师资承担。智能财务项目团队由财会类和技术类师资共同组成，通过组织内部讨论以及与一流实践专家研讨，积极推动专业与技术的跨领域交流。

“技术越发展，会计越重要。”在人工智能和实体经济的加速融合、产业升级和金融发展依存共生的时代背景下，技术驱动智能财务转型正在重构财会职能并重新诠释财会的经济角色和社会价值。

财会工作的历史演进规律表明，技术进步始终是推动财会活动迈向更高层次发展的关键驱动力量。在当前数字经济蓬勃发展和智能化变革的大趋势下，财会行业只有更加积极地顺应技术进步，顺势而为、主动创新、化危为机，才能跟上甚至引领时代步伐、焕发生机，迎来更大的发展机遇。

智能财务人才培养既是数字化发展和智能化变革的必然要求，又是造就一代新人的重中之重，更是持续推动未来行业变革和创新发展的关键举措。

浙江大学智能财务专业建设和人才培养是“人工智能 +X”人才培养模式赋能财会学科、着力培养面向未来人才的重要尝试，是管理学院“商学 +”人才培养生态系统教学改革实践的生动展现，是财会学科敏锐洞察新时代数字商业变革、积极探索新时代智能人才培养的创新实例。当前，浙江大学智能财务专业已完成两届招生，得到了来自财会教育界、实务界乃至其他各界的关心和支持，初步展现了广泛的社会认可和广阔可期的发展前景。在此基础上，浙江大学在 2020 年启动了会计专硕（MPAcc）的智能财务方向建设，初步确立了基于“智能管控 + 战略整合 + 价值发现”的应用型智能财务人才培养方案，并于 2021 年初完成了首届招生。

智能财务人才培养的探索才刚刚开始，还缺乏可资参考的成熟经验，需要学界和业界携手探索、共同实践。同时，智能财务的发展是一个持续创新的过程，只有起点，没有终点。因此，对当前智能财务人才的培养方案和课程设计而言，小步快跑、持续迭代应是可行之策。

参考文献

[1] 刁生富，冯利茹 . 重塑大数据与数字经济 [M]. 北京：北京邮电大学出版社，2020.

[2] 范周 . 数字经济下的文化创意革命：中国文化产业研究丛书 [M]. 北京：商务印书馆，2019.

[3] 华强森，沙莎，倪以理，等 . 崛起的中国数字经济 [M]. 上海：上海交通大学出版社，2018.

[4] 李宏兵 . 数字经济战略下中国企业“走出去”的劳动力市场效应研究 [M]. 北京：北京邮电大学出版社，2020.

[5] 龙白滔 . 数字货币：从石板经济到数字经济的传承与创新 [M]. 北京：东方出版社，2020.

[6] 马文彦 . 数字经济 2.0[M]. 北京：民主与建设出版社，2017.

[7] 全颖，郑策 . 数字经济时代下金融科技信用风险防控研究 [M]. 长春：吉林人民出版社，2019.

[8] 徐晨，吴大华，唐兴伦 . 数字经济：新经济 新治理 新发展 [M]. 北京：经济日报出版社，2017.

[9] 姚建华 . 数字经济中的劳工组织 [M]. 北京：商务印书馆，2019.

[10] 易高峰，常玉苗，李双玲 . 数字经济与创新创业管理实务 [M]. 北京：中国经济出版社，2019.

[11] 易高峰 . 数字经济与创新管理实务 [M]. 北京：中国经济出版社，2018.

[12] 张彬 . 数字经济时代网络综合治理研究 [M]. 北京：北京邮电大学出版社，2019.

[13] 朱晓明 . 走向数字经济 [M]. 上海：上海交通大学出版社，2018.

[14] 高敏雪，张如一，洪旸，等 . 在线付费知识产品生产交易模式与宏观核算方法研究 [J]. 统计与信息论坛，2018，33(7)：25-33.

[15] 耿瑞利，申静 . 不同文化视域下社交网络用户知识共享行为动机研究 [J]. 中国图书馆学报，2019(1)：60-81.

[16] 金星晔，伏霖，李涛 . 数字经济规模核算的框架、方法与特点 [J]. 经济社会体制比较，2020(4)：69-78.

[17] 罗敏，涂科 . 知识分享平台的商业模式探析 [J]. 管理现代化，2018，38(6)：111-

113.

[18] 王传珍 . 知识付费奇点与未来 [J]. 互联网经济，2017(1)：68-73.

[19] 王思瑶 . 数字经济的统计界定及行业分类研究 [J]. 调研世界，2020(1)：4-9.

[20] 向书坚，吴文君 . 中国数字经济卫星账户框架设计研究 [J]. 统计研究，2019，36（10）：3-16.

[21] 许宪春，常子豪 . 关于中国数据库调查方法与资本化核算方法研究 [J]. 统计研究，2020，37(5)：14-26.

[22] 许宪春，张美慧 . 中国数字经济规模测算研究：基于国际比较的视角 [J]. 中国工业经济，2020，38(5)：23-41.

[23] 严建援，秦芬，李凯 . 订阅型在线知识付费的商业模式研究 [J]. 管理学报，2019，16(9)：1405-1414.

[24] 杨仲山，张美慧 . 数字经济卫星账户：国际经验及中国编制方案的设计 [J]. 统计研究，2019，36(5)：16-30.

[25] 张杨燚 . 在线平台知识付费研究综述 [J]. 情报探索，2018(8)：129-134.

[26] 周国林，陈本龙 . 知识付费的商业模式探究：以知乎为例 [J]. 上海商学院学报，2020，21(6)：56-66.

[27] 朱发仓，乐冠岚，李倩倩 . 数字经济增加值规模测度 [J]. 调研世界，2021(2)：56-64.